普通话训练教程（第二版）

编　委　会

主　编：马显彬

编　委：陈　群　朱桂英　陈　昭

杨　芳　郭　红　阮明华

普通话训练教程

第二版

PUTONGHUA XUNLIAN JIAOCHENG

主　编　马显彬

暨南大學出版社
JINAN UNIVERSITY PRESS
中国·广州

图书在版编目（CIP）数据

普通话训练教程/马显彬主编．—2版．—广州：暨南大学出版社，2011.10（2021.8重印）

ISBN 978-7-5668-0016-9

Ⅰ.①普…　Ⅱ.①马…　Ⅲ.①普通话—教材　Ⅳ.①H102

中国版本图书馆CIP数据核字（2011）第214409号

普通话训练教程（第二版）

PUTONGHUA XUNLIAN JIAOCHENG（DIERBAN）

主　编：马显彬

出 版 人：张晋升
责任编辑：张仲玲　武艳飞
责任校对：何　力
责任印制：周一丹　郑玉婷

出版发行：暨南大学出版社（510630）
电　　话：总编室（8620）85221601
营销部（8620）85225284　85228291　85228292　85226712
传　　真：（8620）85221583（办公室）　85223774（营销部）
网　　址：http://www.jnupress.com
排　　版：广州市天河星辰文化发展部照排中心
印　　刷：湛江日报社印刷厂
开　　本：787mm×960mm　1/16
印　　张：15.125
字　　数：285千
版　　次：2007年1月第1版　2011年10月第2版
印　　次：2021年8月第28次
印　　数：129001—131000册
定　　价：38.00元

第二版前言

《普通话训练教程》自出版以来，一直得到大家的喜爱，被全国各地一些学校用作普通话教学教材，短短几年，多次重印，在此特表示感谢。同时读者也提出了一些非常有价值的建议，为此，我们对教材进行了修订。这次修订保留了第一版的特点与风貌。修订的主要内容有：①删除了注音读物与非注音读物部分；②增加了字音标志训练；③对一些内容进行了充实；④对部分附录进行了调整。

虽然对教材作了修订，但是肯定还存在不足之处，欢迎大家批评指正。同时本教材收录了国家公布的一些普通话水平测试资料，在此也表示感谢。

若有问题，请与我们联系。（联系邮箱：mxb5@163. com）

编者

2011 年 8 月

第一版前言

本书是供普通话教学使用的教科书，由经验丰富的从事普通话教学的国家级测试员联合编写。我国方言复杂，学习普通话也各有所侧重。但是，普通话本身是具有统一标准的，因此，编写一部全国通用的普通话教材是可行的。当然，在纠正方音的时候需要与自身的方言相结合。

随着普通话水平测试工作的开展和普及，越来越多的各类人员需要参加测试，并取得相应的普通话水平等级证书，所以，我们特意编写了这本教材。本教材具有以下几个特点：

1. 考试内容与教学内容相结合。教材的词语用例全部出自《普通话水平测试实施纲要》，短文的训练都摘自60篇朗读作品，将60篇考试作品贯穿在教学内容当中。

2. 将大纲中的17 041个词语输入电脑，提取各种语音材料，制作了《普通话水平测试用字声序字表》等，掌握了这些字，也就掌握了近两万个词语的读音。

3. 训练形式与考试形式相结合，训练按照单音节字词、双音节词语、短文等形式安排，与考试形式吻合。

普通话教材的编写，由于词语用例量较大，不同的人编写，容易出现大量的重复词语，因此，为了避免这种情况，全书由马显彬同志一人执笔。

本书在编写过程中得到了各位同行的大力支持，同时还得到了天马电脑设计工作室技术上的鼎力协助，由于拼音排版的特殊性，许多学生也参与本书的校对工作，在此一一表示感谢！

由于拼音、字表太多，校对后也难免有疏漏之处，若给读者带来不便，敬请谅解，并希望能告诉我们，以便重印时及时更正，谢谢支持！

欢迎大家提出宝贵意见！

编者

2007年1月

目　录
CONTENTS

普通话绪论

一、普通话概述

（一）大力推广普通话

1955 年 10 月，全国文字改革会议和现代汉语规范问题学术会议召开，会上确定了现代汉民族共同语的名称为普通话并明确了其含义，其中“普通”二字是指“普遍”和“共同”的意思。1956 年，国务院颁布了《关于推广普通话的指示》，法定了普通话的名称和含义。**普通话是以北京语音为标准音，以北方话为基础方言，以典范的现代白话文著作为语法规范的现代汉民族共同语**。普通话既是汉民族的共同语，也是中国的国语，各民族都要积极学习和推广普通话。

1956 年 2 月，国务院向全国发出《关于推广普通话的指示》，1958 年，毛泽东同志发出号召，要求“一切干部都要学普通话”，周恩来同志在《当前文字改革的任务》的重要讲话中指出：“在我国汉族人民中努力推广以北京语音为标准音的普通话是一项重要的政治任务。”1982 年 11 月，第五届全国人民代表大会第五次会议通过了新的《中华人民共和国宪法》，并明确规定：**“国家推广全国通用的普通话”**，正式从法律上确定了普通话的国语地位。1992 年，《国家语言文字工作十年规划和“八五”计划纲要》明确指出：“推广普通话是新时期语言文字工作的首要任务，必须大力推行，积极普及，逐步提高。”1986 年 1 月，全国语言文字工作会议提出了推广普通话工作的四项任务：各级各类学校使用普通话进行教学，使普通话成为教学语言；各级各类机关进行工作时一般使用普通话，使普通话成为工作语言；广播、电视（县级以上）、电影、话剧使用普通话，使普通话成为宣传语言；不同方言区的人在公共场合交往时，基本使用普通话，使普通话成为通用语言。1994 年，国家语言文字工作委员会（以下简称“国家语委”）制定了《普通话水平测试标准》和《普通话水平测试大纲》，对普通话进行量化测试，同年，国家语委、国家教委、广播电影电视部下发了《关于开展普通话水平测试工作的决定》，指出：“有必要在一定范围内对某些岗位的人员进行普通话水平测试，并逐步实行普通话等级制度。”2000 年颁布的《中华人民共和国国家通用语言文字法》明确指出："国家推广普通话。""凡以普通话作为工作语言的岗位，其工作人员应当具备说普通话的能力。以普通话作为工作语言的播音员、节目主持人和影视话剧演员、教师、国家机关工作人员的普通话水平，应当分别达到国家规定的等级标准；对尚未达到国家规定的普通话等级标准的，分别视情况进行培训。"2003 年，国家颁布了新的《普通话水平测试大纲》。

2004 年，在新大纲的基础上国家颁布了《普通话水平测试实施纲要》，指出："国家推广全国通用的普通话。普通话是以汉语文授课的各级各类学校的**教学语言**；是以汉语传送的各级广播电台、电视台的**规范语言**，是汉语电影、电视剧、话剧必须使用的**规范语言**；是我国党政机关、团体、企事业单位干部在公务活动中必须使用的**工作语言**；是不同方言区以及国内不同民族之间人们的**通用语言**。""掌握和使用一定水平的普通话，是进行现代化建设的各行各业人员，特别是教师、播音员、节目主持人、演员等专业人员必备的职业素质。因此，有必要在一定范围内对某些岗位的人员进行普通话水平测试，并逐步试行持等级证书上岗制度。""普通话水平测试是推广普通话工作的重要组成部分，是使推广普通话工作逐步走向科学化、规范化、制度化的重要举措。推广普通话促进语言规范化，是汉语发展的总趋势。普通话水平测试工作的健康开展必将对社会的语言生活产生深远的影响。"

（二）普通话语音基本概念

1. 音素

音素是从音色划分出来的最小的语音单位。例如，"表"（biǎo）就分为 b、i、a、o 4 个音素。"花"（huā）分为 h、u、a 3 个音素。

音素分为元音和辅音两大类。元音是指气流振动声带，在口腔、咽头不受阻碍而形成的音，如 a、o、e 等。辅音是指气流在口腔、咽头受阻碍而形成的音，如 d、t、n、l 等。元音又叫做"母音"，辅音又叫做"子音"。根据声带是否振动，辅音又分为清辅音和浊辅音，声带振动的是浊辅音，声带不振动的是清辅音。普通话的清辅音较多，有 17 个，浊辅音有 5 个，即 m、n、l、r、ng。元音和辅音的区别如下：

（1）元音在口腔、咽头一般不受阻碍，辅音在口腔、咽头一般要受阻碍。这是元音和辅音最主要的区别。

（2）发元音时，发音器官各部位的肌肉紧张程度相同，处于均衡的紧张状态；发辅音时，与其他部位的肌肉相比，发音器官成阻部位的肌肉特别紧张。

（3）发元音时，气流较弱；发辅音时，气流较强。

（4）发元音时，声带振动，声音清晰响亮；发辅音时，声带不一定振动，声音不及元音清晰响亮。

2. 音节

音节是语音结构的基本单位，是自然感受到的最小的语音片断。音节与肌肉紧张程度的变化有关，发音节的时候，发音器官的肌肉，特别是喉部的肌肉有明显的紧张反应，肌肉的紧张度增而复减一次，就形成一个音节。

音节是由音素构成的。对汉语而言，有时一个音素构成一个音节，如“鹅”（é）由1个音素构成；有时几个音素才构成1个音节，如“旧”（jiù）由4个音素构成。一般而言，1个汉字就是1个音节，有几个汉字就有几个音节。如“生活美好”有4个汉字，有4个音节。只有儿化音节是两个汉字表示一个音节，如“圈儿”有2个汉字，只有1个音节。

二、普通话水平测试等级标准

（一）一级普通话

甲等：朗读和自由交谈时，语音标准，词汇、语法正确无误，语调自然，表达流畅。测试总失分率在3%（97分）以内。

乙等：朗读和自由交谈时，语音标准，词汇、语法正确无误，语调自然，表达流畅。偶然有字音、字调失误。测试总失分率在8%（92分）以内。

（二）二级普通话

甲等：朗读和自由交谈时，声韵调发音基本标准，语调自然，表达流畅。少数难点音（平翘舌音、前后鼻尾音、边鼻音等）有时出现失误。词汇、语法极少有误。测试总失分率在13%（87分）以内。

乙等：朗读和自由交谈时，个别调值不准，声韵母发音有不到位现象。难点音（平翘舌音、前后鼻尾音、边鼻音、fu－hu、z－zh－j、送气不送气、i－ü不分、保留浊塞音和浊塞擦音、丢介音、复韵母单音化等）失误较多。方言语调不明显。有使用方言词、方言语法的情况。测试总失分率在20%（80分）以内。

（三）三级普通话

甲等：朗读和自由交谈时，声韵母发音失误较多，难点音超出常见范围，声调调值多不准。方言语调较明显。词汇、语法有失误。测试总失分率在30%（70分）以内。

乙等：朗读和自由交谈时，声韵调发音失误多，方音特征突出。方言语调明显。词汇、语法失误较多。外地人听其谈话有听不懂的情况。测试总失分率在40%（60分）以内。

三、普通话水平测试大纲

普通话水平测试大纲

（教育部　国家语委发教语用［2003］2号文件）

根据教育部、国家语言文字工作委员会发布的《普通话水平测试管理规定》、《普通话水平测试等级标准》，制定本大纲。

一、测试的名称、性质、方式

本测试定名为“普通话水平测试”（PUTONGHUA SHUIPING CESHI，缩写为PSC）。普通话水平测试测查应试人的普通话规范程度、熟练程度，认定其普通话水平等级，属于标准参照性考试。本大纲规定测试的内容、范围、题型及评分系统。

普通话水平测试以口试方式进行。

二、测试内容和范围

普通话水平测试的内容包括普通话语音、词汇和语法。

普通话水平测试的范围是国家测试机构编制的《普通话水平测试用普通话词语表》、《普通话水平测试用普通话与方言词语对照表》、《普通话水平测试用普通话与方言常见语法差异对照表》、《普通话水平测试用朗读作品》、《普通话水平测试用话题》。

三、试卷构成和评分

试卷包括5个组成部分，满分为100分。

（一）读单音节字词（100个音节，不含轻声、儿化音节），限时3.5分钟，共10分。

1. 目的：测查应试人声母、韵母、声调读音的标准程度。

2. 要求：

（1）100个音节中，70%选自《普通话水平测试用普通话词语表》“表一”，30%选自“表二”。

（2）100个音节中，每个声母出现次数一般不少于3次，每个韵母出现次数一般不少于2次，4个声调出现次数大致均衡。

（3）音节的排列要避免同一测试要素连续出现。

3. 评分：

（1）语音错误，每个音节扣0.1分。

（2）语音缺陷，每个音节扣0.05分。

（3）超时1分钟以内，扣0.5分；超时1分钟以上（含1分钟），扣1分。

（二）读多音节词语（100个音节），限时2.5分钟，共20分。

1. 目的：测查应试人声母、韵母、声调和变调、轻声、儿化读音的标准程度。

2. 要求：

（1）词语的70%选自《普通话水平测试用普通话词语表》“表一”，30%选自“表二”。

（2）声母、韵母、声调出现的次数与读单音节字词的要求相同。

（3）上声与上声相连的词语不少于3个，上声与非上声相连的词语不少于4个，轻声不少于3个，儿化音不少于4个（应为不同的儿化韵母）。

（4）词语的排列要避免同一测试要素连续出现。

3. 评分：

（1）语音错误，每个音节扣0.2分。

（2）语音缺陷，每个音节扣0.1分。

（3）超时1分钟以内，扣0.5分；超时1分钟以上（含1分钟），扣1分。

（三）选择判断，限时3分钟，共10分。

1. 词语判断（10组）

（1）目的：测查应试人掌握普通话词语的规范程度。

（2）要求：根据《普通话水平测试用普通话与方言词语对照表》，列举10组普通话与方言意义相对应，但说法不同的词语，由应试人判断并读出普通话的词语。

（3）评分：判断错误，每组扣0.25分。

2. 量词、名词搭配（10组）

（1）目的：测查应试人掌握普通话量词和名词搭配的规范程度。

（2）要求：根据《普通话水平测试用普通话与方言常见语法差异对照表》，列举10个名词和若干量词，由应试人搭配并读出符合普通话规范的10组名量短语。

（3）评分：搭配错误，每组扣0.5分。

3. 语序或表达形式判断（5组）

（1）目的：测查应试人掌握普通话语法的规范程度。

（2）要求：根据《普通话水平测试用普通话与方言常见语法差异对照表》，列举5组普通话和方言意义相对应，但语序或表达习惯不同的短语或短句，由应试人判断并读出符合普通话语法规范的表达形式。

（3）评分：判断错误，每组扣0.5分。

选择判断合计超时1分钟以内，扣0.5分；超时1分钟以上（含1分钟），扣1分。答题时语音错误，每个音节扣0.1分，如判断错误已经扣分，不重复扣分。

（四）朗读短文（1篇，400个音节），限时4分钟，共30分。

1. 目的：测查应试人使用普通话朗读书面作品的水平。在测查声母、韵母、声调读音标准程度的同时，重点测查连读音变、停连、语调以及流畅程度。

2. 要求：

（1）短文从《普通话水平测试用朗读作品》中选取。

（2）评分以朗读作品的前400个音节（不含标点符号和括注的音节）为限。

3. 评分：

（1）每错1个音节，扣0.1分；漏读或增读1个音节，扣0.1分。

（2）声母或韵母的系统性语音缺陷，视程度扣0.5分、1分。

（3）语调偏误，视程度扣0.5分、1分、2分。

（4）停连不当，视程度扣0.5分、1分、2分。

（5）朗读不流畅（包括回读），视程度扣0.5分、1分、2分。

（6）超时扣1分。

（五）命题说话，限时3分钟，共30分。

1. 目的：测查应试人在无文字凭借的情况下说普通话的水平，重点测查语音标准程度、词汇语法规范程度和自然流畅程度。

2. 要求：

（1）说话话题从《普通话水平测试用话题》中选取，由应试人从给定的两个话题中选定1个话题，连续说一段话。

（2）应试人单向说话。如发现应试人有明显背稿、离题、说话难以继续等表现时，主试人应及时提示或引导。

3. 评分：

（1）语音标准程度，共20分。分六档：

一档：语音标准，或极少有失误。扣0分、0.5分、1分。

二档：语音错误在10次以下，有方音但不明显。扣1.5分、2分。

三档：语音错误在10次以下，但方音比较明显；或语音错误在10～15次，有方音但不明显。扣3分、4分。

四档：语音错误在10～15次，方音比较明显。扣5分、6分。

五档：语音错误超过15次，方音明显。扣7分、8分、9分。

六档：语音错误多，方音重。扣10分、11分、12分。

(2) 词汇语法规范程度，共5分。分三档：

一档：词汇、语法规范。扣0分。

二档：词汇、语法偶有不规范的情况。扣0.5分、1分。

三档：词汇、语法屡有不规范的情况。扣2分、3分。

(3) 自然流畅程度，共5分。分三档：

一档：语言自然流畅。扣0分。

二档：语言基本流畅，口语化较差，有背稿子的情况。扣0.5分、1分。

三档：语言不连贯，语调生硬。扣2分、3分。

说话不足3分钟，酌情扣分：缺时1分钟以内（含1分钟），扣1分、2分、3分；缺时1分钟以上，扣4分、5分、6分；说话不满30秒（含30秒），本测试项成绩计为0分。

四、应试人普通话水平等级的确定

国家语言文字工作部门发布的《普通话水平测试等级标准》是确定应试人普通话水平等级的依据。测试机构根据应试人的测试成绩确定其普通话水平等级，由省、自治区、直辖市以上语言文字工作部门颁发相应的普通话水平测试等级证书。

普通话水平划分为三个级别，每个级别内划分两个等次。其中：

97分及其以上，为一级甲等；

92分及其以上但不足97分，为一级乙等；

87分及其以上但不足92分，为二级甲等；

80分及其以上但不足87分，为二级乙等；

70分及其以上但不足80分，为三级甲等；

60分及其以上但不足70分，为三级乙等。

说明：各省、自治区、直辖市语言文字工作部门可以根据测试对象或本地区的实际情况，决定是否免测“选择判断”测试项。如免测此项，“命题说话”测试项的分值由30分调整为40分。评分档次不变，具体分值调整如下：

(1) 语音标准程度的分值，由20分调整为25分。

一档：扣0分、1分、2分。

二档：扣3分、4分。

三档：扣5分、6分。

四档：扣7分、8分。

五档：扣9分、10分、11分。

六档：扣12分、13分、14分。

(2) 词汇语法规范程度的分值，由5分调整为10分。

一档：扣0分。

二档：扣1分、2分。

三档：扣3分、4分。

(3) 自然流畅程度，仍为5分，各档分值不变。

附录一　普通话水平测试管理规定

普通话水平测试管理规定（2003）

第一条　为加强普通话水平测试管理，促其规范、健康发展，根据《中华人民共和国国家通用语言文字法》，制定本规定。

第二条　普通话水平测试（以下简称“测试”）是对应试人运用普通话的规范程度的口语考试。开展测试是促进普通话普及和应用水平提高的基本措施之一。

第三条　国家语言文字工作部门颁布测试等级标准、测试大纲、测试规程和测试工作评估办法。

第四条　国家语言文字工作部门对测试工作进行宏观管理，制定测试的政策、规划，对测试工作进行组织协调、指导监督和检查评估。

第五条　国家测试机构在国家语言文字工作部门的领导下组织实施测试，对测试业务工作进行指导，对测试质量进行监督和检查，开展测试科学研究和业务培训。

第六条　省、自治区、直辖市语言文字工作部门（以下简称“省级语言文字工作部门”）对本辖区测试工作进行宏观管理，制定测试工作规划、计划，对测试工作进行组织协调、指导监督和检查评估。

第七条　省级语言文字工作部门可根据需要设立地方测试机构。

省、自治区、直辖市测试机构（以下简称“省级测试机构”）接受省级语言文字工作部门及其办事机构的行政管理和国家测试机构的业务指导，对本地区测试业务工作进行指导，组织实施测试，对测试质量进行监督和检查，开展测试科学研究和业务培训。

省级以下测试机构的职责由省级语言文字工作部门确定。

各级测试机构的设立须经同级编制部门批准。

第八条　测试工作原则上实行属地管理。国家部委直属单位的测试工作，原则上由所在地区的省级语言文字工作部门组织实施。

第九条　在测试机构的组织下，测试由测试员依照测试规程执行。测试员应遵守测试工作各项规定和纪律，保证测试质量，并接受国家和省级测试机构的业务培训。

第十条　测试员分省级测试员和国家级测试员。测试员须取得相应的测试员证书。

申请省级测试员证书者，应具有大专以上学历，熟悉推广普通话工作方针政策和普通语言学理论，熟悉方言与普通话的一般对应规律，熟练掌握《汉语拼音方案》和常用国际音标，有较强的听辨音能力，普通话水平达到一级。

申请国家级测试员证书者，一般应具有中级以上专业技术职务和两年以上省级测试员资历，具有一定的测试科研能力和较强的普通话教学能力。

第十一条　申请省级测试员证书者，通过省级测试机构的培训考核后，由省级语言文字工作部门颁发省级测试员证书；经省级语言文字工作部门推荐的申请国家级测试员证书者，通过国家测试机构的培训考核后，由国家语言文字工作部门颁发国家级测试员证书。

第十二条　测试机构根据工作需要聘任测试员并颁发有一定期限的聘书。

第十三条　在同级语言文字工作办事机构指导下，各级测试机构定期考查测试员的业务能力和工作表现，并给予奖惩。

第十四条　省级语言文字工作部门根据工作需要聘任测试视导员并颁发有一定期限的聘书。

测试视导员一般应具有语言学或相关专业的高级专业技术职务，熟悉普通语言学理论，有相关的学术研究成果，有较丰富的普通话教学经验和测试经验。

测试视导员在省级语言文字工作部门领导下，检查、监督测试质量，参与及指导测试管理和测试业务工作。

第十五条　应接受测试的人员为：

1. 教师和申请教师资格的人员；

2. 广播电台、电视台的播音员、节目主持人；

3. 影视话剧演员；

4. 国家机关工作人员；

5. 师范类专业、播音与主持艺术专业、影视话剧表演专业以及其他与口语表达密切相关的专业的学生；

6. 行业主管部门规定的其他应该接受测试的人员。

第十六条　应接受测试的人员的普通话达标等级，由国家行业主管部门规定。

第十七条　社会其他人员可自愿申请接受测试。

第十八条　在高等学校注册的港澳台学生和外国留学生可随所在校学生接受测试。

测试机构对其他港澳台人士和外籍人士开展测试工作，须经国家语言文字工作部门授权。

第十九条　测试成绩由执行测试的测试机构认定。

第二十条　测试等级证书由国家语言文字工作部门统一印制，由省级语言文字工作办事机构编号并加盖印章后颁发。

第二十一条　普通话水平测试等级证书全国通用。等级证书遗失，可向原发证单位申请补发。伪造或变造的普通话水平测试等级证书无效。

第二十二条　应试人再次申请接受测试同前次接受测试的间隔应不少于3个月。

第二十三条　应试人对测试程序和测试结果有异议，可向执行测试的测试机构或上级测试机构提出申诉。

第二十四条　测试工作人员违反测试规定的，视情节予以批评教育、暂停测试工作、解除聘任或宣布测试员证书作废等处理，情节严重的提请其所在单位给予行政处分。

第二十五条　应试人违反测试规定的，取消其测试成绩，情节严重的提请其所在单位给予行政处分。

第二十六条　测试收费标准须经当地价格部门核准。

第二十七条　各级测试机构须严格执行收费标准，遵守国家财务制度，并接受当地有关部门的监督和审计。

第二十八条　本《规定》自2003年6月15日起施行。

附录二　普通话水平测试样卷[①]

（一）读100个单音节字词

昼　八　迷　先　毡　皮　幕　美　彻　飞
定　鸣　破　捶　风　豆　蹲　霞　掉　桃
口　宫　铁　翁　念　劳　天　旬　沟　狼
全　靴　娘　嫩　机　蕊　家　跪　绝　趣

① 节选自《普通话水平测试实施纲要》。

社　瓜　穷　屡　知　狂　正　裘　中　恒
虫　槐　事　轰　竹　掠　茶　肩　常　概
足　皇　水　君　人　伙　自　滑　早　绢
爱　炒　次　渴　酸　勤　鱼　筛　院　腔
愤　鳖　袖　滨　竖　搏　刷　瞟　帆　彩
妥　司　滕　寸　峦　岸　勒　歪　尔　熊

（二）读多音节词语（100个音节；其中含双音节词语45个，三音节词语2个，四音节词语1个）

取得　阳台　儿童　夹缝儿　混淆　衰落　分析　防御
沙丘　管理　此外　便宜　光环　塑料　扭转　加油
队伍　挖潜　女士　科学　手指　策略　抢劫　森林
侨眷　模特儿　港口　没准儿　干净　日用　紧张　炽热
群众　名牌儿　沉醉　快乐　窗户　财富　应当　生字
奔跑　晚上　卑劣　包装　洒脱　现代化　委员会
轻描淡写

（三）选择判断（为便于了解题意，样题显示答案）

1. 词语判断：请判断并读出下列10组词语中的普通话词语。

（1）如崭　**现在**　而家　今下　目下
（2）瞒人　边个　**谁**　啥侬　啥人
（3）为么子　做脉个　**为什么**　为什里　为哈　为怎样
（4）**细小**　细粒　幼细　异细
（5）后生子　后生崽里　后生家　后生仔　**小伙子**
（6）日里向　日里　**白天**　日上　日头　日时　日辰头
（7）**婴儿**　毛它　冒牙子　苏虾仔　婴仔　啊伢欸
（8）蚂蚁子　蚂蝇里　狗蚁　蚁公　**蚂蚁**
（9）**这里**　个搭　咯里　个里　呢处　即搭
（10）早上向　**早晨**　早间里　朝早　朝辰头

2. 量词、名词搭配：请按照普通话规范搭配并读出下列数量名短语。

（例如：一 → 个　只　粒
　　　　　　↓
　　　　　　人　米）

一 → 把　张　棵　支　扇　辆　条　间　头　所

汽车　钥匙　桌子　钞票　树　笔　牛　学校　门　草

3. 语序或表达形式判断：请判断并读出下列5组句子里的普通话句子。

（1）**他大约要两三个月才能回来。**

他大约要二三个月才能回来。

（2）他好好可爱。

他非常可爱。

他上可爱。

（3）你去去逛街？

你去不去逛街？

（4）你矮我。

你比我矮。

你比较矮我。

你比我较矮。

（5）**那部电影我看过。**

那部电影我有看。

（四）朗读短文：请朗读第12号短文。

（五）命题说话：请按照话题“我的业余生活”或“我熟悉的地方”说一段话（3分钟）。

＊说明：很多地区都不考“选择判断”测试项。如果免测此项，“命题说话”测试项的分值由30分调整为40分。具体参见《普通话水平测试大纲》相关内容。

第一单元　普通话声母训练

一、声母概述

声母是音节开头的辅音。没有辅音开头的音节，习惯上把它的声母称为“零声母”，零声母不是声母。普通话的声母有 21 个[①]。

声母有本音和呼读音。声母的本音指根据发音方法和发音部位发的音，也就是声母自身的读音。由于普通话声母大多数是清辅音，本音不响亮，不容易听清楚，所以为了便于教学，在念读声母时，声母后面都加上了一个元音，声母加上元音之后的读音称为“呼读音”[②]。声母的呼读音只用于单独念声母的时候，在拼读音节时必须用声母的本音。

表 1－1　声母呼读音构成表

声　母	所加元音	呼读音
b、p、m、f	o	bo、po、mo、fo
d、t、n、l	e	de、te、ne、le
g、k、h	e	ge、ke、he
j、q、x	i	ji、qi、xi
z、c、s	-i［前］	zi、ci、si
zh、ch、sh、r	-i［后］	zhi、chi、shi、ri

不同音色的声母是由不同的发音方法和发音部位决定的，要发好声母就必须掌握好每一个声母的发音部位和发音方法。

（一）声母的发音部位

发音部位指发音气流受到阻碍的部位。按照发音部位，普通话声母可以分

① 为了便于教学，小学汉语拼音教学中，把 y、w 看作准声母，加上准声母，声母就有 23 个。

② 呼读音含有元音，读起来响亮、清晰。呼读音实际上是含有声母、韵母、声调的整个音节的读音，声调为阴平。

为双唇音、唇齿音、舌尖前音、舌尖中音、舌尖后音、舌面前音、舌面后音这七类。具体说明如下：

（1）双唇音。利用上、下唇阻碍气流形成的音，双唇音共有 3 个，b、p、m。

（2）唇齿音。利用上齿、下唇阻碍气流形成的音，唇齿音只有 1 个，f。

（3）舌尖前音。利用舌尖、齿背阻碍气流形成的音，舌尖前音共有 3 个，z、c、s。

（4）舌尖中音。利用舌尖、上齿龈阻碍气流形成的音，舌尖中音共有 4 个，d、t、n、l①。

（5）舌尖后音。利用舌尖、硬腭前部阻碍气流形成的音，舌尖后音共有 4 个，zh、ch、sh、r。

（6）舌面前音。又叫做舌面音，利用舌面前部、硬腭前部阻碍气流形成的音，舌面前音共有 3 个，j、q、x。

（7）舌面后音。又叫做舌根音，利用舌面后部、软腭阻碍气流形成的音，舌面后音共有 3 个，g、k、h。

（二）声母的发音方法

发音方法指调节发音气流的方法。按照发音方法，普通话声母可以从阻碍的方式、气流的强弱、声带振动与否三个方面来分析。

1. 阻碍的方式

辅音的发音可以分为三个阶段：构成阻碍阶段、阻碍持续阶段、解除阻碍阶段。根据这三个阶段，普通话声母可以分为塞音、擦音、塞擦音、鼻音、边音五种发音方法。具体说明如下：

（1）塞音。塞音又称爆破音。发音时两个发音部位闭紧，形成阻碍，持阻阶段保持这种状态；消除阻碍时，气流一下将阻碍冲开，爆发成声。塞音共有 3 组 6 个，b、p；d、t；g、k。

（2）擦音。发音时两个发音部位靠近，形成一条窄缝，气流从窄缝中挤出，摩擦成声。擦音共有 6 个，f、h、x、s、sh、r。

（3）塞擦音。发音时两个发音部位闭紧，形成阻碍，气流首先将两个发音部位冲开，形成一条窄缝，然后再从窄缝中挤出，摩擦成声。② 塞擦音共有

---

① 也有人认为，l 的发音部位实际介于舌尖中和舌尖后之间，是舌尖中后、浊、边音。有人甚至把它归入舌尖后、浊、边音。

② 塞擦音的前半段具有塞音的性质，后半段具有擦音的性质，两者结合紧密，不是塞音、擦音的简单相加。

3组6个，j、q；z、c；zh、ch。

（4）鼻音。发音时两个发音部位闭紧，软腭下降，关闭口腔，打开鼻腔通道，气流振动声带，并从鼻腔冲出成声。鼻音声母共有2个，m、n。①

（5）边音。发音时舌尖同上齿龈接触，舌头两侧留出空隙，软腭上升，关闭鼻腔通道，气流振动声带，并经舌头两边从口腔冲出成声，故称边音。边音只有1个，l。

2. 气流的强弱

普通话声母中的塞音声母、塞擦音声母气流强弱明显。根据气流的强弱，塞音和塞擦音可以分为送气音和不送气音两类。气流强者为送气音，气流弱者为不送气音。

（1）送气音。送气音共有6个，p、t、k、q 、c、ch。

（2）不送气音。不送气音共有6个，b、d、g、j、z、zh。

3. 声带颤动与否

根据声带颤动与否，普通话声母可以分为清音声母、浊音声母。声带不颤动者为清音，声带颤动者为浊音。

（1）清音。清音共有17个，b、p、f、d、t、g、k、h、j、q、x、z、c、s、zh、ch、sh。

（2）浊音。浊音共有4个，m、n、l、r。②

---

① ng是舌面后、浊、鼻音，不做声母。

② ng是浊音，但不是声母。

表 1-2　普通话声母发音总表

发音部位 / 发音方法			唇音		舌尖前音	舌尖中音	舌尖后音	舌面前音	舌面后音
			双唇音	唇齿音					
			上唇下唇	上齿下唇	舌尖上齿背	舌尖上齿龈	舌尖硬腭前	舌面前硬腭前	舌面后软腭
塞音	清音	不送气音	b			d			g
		送气音	p			t			k
擦音	清音			f	s		sh	x	h
	浊音						r		
塞擦音	清音	不送气音			z		zh	j	
		送气音			c		ch	q	
鼻音	浊音		m			n			
边音	浊音					l			

二、声母发音

（一） b、p、m、f

第 1 组：b、p

b：双唇、不送气、清、塞音

p：双唇、送气、清、塞音

发音时，上唇、下唇紧闭，形成阻碍，软腭上升，关闭鼻腔通道，声带不颤动，气流冲破阻碍，爆发成声。发 b 时气流较弱，发 p 时气流较强。例如：

基本音节①

b ＋ a o ai ao ei an en ang eng i ie iao ian in ing u

p ＋ a o ai ao ei ou an en ang eng i ie iao ian in ing u

① 基本音节是不带声调的音节，一般读阴平。这里列出声母涉及的全部音节，把这些音节读好了，这个声母也就读好了。

双音节词语

标本 biāoběn	颁布 bānbù	碧波 bìbō	帮办 bāngbàn
辨别 biànbié	斑白 bānbái	爆破 bàopò	标榜 biāobǎng
批判 pīpàn	偏颇 piānpō	品评 pǐnpíng	偏旁 piānpáng
批评 pīpíng	匹配 pǐpèi	评判 píngpàn	偏僻 piānpì

第 2 组：m

m：双唇、浊、鼻音

发音时，上唇、下唇紧闭，软腭下降，关闭口腔通道，打开鼻腔通道，声带颤动，气流从鼻腔冲出成声。例如：

基本音节

m ＋ a o e ai ei ao ou an en ang eng i ie iao iu ian in ing u

双音节词语

美妙 měimiào	面目 miànmù	谩骂 mànmà	明媚 míngmèi
弥漫 mímàn	面貌 miànmào	卖命 màimìng	描摹 miáomó

第 3 组：f

f：唇齿、清、擦音

发音时，下唇略内收，靠近上齿，软腭上升，关闭鼻腔通道，声带不颤动，气流从唇齿间的窄缝中挤出，摩擦成声。例如：

基本音节

f ＋ a o ei ou an en ang eng u

双音节词语

反复 fǎnfù	发放 fāfàng	风帆 fēngfān	非凡 fēifán
方法 fāngfǎ	丰富 fēngfù	纷飞 fēnfēi	非法 fēifǎ

（二）d、t、n、l

第 1 组：d、t

d：舌尖中、不送气、清、塞音

t：舌尖中、送气、清、塞音

发音时，舌尖抵住上齿龈，形成阻碍，软腭上升，关闭鼻腔通道，声带不颤动，气流冲破阻碍，爆发成声。发 d 时气流较弱，发 t 时气流较强。例如：

基本音节

d＋a e ai ei ao ou an ang eng i ie iao iu ian ing u uo ui uan un ong

t＋a e ai ao ou an ang eng i ie iao ian ing u uo ui uan un ong

双音节词语

达到 dádào	大多 dàduō	等待 děngdài	调动 diàodòng
电灯 diàndēng	大地 dàdì	导弹 dǎodàn	对等 duìděng

抬头 táitóu	团体 tuántǐ	听筒 tīngtǒng	调停 tiáotíng
淘汰 táotài	弹跳 tántiào	天堂 tiāntáng	吞吐 tūntǔ

第 2 组：n

n：舌尖中、浊、鼻音

发音时，舌尖抵住上齿龈，软腭下降，关闭口腔通道，声带颤动，气流从鼻腔冲出成声。例如：

基本音节

n ＋ a e ai ei ao ou an en ang eng i ie iao
　　iu ian in iang ing u uo uan ong ü üe

双音节词语

男女 nánnǚ	奶牛 nǎiniú	恼怒 nǎonù	泥泞 nínìng
袅袅 niǎoniǎo①			

第 3 组：l

l：舌尖中、浊、边音

发音时，舌尖抵住上齿龈（略向后），舌头两侧要有空隙，软腭上升，关闭鼻腔通道，声带颤动，气流经舌头两边从口腔冲出成声。例如：

基本音节

l ＋ a e ai ei ao ou an ang eng i ia ie iao
　　iu ian in iang ing u uo uan un ong ü üe

双音节词语

流利 liúlì	凌乱 língluàn	冷落 lěngluò	来临 láilín
劳累 láolèi	流露 liúlù	流浪 liúlàng	裸露 luǒlù

（三）g、k、h

第 1 组：g、k

g：舌面后、不送气、清、塞音

k：舌面后、送气、清、塞音

发音时，舌面后部抵住软腭，形成阻碍，软腭后部上升，关闭鼻腔通道，声带不颤动，气流冲破阻碍，爆发成声。发 g 时气流较弱，发 k 时气流较强。例如：

基本音节

g ＋ a e ai ei ao ou an en ang eng u ua uo uai ui uan un uang ong

k ＋ a e ai ei ao ou an en ang eng u ua uo uai ui uan un uang ong

---

① 大纲中此类词语很少，除了发音部分的例词外，仅此例词，后面与此相同情况不再说明。

双音节词语

改革 gǎigé	高贵 gāoguì	古怪 gǔguài	过关 guòguān
感官 gǎnguān	灌溉 guàngài	杠杆 gànggǎn	巩固 gǒnggù
开垦 kāikěn	慷慨 kāngkǎi	困苦 kùnkǔ	可靠 kěkào
可口 kěkǒu	开阔 kāikuò	坎坷 kǎnkě	空旷 kōngkuàng

第 2 组：h

h：舌面后、清、擦音

发音时，舌面后部接近软腭，形成窄缝，软腭上升，关闭鼻腔通道，声带不颤动，气流经窄缝摩擦成声。例如：

基本音节

h ＋ a e ai ei ao ou an en ang eng u ua uo uai ui uan un uang ong

双音节词语

航海 hánghǎi	化合 huàhé	悔恨 huǐhèn	火花 huǒhuā
黄昏 huánghūn	行会 hánghuì	回合 huíhé	花卉 huāhuì

（四）j、q、x

第 1 组：j、q

j：舌面前、不送气、清、塞擦音

q：舌面前、送气、清、塞擦音

发音时，舌面前部抵住硬腭前部，软腭上升，关闭鼻腔通道，声带不颤动，气流先将阻碍冲开一条窄缝，然后经窄缝摩擦成声。发 j 时气流较弱，发 q 时气流较强。例如：

基本音节

j＋i ia ie iao iu ian in iang ing u ue uan un iong

q＋i ia ie iao iu ian in iang ing u ue uan un iong

双音节词语

即将 jíjiāng	加剧 jiājù	结晶 jiéjīng	倔犟 juéjiàng
季节 jìjié	将军 jiāngjūn	将近 jiāngjìn	矫健 jiǎojiàn
情趣 qíngqù	乞求 qǐqiú	恰巧 qiàqiǎo	躯壳 qūqiào
窃取 qièqǔ	侵权 qīnquán	齐全 qíquán	确切 quèqiè

第 2 组：x

x：舌面前、清、擦音

发音时，舌面前部接近硬腭前部，形成一条窄缝，软腭上升，关闭鼻腔通道，声带不颤动，气流经窄缝摩擦成声。例如：

基本音节

x ＋ i ia ie iao iu ian in iang ing u ue uan un iong

双音节词语

细小 xìxiǎo	显现 xiǎnxiàn	相信 xiāngxìn	宣泄 xuānxiè
星系 xīngxì	象形 xiàngxíng	休想 xiūxiǎng	喧嚣 xuānxiāo

（五）z、c、s

第 1 组：z、c

z：舌尖前、不送气、清、塞擦音

c：舌尖前、送气、清、塞擦音

发音时，舌尖抵住上齿背或下齿背，软腭上升，关闭鼻腔通道，声带不颤动，气流先将阻碍冲开一条窄缝，然后再从窄缝中挤出，摩擦成声。发 z 时气流较弱，发 c 时气流较强。例如：

基本音节

z ＋ i［前］ a e ai ei ao ou an en ang eng u uo ui uan un ong

c ＋ i［前］ a e ai ao ou an en ang eng u uo ui uan un ong

双音节词语

自在 zìzài	再造 zàizào	自尊 zìzūn	在座 zàizuò
层次 céngcì	猜测 cāicè	草丛 cǎocóng	摧残 cuīcán
残存 cáncún	仓促 cāngcù	璀璨 cuǐcàn	苍翠 cāngcuì

第 2 组：s

s：舌尖前、清、擦音

发音时，舌尖接近上齿背或下齿背，形成一条窄缝，软腭上升，关闭鼻腔通道，声带不颤动，气流从窄缝中挤出，摩擦成声。例如：

基本音节

s ＋ i［前］ a e ai ao ou an en ang eng u uo ui uan un ong

双音节词语

思索 sīsuǒ	四散 sìsàn	琐碎 suǒsuì	松散 sōngsǎn
诉讼 sùsòng	色素 sèsù	搜索 sōusuǒ	

（六）zh、ch、sh、r

第 1 组：zh、ch

zh：舌尖后、不送气、清、塞擦音

ch：舌尖后、送气、清、塞擦音

发音时，舌尖上翘，抵住硬腭前部，软腭上升，关闭鼻腔通道，声带不颤动，气流先将阻碍冲开一条窄缝，然后经窄缝摩擦成声。发 zh 时气流较弱，发 ch 时气流较强。例如：

基本音节

zh ＋ i［后］ a e ai ei ao ou an en ang eng u ua uo uai ui uan un uang ong

ch + i［后］a e ai ao ou an en ang eng u uo uai ui uan un uang ong

双音节词语

战争 zhànzhēng	周转 zhōuzhuǎn	褶皱 zhězhòu	征兆 zhēngzhào
直至 zhízhì	追逐 zhuīzhú	茁壮 zhuózhuàng	忠贞 zhōngzhēn
查处 cháchǔ	超产 chāochǎn	传承 chuánchéng	出差 chūchāi
超出 chāochū	除尘 chúchén	踌躇 chóuchú	驰骋 chíchěng

第 2 组：sh、r

sh：舌尖后、清、擦音

r：舌尖后、浊、擦音

发音时，舌尖上翘，接近硬腭前部，形成窄缝，软腭上升，关闭鼻腔通道，气流从窄缝中挤出，摩擦成声。发 sh 时声带不颤动，发 r 时声带颤动。例如：

基本音节

sh + i［后］a e ai ao ou an en ang eng u uo ui uan un uang

r + i［后］e ao ou an en ang eng u uo ui uan un ong

双音节词语

神圣 shénshèng	税收 shuìshōu	膳食 shànshí	述说 shùshuō
山水 shānshuǐ	少数 shǎoshù	硕士 shuòshì	烧伤 shāoshāng
柔软 róuruǎn	容忍 róngrěn	软弱 ruǎnruò	
冉冉 rǎnrǎn	柔弱 róuruò	仍然 réngrán	

三、声母辨正

（一）z、c、s、［z］① 和 zh、ch、sh、r

z、c、s、［z］和 zh、ch、sh、r 又称平舌音和翘舌音。现代汉语许多方言都没有发翘舌音的习惯，把翘舌音都发成了平舌音，如成都话、苏州话、武汉话、南昌话等。还有的方言有的字既不发平舌音，也不发翘舌音，如广州话、客家话等。翘舌音使用频率很高，每句话基本上都有翘舌音。据统计，在 3 500 个常用字中，翘舌音字就有 602 个，占常用字的 17%。

z、c、s、［z］和 zh、ch、sh、r 的区别在于发音部位的不同。z、c、s、［z］是舌尖前音，舌尖与上齿背或下齿背构成阻碍，舌头平伸，故称平舌音。zh、ch、sh、r 是舌尖后音，舌尖与硬腭前部构成阻碍，舌尖略翘，故称翘舌

① ［z］系舌尖前、浊、擦音，是与 r（舌尖后、浊、擦音）相对应的一个音。普通话没有这个声母，《汉语拼音方案》没有它的字母符号，故用国际音标表示。

音。发好平舌音比较容易，许多方言区的人都能发好它，就是有些方言区没有平舌音的，只要抓住舌头平伸、上下齿咬紧的特点，就可以发平舌音。翘舌音由于受到方音的干扰，学习起来比较困难，不容易发好。在发翘舌音时容易出现四个问题：第一，舌头翘不起来；第二，发音前能把舌头翘上去，但是在发音预备阶段，舌头又放下来了，发成了平舌音；第三，舌尖不到位，要么舌尖放在上齿龈，发成舌尖中的塞擦音或擦音，要么舌尖上翘至硬腭中部，甚至后部，发成卷舌的塞擦音或擦音等；第四，舌头在发音同时有摆动或者舌面有裹卷动作，加入了其他音。要解决这些问题，关键要找准发音部位，可以先将舌尖抵住硬腭前部，反复发舌尖后的塞音，培养硬腭前部的位置感，在有了良好的位置感后，再发舌尖后的塞擦音、擦音，这样发翘舌音就比较准确了。

（二）n 和 l

n 和 l 在普通话里有严格的区分，但是，在不少方言中存在不同程度的混淆。有的 n 和 l 完全混淆，有的基本音节有 n，无 l；有的有 l，无 n，如成都话、武汉话、长沙话、南昌话、厦门话、南京话等。n 和 l 的使用频率没有 z、c、s 和 zh、ch、sh、r 那么高，但是 n 和 l 在普通话里具有辨义的作用。例如，“旅客”（lǚkè）与“女客”（nǚkè），“隆重”（lóngzhòng）与“浓重”（nóngzhòng）。n 和 l 不同，词义也就不同。

n 和 l 的不同在于发音方法，n 是鼻音，l 是边音。n 的发音气流经鼻腔冲出，l 的发音气流经舌头两边从口腔冲出。捏鼻孔可以帮助判断 n 和 l 的发音情况，如果捏住鼻孔，发音气流出不来，感到憋气，鼻腔共鸣明显，是 n；如果捏住鼻孔，发音气流能轻松出来，感觉不到憋气，鼻腔共鸣不明显，是 l。发好 n 和 l，除了要掌握好发音方法外，还要控制好发音部位。根据研究，l 的发音部位并不在上齿龈，而是在上齿龈后面一点，可以看成是一个舌尖中后、浊、边音。所以发 l 时，舌尖可以适当地放到上齿龈后面一点，以使舌头前部留有足够的空隙，使发音气流经舌头两边从口腔冲出成声。

（三）f 和 h

f 和 h 在许多方言里都有混淆。厦门话把 f 和 h 都读成了 h，苏州话则把部分 f 声母字读成 h 声母字。成都话、长沙话、南昌话、梅州话、广州话等把部分 h 声母字读成 f 声母字，如将“黄昏”（huánghūn）读成 fángfūn。

发好 f 和 h 并不困难。f 和 h 都是清、擦音，它们的不同在于发音部位，f 是唇齿音，发音时下唇略内收，上齿轻轻接触下唇，气流从唇齿间挤出，摩擦成声。只是容易将 f 发成双唇音，要注意避免。h 是舌面后音，发音时舌头略后缩，舌面后部与软腭形成窄缝，气流从窄缝中挤出，摩擦成声。

（四）j、q、x 和 z、c、s、zh、ch、sh、r

普通话 i、ü 行韵母只跟舌面音 j、q、x 相拼，不同舌尖音 z、c、s 等相拼，前者叫做团音，后者叫做尖音。普通话没有尖音，只有团音。许多方言都有尖音，如粤方言，i、ü 行韵母既可以跟舌面音 j、q、x 相拼，又可以同舌尖音 z、c、s 等相拼①，通常把“字、次、四、制、齿、事、日”发成尖音。z、c、s 和 j、q、x 的发音区别明显。z、c、s 发音时舌尖在上齿背或下齿背后面，舌头平伸，j、q、x 发音时舌尖在下齿背的下方，舌面前部略隆起，抓住这些特点就能够发好 z、c、s 和 j、q、x 了。

（五）送气音和不送气音

普通话塞音声母和塞擦音声母气流强弱明显，有送气音和不送气音之分。b、d、g、j、z、zh 是不送气音，p、t、k、q、c、ch 是送气音。有的方言在这个问题上也有混淆，例如，“倍、代、柜、坐”在普通话里是不送气音，广州话却是送气音。送气音声母和不送气音声母的发音较容易，在不送气音声母基础上增强气流，便形成了送气音声母。方言里只有少数送气音声母字和不送气音声母字与普通话有所不同，可以将送气音声母字和不送气音声母字读一遍，找出与普通话有差异的字即可。

（六）零声母

普通话中的部分零声母字，在一些方言里带上了声母，读成了有声母的字。开口呼韵母，如“爱”，天津话加上了 n 声母，发成“额”，成都话、广州话加上了 ng。合口呼韵母，如“文”，广州话加上了 m。普通话部分有声母的字，在有的方言里又变成了零声母字。r 声母字，在粤方言里大多变成了与齐齿呼类似的音。例如，“燃料”（ránliào）读成 yánliào，“日本”（rìběn）读成 yìběn。

掌握了正确的发音方法，如果不知道字音，还是不能说好普通话。因此，我们还必须记住一些字的读音。有的普通话声韵调在音节结构和字形结构上有一定的规律性，应该充分利用这种规律来帮助识记。一是可以借助汉字字形结构关系帮助记忆。例如，“宗”构成的“宗、综、棕、踪、粽、淙、崇”等系列字，除“崇”是翘舌字外，其余都是平舌字；“从”构成的“从、丛、纵、疭、众”等系列字，除“众”是翘舌字外，其余都是平舌字；“此”构成的“此、疵、雌、紫、柴”等系列字，除“柴”是翘舌字外，其余都是平舌字；“尼”构成的“尼、妮、泥、呢、怩、铌、旎、伲、昵”等系列字都是 n 声母字；“良”构成的“良、粮、踉、狼、廊、浪、娘、酿”等系列字，除“娘、酿”是 n 声母字外，其余都是 l 声母字；“方”构成的“方、防、房、坊、肪、妨、纺、仿、放”等系列字都是 f 声母字；“胡”构成的“胡、糊、湖、

① 粤方言没有舌尖后音 zh、ch、sh、r，在发它们时相应发成了舌尖前音。

猢”等系列字都是 h 声母字。二是可以借助声韵配合规律帮助记忆。例如，同 ua、uai、uang 相拼的“抓、刷、踹、帅、庄、窗、双”等系列字都是翘舌字，没有平舌字；同 en 相拼的 z、c、s 字极少，主要有“怎、参（参差）、岑、森”四个字，同 en 相拼的 zh、ch、sh 字很多，比较常用的字就多达五十几个，如“珍、诊、镇、琛、陈、趁、深、神、沈、肾”等。ou、ia、uen 只同 l 相拼，不同 n 相拼。e、ü、ei、ang、eng、in、iang、uan 同 n、l 相拼，但是同 n 相拼的字很少。常用字除“呢、女、馁、内、囊、能、你、娘、酿、暖”等读 n 声母外，其余字都是 l 声母。o 只同 f 相拼，uai 只同 h 相拼。当然，有的规律性也不强，仍需识记。

四、声母训练

（一）单音节字词训练

笋 sǔn	历 lì	宠 chǒng	账 zhàng	骨 gǔ
罢 bà	犬 quǎn	弦 xián	宫 gōng	兼 jiān
航 háng	帅 shuài	怯 qiè	昼 zhòu	姬 jī
般 bān	划 huá	房 fáng	染 rǎn	娘 niáng
钻 zuàn	朴 Piáo	抬 tái	涎 xián	座 zuò
厩 jiù	抄 chāo	拗 niù	狭 xiá	捞 lāo
寇 kòu	束 shù	拢 lǒng	疯 fēng	格 gé
您 nín	灼 zhuó	法 fǎ	轴 zhóu	桥 qiáo
涮 shuàn	穷 qióng	直 zhí	钙 gài	浦 pǔ
渠 qú	佩 pèi	矿 kuàng	钠 nà	爹 diē
蛇 shé	硝 xiāo	撞 zhuàng	歇 xiē	薰 xūn
距 jù	税 shuì	艘 sōu	瑞 ruì	覆 fù
傍 bàng	脾 pí	趟 tàng	睬 cǎi	鬃 zōng
屡 lǚ	蛮 mán	穆 mù	瞄 miáo	攒 cuán
惹 rě	道 dào	黔 qián	赖 lài	瓣 bàn
插 chā	颌 hé	戴 dài	摘 zhāi	簿 bù
搅 jiǎo	嗣 sì	穗 suì	端 duān	颤 chàn
景 jǐng	嗤 chī	簧 huáng	蔫 niān	麓 lù
棵 kē	廓 kuò	臀 tún	酶 méi	鬓 bìn
痛 tòng	楚 chǔ	臊 sào	需 xū	囊 náng

（二）双音节词语训练

表面 biǎomiàn	备课 bèikè	漂浮 piāofú	皮肉 píròu
马灯 mǎdēng	防汛 fángxùn	大副 dàfù	突破 tūpò
年度 niándù	泪痕 lèihén	钢板 gāngbǎn	看透 kàntòu
宏观 hóngguān	勤劳 qínláo	香料 xiāngliào	姐妹 jiěmèi
总管 zǒngguǎn	残酷 cánkù	俗话 súhuà	刹那 chànà
逐年 zhúnián	神态 shéntài	容积 róngjī	圣人 shèngrén
传人 chuánrén	施展 shīzhǎn	处死 chǔsǐ	超级 chāojí
征询 zhēngxún	肃清 sùqīng	挫折 cuòzhé	足球 zúqiú
县城 xiànchéng	辛勤 xīnqín	歉收 qiànshōu	叫做 jiàozuò
喝彩 hècǎi	靠拢 kàolǒng	估算 gūsuàn	卵巢 luǎncháo
鸟瞰 niǎokàn	体操 tǐcāo	底片 dǐpiàn	复杂 fùzá
脉搏 màibó	前方 qiánfāng	向上 xiàngshàng	本质 běnzhì
干脆 gāncuì	磨损 mósǔn	风格 fēnggé	地方 dìfāng

（三）声母辨正训练

1. 平舌音与翘舌音

z zh	a e ai ao ou an en ang eng u uo ui uan un ong

c ch	a e ai ao ou an en ang eng u uo ui uan un ong

s sh	a e ai ao ou an en ang eng u uo ui uan un ong

r	e ao ou an en ang eng u uo ui uan un ong

z – zh

自转 zìzhuàn	做主 zuòzhǔ	奏章 zòuzhāng	最终 zuìzhōng

zh – z

职责 zhízé	装载 zhuāngzài	振作 zhènzuò	种族 zhǒngzú

z – ch

在场 zàichǎng	赞成 zànchéng	增产 zēngchǎn	资产 zīchǎn

ch – z

充足 chōngzú	创造 chuàngzào	吵嘴 chǎozuǐ	沉醉 chénzuì

z－sh

自身 zìshēn	总数 zǒngshù	遵守 zūnshǒu	左手 zuǒshǒu

sh－z

氏族 shìzú	数字 shùzì	赎罪 shúzuì	水灾 shuǐzāi

c－zh

财政 cáizhèng	参照 cānzhào	餐桌 cānzhuō	村寨 cūnzhài

zh－c

政策 zhèngcè	仲裁 zhòngcái	至此 zhìcǐ	贮藏 zhùcáng

c－ch

存储 cúnchǔ	财产 cáichǎn	磁场 cíchǎng	操持 cāochí

ch－c

纯粹 chúncuì	船舱 chuáncāng	筹措 chóucuò	唱词 chàngcí

c－sh

措施 cuòshī	慈善 císhàn	刺杀 cìshā	从属 cóngshǔ

sh－c

生存 shēngcún	蔬菜 shūcài	山村 shāncūn	赏赐 shǎngcì

s－zh

四肢 sìzhī	四周 sìzhōu	素质 sùzhì	算账 suànzhàng

zh－s

诊所 zhěnsuǒ	致死 zhìsǐ	周岁 zhōusuì	竹笋 zhúsǔn

s－ch

私产 sīchǎn	搜查 sōuchá	速成 sùchéng	随处 suíchù

ch－s

场所 chǎngsuǒ	沉思 chénsī	出色 chūsè	称颂 chēngsòng

s－sh

散射 sǎnshè	琐事 suǒshì	算术 suànshù	虽说 suīshuō

sh－s

上诉 shàngsù	疏松 shūsōng	深邃 shēnsuì	哨所 shàosuǒ

zh－ch

侦查 zhēnchá	直肠 zhícháng	忠诚 zhōngchéng	争吵 zhēngchǎo

zh－sh

准时 zhǔnshí	照射 zhàoshè	终身 zhōngshēn	战胜 zhànshèng

zh－r

骤然 zhòurán	灼热 zhuórè	专人 zhuānrén	阵容 zhènróng

ch－zh

撤职 chèzhí	诚挚 chéngzhì	沉重 chénzhòng	常住 chángzhù

ch－sh

常设 chángshè	长衫 chángshān	出师 chūshī	承受 chéngshòu

ch－r

常人 chángrén	超然 chāorán	缠绕 chánrào	出入 chūrù

sh－zh

舒张 shūzhāng	时针 shízhēn	上肢 shàngzhī	施政 shīzhèng

sh－ch

山茶 shānchá	生产 shēngchǎn	失常 shīcháng	刹车 shāchē

sh－r

倏然 shūrán	商人 shāngrén	深入 shēnrù	瘦弱 shòuruò

r－zh

认真 rènzhēn	肉质 ròuzhì	人种 rénzhǒng	乳汁 rǔzhī

r－ch

日常 rìcháng	人参 rénshēn	热忱 rèchén	人称 rénchēng

r－sh

人身 rénshēn	如实 rúshí	忍受 rěnshòu	柔顺 róushùn

2. 鼻音与边音

n	a e ai ei ao ou an ang eng i ie iao iu
l	ian in iang ing u uo uan ong ü üe

n－l

能量 néngliàng	暖流 nuǎnliú	农历 nónglì	年龄 niánlíng
女郎 nǚláng	内力 nèilì	浓烈 nóngliè	逆流 nìliú
嫩绿 nènlǜ	年轮 niánlún	尼龙 nílóng	内乱 nèiluàn

l－n

老年 lǎonián	冷暖 lěngnuǎn	烂泥 lànní	连年 liánnián
来年 láinián	利尿 lìniào	冷凝 lěngníng	历年 lìnián

3. 唇齿音与舌根音

f－h

发挥 fāhuī	复活 fùhuó	风化 fēnghuà	防护 fánghù

h－f

耗费 hàofèi	花粉 huāfěn	伙房 huǒfáng	海防 hǎifáng

4. 舌面音与舌尖音

j－z

集资 jízī　　机组 jīzǔ　　记载 jìzǎi　　及早 jízǎo

z－j

杂剧 zájù　　自给 zìjǐ　　字迹 zìjì　　造价 zàojià

j－zh

价值 jiàzhí　　敬重 jìngzhòng　　举止 jǔzhǐ　　精湛 jīngzhàn

zh－j

至今 zhìjīn　　占据 zhànjù　　知己 zhījǐ　　制剂 zhìjì

q－c

其次 qícì　　青草 qīngcǎo　　取材 qǔcái　　起草 qǐcǎo

c－q

彩旗 cǎiqí　　瓷器 cíqì　　采取 cǎiqǔ　　从前 cóngqián

q－ch

犬齿 quǎnchǐ　　起初 qǐchū　　启程 qǐchéng　　钦差 qīnchāi

ch－q

长期 chángqī　　插曲 chāqǔ　　出气 chūqì　　抽泣 chōuqì

x－s

血色 xuèsè　　闲散 xiánsǎn　　相思 xiāngsī　　细碎 xìsuì

s－x

私下 sīxià　　私心 sīxīn　　搜寻 sōuxún　　苏醒 sūxǐng

x－sh

学识 xuéshí　　显示 xiǎnshì　　吸收 xīshōu　　形势 xíngshì

sh－x

世袭 shìxí　　实习 shíxí　　声息 shēngxī　　山系 shānxì

5. 送气音与不送气音

b－p

逼迫 bīpò　　编排 biānpái　　奔跑 bēnpǎo　　表皮 biǎopí

p－b

磅礴 pángbó　　跑步 pǎobù　　疲惫 píbèi　　漂泊 piāobó

d－t

带头 dàitóu　　党团 dǎngtuán　　动听 dòngtīng　　地毯 dìtǎn

t－d

特地 tèdì　　停顿 tíngdùn　　推断 tuīduàn　　屠刀 túdāo

g – k

广阔 guǎngkuò	高亢 gāokàng	关口 guānkǒu	顾客 gùkè

k – g

开关 kāiguān	看管 kānguǎn	旷工 kuànggōng	苦果 kǔguǒ

j – q

郊区 jiāoqū	奖券 jiǎngquàn	俊俏 jùnqiào	急切 jíqiè

q – j

抢救 qiǎngjiù	奇迹 qíjì	曲解 qūjiě	强加 qiángjiā

z – c

自从 zìcóng	座舱 zuòcāng	紫菜 zǐcài	资财 zīcái

c – z

操纵 cāozòng	嘈杂 cáozá	词组 cízǔ	存在 cúnzài

zh – ch

章程 zhāngchéng	涨潮 zhǎngcháo	追查 zhuīchá	展翅 zhǎnchì

ch – zh

冲撞 chōngzhuàng	产值 chǎnzhí	纯正 chúnzhèng	垂直 chuízhí

6. 清音与浊音

sh – r

上任 shàngrèn	收容 shōuróng	湿热 shīrè	衰弱 shuāiruò

r – sh

入睡 rùshuì	燃烧 ránshāo	饶恕 ráoshù	妊娠 rènshēn

7. 零声母训练

日益 rìyì	让位 ràngwèi	绕道 ràodào	融化 rónghuà
哀怨 āiyuàn	安稳 ānwěn	昂扬 ángyáng	扼要 èyào
偶尔 ǒu' ěr	遨游 áoyóu	按照 ànzhào	暗示 ànshì

（四）声母标志训练

我们的共产党和共产党所领导的八路军、新四军，是革命的队伍。我们这个队伍完全是为着解放人民的，是彻底地为人民的利益工作的。张思德同志就是我们这个队伍中的一个同志。

人总是要死的，但死的意义有不同。中国古时候有个文学家叫做司马迁的说过："人固有一死，或重于泰山，或轻于鸿毛。"为人民利益而死，就比泰山还重；替法西斯卖力，替剥削人民和压迫人民的人去死，就比鸿毛还轻。张思德同志是为人民利益而死的，他的死是比泰山还要重的。

因为我们是为人民服务的，所以，我们如果有缺点，就不怕别人批评指出。

不管是什么人，谁向我们指出都行。只要你说得对，我们就改正。你说的办法对人民有好处，我们就照你的办。“精兵简政”这一条意见，就是党外人士李鼎铭先生提出来的；他提得好，对人民有好处，我们就采用了。只要我们为人民的利益坚持好的，为人民的利益改正错的，我们这个队伍就一定会兴旺起来。

我们都是来自五湖四海，为了一个共同的革命目标，走到一起来了。我们还要和全国大多数人民走这一条路。我们今天已经领导着有九千一百万人口的根据地，但是还不够，还要更大些，才能取得全民族的解放。我们的同志在困难的时候，要看到成绩，要看到光明，要提高我们的勇气。中国人民正在受难，我们有责任解救他们，我们要努力奋斗。要奋斗就会有牺牲，死人的事是经常发生的。但是我们想到人民的利益，想到大多数人民的痛苦，我们为人民而死，就是死得其所。不过，我们应当尽量地减少那些不必要的牺牲。我们的干部要关心每一个战士，一切革命队伍的人都要互相关心，互相爱护，互相帮助。

今后我们的队伍里，不管死了谁，不管是炊事员，还是战士，只要他是做过一些有益的工作的，我们都要给他送葬，开追悼会。这要成为一个制度。这个方法也要介绍到老百姓那里去。村上的人死了，开个追悼会。用这样的方法，寄托我们的哀思，使整个人民团结起来。

《为人民服务》毛泽东

（五）短文朗读训练

参见60篇朗读作品。

附录一　发音器官与普通话声母发音图

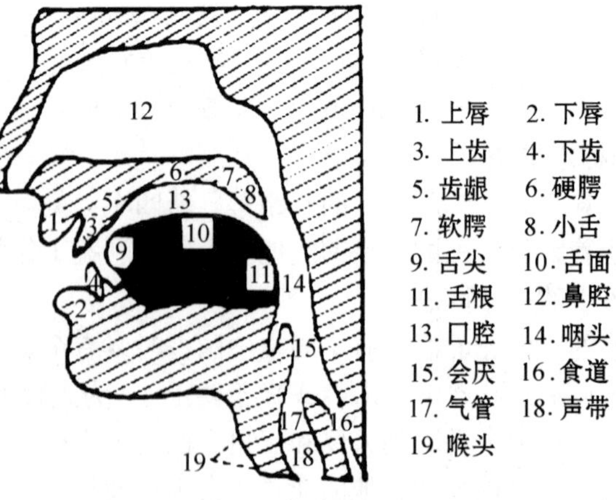

图1-1　发音器官图

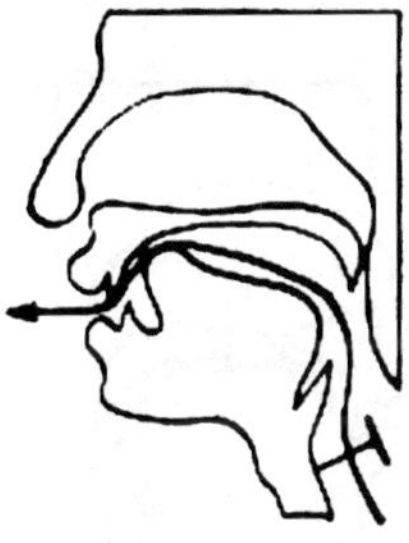

zh　ch

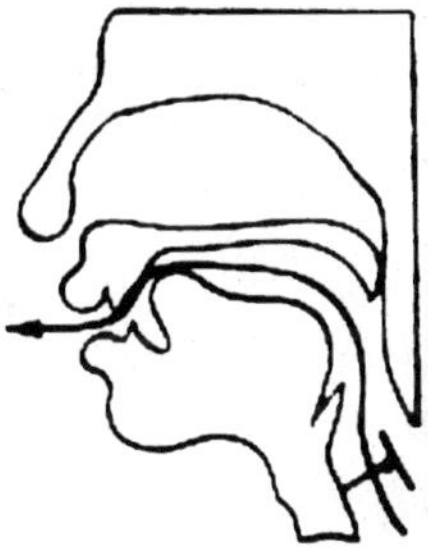

sh

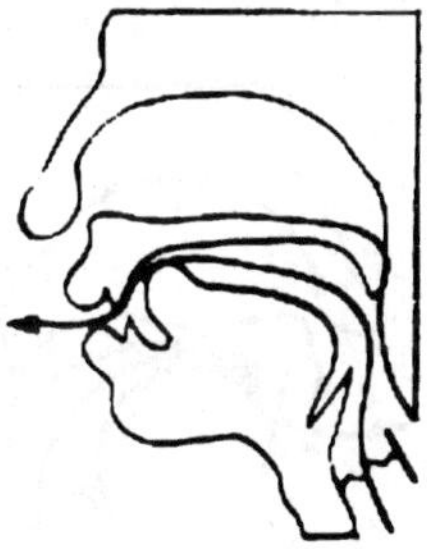

r

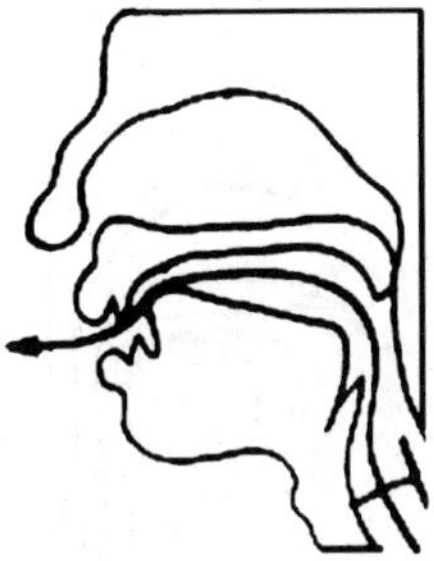

z　c

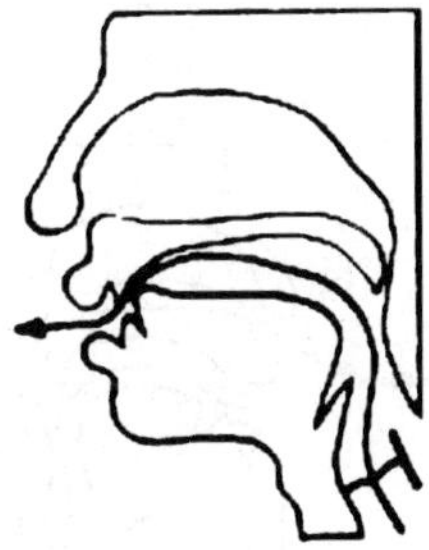

s

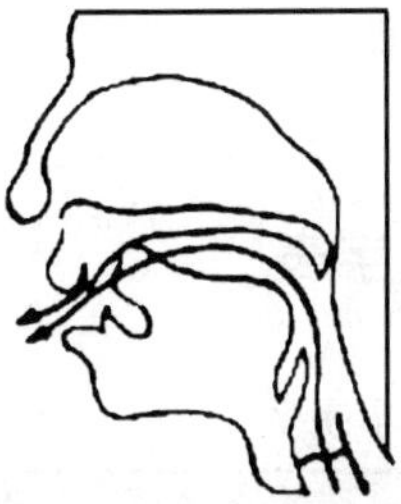

l

n

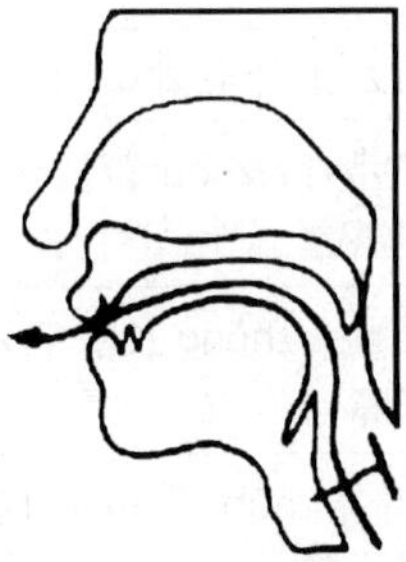

f

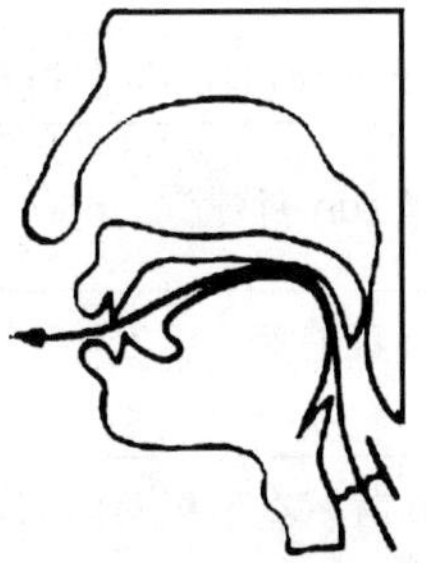

h

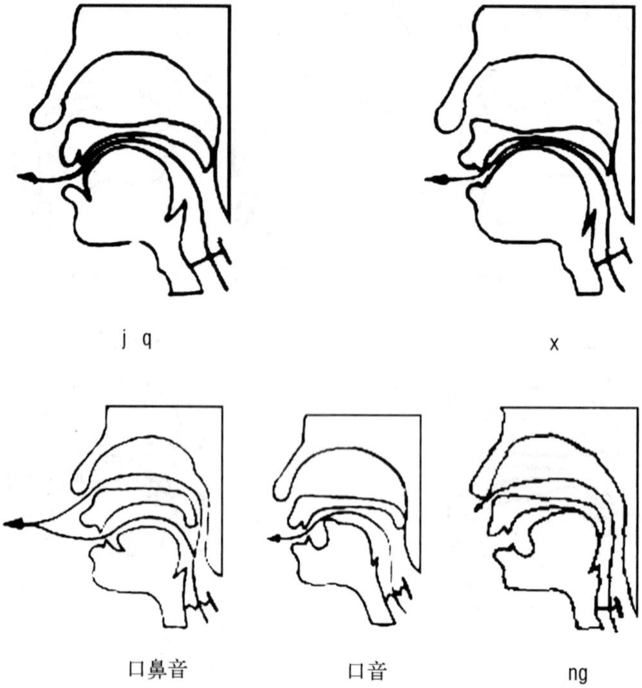

图 1－2　普通话声母发音图

附录二　普通话水平测试用字声母对比字表

表 1－3　平舌音字与翘舌音字表

z	zh
zā 咂扎 zá 杂砸	zhā 渣楂扎 zhá 轧闸铡炸 zhǎ 眨 zhà 乍诈栅炸蚱榨
zāi 灾哉栽 zǎi 宰载崽仔 zài 载再在	zhāi 斋摘摘 zhái 择宅 zhǎi 窄 zhài 债寨
zán 咱 zǎn 攒 zàn 暂赞	zhān 沾毡粘瞻占 zhǎn 斩展盏崭辗 zhàn 颤占战站绽湛蘸
zāng 脏 zàng 藏脏葬	zhāng 张章彰樟 zhǎng 长涨掌 zhàng 涨丈仗帐杖胀账障
zāo 遭糟 záo 凿 zǎo 早枣澡藻 zào 灶皂造噪燥躁 zao 蚤	zhāo 朝招昭着 zháo 着 zhǎo 找沼爪 zhào 召兆诏赵照罩肇

（续上表）

z	zh
zé 则择泽责啧 zè 仄	zhē 遮折 zhé 蜇折哲辄辙 zhě 者褶 zhè 这浙蔗
zéi 贼	
zěn 怎	zhēn 贞针侦珍真砧斟臻 zhěn 诊枕疹 zhèn 阵振朕镇震
zēng 曾增憎 zèng 赠	zhēng 争征挣睁蒸正症筝 zhěng 拯整 zhèng 挣正证郑政症
zī 兹咨姿资滋 zǐ 仔籽子姊紫滓 zì 字自渍	zhī 之支汁芝枝知织肢脂只 zhí 执侄直值职植殖 zhǐ 止只旨址纸指趾 zhì 至志制帜治炙质峙挚桎秩致掷窒智滞稚置
zōng 宗综棕踪鬃 zǒng 总 zòng 纵粽	zhōng 中忠终盅钟衷 zhǒng 肿种冢 zhòng 中种仲众重
zǒu 走 zòu 奏揍	zhōu 州舟周洲粥 zhóu 轴 zhǒu 肘帚 zhòu 咒宙昼皱骤
zū 租 zú 足卒族 zǔ 诅阻组祖	zhū 朱诛株珠诸猪蛛 zhú 竹烛逐 zhǔ 主拄属煮嘱瞩 zhù 伫住助注贮驻柱祝著蛀筑铸
	zhuā 抓 zhuǎ 爪
	zhuài 拽
zuān 钻 zuǎn 纂 zuàn 钻攥	zhuān 专砖 zhuǎn 转 zhuàn 传转赚撰篆
	zhuāng 妆庄桩装 zhuàng 壮状幢撞
zuǐ 嘴 zuì 最罪醉	zhuī 追椎锥 zhuì 坠缀赘
zūn 尊遵	zhǔn 准
zuō 作 zuó 琢昨 zuǒ 撮左佐 zuò 作坐座做	zhuō 拙捉桌 zhuó 卓灼茁浊酌啄着琢

c	ch
cā 擦	chā 叉杈插差 chá 查茬茶察 chǎ 叉 chà 杈岔诧差刹
cāi 猜 cái 才材财裁 cǎi 采彩睬踩 cài 菜蔡	chāi 差拆 chái 柴
cān 参餐 cán 残蚕惭 cǎn 惨 càn 灿璨	chān 掺搀 chán 禅馋缠蝉潺蟾 chǎn 产铲阐 chàn 忏颤

（续上表）

c	ch
cāng 仓沧苍舱 cáng 藏	chāng 昌娼猖 cháng 长肠尝偿常场 chǎng 厂场敞 chàng 怅畅倡唱
cāo 操糙 cáo 曹嘈槽 cǎo 草	chāo 抄钞超剿 cháo 巢朝嘲潮 chǎo 吵炒
cè 册侧厕测策	chē 车 chě 扯 chè 彻掣撤澈
	chēn 抻 chén 尘臣忱沉辰陈晨 chèn 衬称趁
céng 层曾 cèng 蹭	chēng 称撑 chéng 丞成呈承诚城乘惩程澄橙盛 chěng 逞骋 chèng 秤
cí 词祠瓷慈辞磁雌 cǐ 此 cì 次刺赐	chī 吃嗤痴 chí 池驰迟持 chǐ 尺侈齿耻 chì 斥赤炽翅啻
cōng 囱匆葱聪 cóng 从丛	chōng 充冲舂憧 chóng 虫崇重 chǒng 宠 chòng 冲
còu 凑	chōu 抽 chóu 仇惆绸畴愁稠筹酬踌 chǒu 丑 chòu 臭
cū 粗 cù 促醋簇	chū 出初 chú 刍除厨锄蜍雏橱躇 chǔ 础储楚处 chù 处搐触矗畜
	chuāi 揣 chuǎi 揣 chuài 揣踹
cuān 蹿 cuán 攒 cuàn 窜篡	chuān 川穿 chuán 传船 chuǎn 喘 chuàn 串
	chuāng 疮窗创 chuáng 床幢 chuǎng 闯 chuàng 创
cuī 崔催摧 cuǐ 璀 cuì 脆啐淬萃瘁粹翠	chuī 吹炊 chuí 垂陲捶锤槌
cūn 村皴 cún 存 cǔn 忖 cùn 寸	chūn 春 chún 纯唇淳醇 chǔn 蠢
cuō 搓磋撮 cuò 挫措锉错	chuō 戳 chuò 啜绰

s	sh
sā 仨撒 sǎ 撒洒 sà 卅萨	shā 杀沙纱刹砂煞杉 shǎ 傻 shà 煞霎厦
sāi 塞腮鳃 sài 塞赛	shāi 筛 shǎi 色 shài 晒
sān 三 sǎn 伞散 sàn 散	shān 山杉衫珊煽扇 shǎn 闪陕 shàn 禅单讪扇善缮擅膳赡

（续上表）

s	sh
sāng 桑丧 sǎng 嗓 sàng 丧	shāng 伤商 shǎng 晌赏上 shàng 上尚 shang 裳
sāo 搔骚缫臊 sǎo 扫嫂 sào 臊扫	shāo 捎梢烧稍 sháo 勺 shǎo 少 shào 少绍哨
sè 塞色涩啬瑟	shē 奢 shé 舌蛇折 shě 舍 shè 舍设社射涉赦摄麝
	shéi 谁
sēn 森	shēn 参申伸身呻绅娠砷深 shén 神什 shěn 沈审婶 shèn 肾甚渗慎蜃
sēng 僧	shēng 升生声牲笙 shéng 绳 shěng 省 shèng 胜圣盛剩
sī 丝司私思斯厮嘶撕 sǐ 死 sì 四寺伺似祀饲俟嗣肆	shī 尸失师虱诗施狮湿 shí 十什石时识实拾蚀食 shǐ 史矢使始驶屎 shì 士氏世仕市示式事侍势视试饰室恃拭是柿适舐逝释嗜誓噬螫似 shi 匙
sōng 松 sǒng 怂悚耸 sòng 讼宋诵送颂	
sōu 搜艘 sǒu 擞 sòu 嗽	shōu 收 shóu 熟 shǒu 手守首 shòu 寿受狩兽售授瘦
sū 苏酥稣 sú 俗 sù 诉肃素速宿粟塑溯	shū 书抒叔枢倏殊梳疏舒输蔬 shú 孰赎塾熟 shǔ 暑署鼠蜀薯曙数属 shù 术束述树竖恕庶数墅
	shuā 刷 shuǎ 耍
	shuāi 衰摔 shuǎi 甩 shuài 率帅
suān 酸 suàn 蒜算	shuān 拴栓 shuàn 涮
	shuāng 双霜 shuǎng 爽
suī 虽 suí 绥隋随遂 suǐ 髓 suì 岁祟遂碎隧穗邃	shuí 谁 shuǐ 水 shuì 税睡
sūn 孙 sǔn 损笋	shǔn 吮 shùn 顺舜瞬
suō 唆梭蓑缩 suǒ 所索琐锁	shuō 说 shuò 烁硕

表 1－4　鼻音字与边音字表

n	l
ná 拿 nǎ 哪 nà 那纳娜钠捺	lā 拉 lá 拉 lǎ 喇 là 腊蜡辣落
nǎi 乃奶氖 nài 奈耐	lái 来徕 lài 睐赖癞
nán 男南难 nàn 难	lán 兰拦栏婪蓝澜斓篮 lǎn 览揽缆榄懒 làn 烂滥
náng 囊 nang 囔	láng 郎狼廊琅螂 lǎng 朗 làng 浪
náo 挠 nǎo 恼脑瑙 nào 闹	lāo 捞 láo 劳牢 lǎo 老姥 lào 涝烙落
	lè 乐勒
něi 馁 nèi 内	lēi 勒 léi 雷镭累擂 lěi 垒蕾儡累 lèi 肋泪类累擂
nèn 嫩	
néng 能	léng 棱 lěng 冷 lèng 愣
ní 呢尼泥倪霓 nǐ 你拟 nì 泥昵逆溺腻	lí 厘梨离犁漓璃黎篱 lǐ 礼李里理锂鲤 lì 力历厉立吏丽利励沥例隶俐荔栗砾笠粒蛎痢雳 li 狸
	liǎ 俩
niān 拈蔫 nián 年黏 niǎn 捻撵碾 niàn 廿念	lián 连帘怜涟莲联廉镰 liǎn 敛脸 liàn 练炼恋链
niáng 娘 niàng 酿	liáng 良凉梁粱粮量 liǎng 俩两 liàng 凉踉亮谅辆晾量
niǎo 鸟袅 niào 尿	liāo 撩 liáo 潦辽疗聊僚嘹撩缭燎 liǎo 燎了 liào 廖料撂瞭
niē 捏 niè 涅聂啮镊镍孽蘖	liě 咧 liè 列劣烈猎裂
nín 您	līn 拎 lín 邻林临淋琳嶙霖磷鳞 lìn 吝赁躏
níng 宁咛拧狞凝 nǐng 拧 nìng 宁拧泞	líng 伶灵玲凌铃陵绫羚翎聆菱零龄令 lǐng 岭领令 lìng 令另
niú 牛 niǔ 扭纽钮 niù 拗	liū 溜蹓 liú 刘浏流留琉硫馏榴瘤 liǔ 柳绺 liù 溜六遛陆
nóng 农浓脓 nòng 弄	lóng 龙咙珑笼聋隆窿 lǒng 笼陇垄拢
	lōu 搂 lóu 楼 lǒu 搂篓 lòu 陋漏露

（续上表）

n	l
nú 奴 nǔ 努 nù 怒	lú 卢芦炉颅 lǔ 卤虏掳鲁 lù 露陆录赂鹿禄碌路戮麓绿
nuǎn 暖	luán 孪峦 luǎn 卵 luàn 乱
	lūn 抡 lún 伦沦纶轮 lùn 论
nuó 挪 nuò 诺懦糯	luō 捋 luó 罗萝逻锣箩骡螺 luǒ 裸 luò 洛络骆落摞
nǚ 女	lǘ 驴榈 lǚ 吕侣旅铝屡缕履捋 lǜ 滤律虑率绿氯
nüè 疟虐	lüè 掠略

表 1－5　唇齿音 f 字和舌根音 h 字表

f	h
fā 发 fá 乏伐罚阀筏 fǎ 法 fà 发	hā 哈 há 蛤
	hái 孩还 hǎi 海 hài 骇害氦
fān 帆番翻藩 fán 凡矾烦繁 fǎn 反返 fàn 犯泛饭范贩梵	hān 蚶酣憨鼾 hán 含函涵寒韩 hǎn 罕喊 hàn 汉汗旱悍捍焊憾撼
fāng 方坊芳 fáng 防妨房肪 fǎng 仿访纺 fàng 放	háng 杭航行 hàng 巷
	háo 毫豪嚎壕号 hǎo 好郝 hào 好号浩耗
	hē 呵喝 hé 禾合何劾和河阂核荷涸盒颌 hè 喝和荷贺褐赫鹤壑吓
fēi 飞妃非啡绯 féi 肥 fěi 匪诽翡 fèi 吠废沸肺费	hēi 黑
fēn 分纷芬氛酚 fén 坟焚 fěn 粉 fèn 分份奋愤粪	hén 痕 hěn 很狠 hèn 恨
fēng 丰风枫封疯峰烽锋蜂 féng 冯逢缝 fěng 讽 fèng 缝凤奉	héng 恒横衡 hèng 横
fó 佛	
	hōng 轰哄烘 hóng 弘红宏洪虹鸿 hǒng 哄 hòng 哄

（续上表）

f	h
fǒu 否	hóu 侯喉猴 hǒu 吼 hòu 侯后厚候
fū 夫肤孵敷 fú 佛弗伏扶芙拂服俘氟浮匐袱符幅福辐 fǔ 抚甫府斧俯辅腑腐 fù 服父付妇负附咐复赴副富赋缚腹覆傅	hū 乎呼忽惚 hú 和核弧狐胡壶湖瑚糊蝴 hǔ 虎唬 hù 互户护沪
	huā 花 huá 华哗滑猾划 huà 华化划画话桦
	huái 怀淮槐 huài 坏
	huān 欢 huán 还环 huǎn 缓 huàn 幻宦唤换涣患焕痪豢
	huāng 荒慌 huáng 皇凰黄惶煌潢蝗磺簧 huǎng 恍晃谎幌 huàng 晃
	huī 灰诙恢挥辉徽 huí 回洄蛔 huǐ 悔毁 huì 卉汇会讳绘荟诲贿彗晦秽喙惠慧
	hūn 昏荤婚 hún 浑魂混 hùn 混
	huō 豁 huó 和活 huǒ 火伙 huò 和豁或货获祸惑霍

表 1－6　舌面音字与舌尖音字表

ji	zi	zhi
jī 讥击饥机肌鸡姬积基畸箕稽激羁几 jí 及吉汲级即极急疾棘集嫉辑瘠籍 jǐ 给几己挤脊戟麂纪济 jì 迹绩计记伎纪妓忌技际剂季既济继寂寄悸祭暨冀髻系	zī 兹咨姿资滋 zǐ 仔籽子姊紫滓 zì 字自渍	zhī 之支汁芝枝知织肢脂只 zhí 执侄直值职植殖 zhǐ 止只旨址纸指趾 zhì 至志制帜治炙质峙挚桎秩致掷窒智滞稚置
qi	**ci**	**chi**
qī 七沏妻凄栖戚期欺漆 qí 齐其奇歧祈崎畦骑棋旗鳍 qǐ 乞企岂启起绮 qì 气迄弃汽泣契砌器	cí 词祠瓷慈辞磁雌 cǐ 此 cì 次刺赐	chī 吃嗤痴 chí 池驰迟持 chǐ 尺侈齿耻 chì 斥赤炽翅啻

（续上表）

xi	si	shi
xī 夕兮汐西吸希昔析唏奚息牺悉惜晰犀稀溪皙锡熄蜥嬉膝曦 xí 习席袭媳 xǐ 洗铣喜 xì 戏系细隙	sī 丝司私思斯厮嘶撕 sǐ 死 sì 四寺伺似祀饲俟嗣肆	shī 尸失师虱诗施狮湿 shí 十什石时识实拾蚀食 shǐ 史矢使始驶屎 shì 士氏世仕市示式事侍势视试饰室恃拭是柿适舐逝释嗜誓噬螫似 shi 匙

附录三　普通话水平测试用字声序字表

说明：

（1）本字表的字从《普通话水平测试实施纲要》的 17 041 个词语（包括《表一》和《表二》的所有词语）中提取。

（2）本字表先按照“零声母 b、p、m、f、d、t、n、l、g、k、h、j、q、x、z、c、s、zh、ch、sh、r”排序，然后按照韵母及声调排序。韵母 ui、un、iu 还原为 uei、uen、iou 排序，y、w 开头的音节，依零声母处理，按照原韵母排序，ü 开头的韵母按照 v 的位置排序。

（3）轻声的处理，只有轻声一种读法的字列入本字表，并置于去声后，既有轻声读法，又有非轻声读法的字，按照非轻声读法的字列入本字表。

为了便于查找，将声母编号。序号：①零声母；②b；③p；④m；⑤f；⑥d；⑦t；⑧n；⑨l；⑩g；⑪k；⑫h；⑬j；⑭q；⑮x；⑯z；⑰c；⑱s；⑲zh；⑳ch；㉑sh；㉒r。

① 零声母

ā 阿

āi 哀埃挨 ái 挨皑癌 ǎi 矮蔼 ài 艾爱隘碍

ān 安氨庵 àn 岸按案暗黯

áng 昂 àng 盎

āo 凹熬 áo 遨熬翱螯 ǎo 袄 ào 坳拗傲奥澳懊

ē 阿 é 俄峨鹅蛾额 è 厄扼恶饿鄂愕萼遏腭

ēn 恩

ér 儿而 ěr 尔耳饵 èr 二

ōu 讴欧殴鸥 ǒu 呕偶藕

yī 一伊衣医依漪 yí 仪夷宜怡姨贻胰移遗疑 yǐ 乙已以矣蚁倚椅 yì 义亿忆艺

议亦屹异呓役抑译邑易绎诣驿疫益谊翌逸意溢裔蜴毅熠翼臆

yā 丫压押鸦鸭 yá 牙芽蚜崖涯衙 yǎ 哑雅 yà 亚讶轧

yān 咽烟胭淹焉湮腌燕殷 yán 延严言岩沿炎研盐阎筵颜檐 yǎn 俨衍掩眼演 yàn 咽厌砚宴艳验谚堰焰雁燕

yāng 央殃秧鸯 yáng 扬羊阳杨佯疡洋 yǎng 仰养氧痒 yàng 样漾

yāo 夭吆妖腰邀要约 yáo 尧肴姚窑谣徭摇遥瑶 yǎo 咬窈舀 yào 药要耀钥

yē 椰噎耶掖 yé 爷 yě 也冶野 yè 咽业叶曳页夜掖液腋

yīn 因阴姻音殷 yín 吟垠寅淫银龈 yǐn 尹引饮隐瘾 yìn 荫饮印

yīng 应英莺婴樱鹦膺鹰 yíng 迎盈荧莹萤营萦蝇赢 yǐng 颖影 yìng 应映硬

yōng 佣拥痈庸壅臃 yǒng 永甬咏泳勇涌恿蛹踊 yòng 佣用

yōu 优忧幽悠 yóu 尤由犹邮油铀游 yǒu 友有酉黝 yòu 柚又右幼佑诱釉

yū 迂淤 yú 于予余臾鱼俞娱渔隅愉腴逾愚榆虞舆 yǔ 予与宇屿羽雨禹语 yù 与玉驭吁育郁狱浴预域欲谕喻寓御裕遇愈誉豫

yuān 冤鸳渊 yuán 元员园垣原圆袁援缘源猿 yuǎn 远 yuàn 苑怨院愿

yuē 曰约 yuè 乐月岳悦阅跃粤越

yūn 晕 yún 云匀纭耘 yǔn 允陨 yùn 孕运晕酝韵蕴

wū 乌污呜巫屋诬 wú 无毋吴吾芜梧 wǔ 五午伍武侮捂鹉舞 wù 恶勿务物误悟晤雾

wā 挖洼蛙 wá 娃 wǎ 瓦 wà 袜

wāi 歪 wài 外

wān 弯剜湾 wán 丸完玩顽 wǎn 宛挽晚婉惋皖碗 wàn 蔓万腕

wāng 汪 wáng 亡王 wǎng 网往枉惘 wàng 妄忘旺望

wēi 危威偎微巍 wéi 为韦围违桅唯帷惟维 wěi 伟伪尾纬苇委萎 wèi 为卫未位味畏胃谓喂蔚慰魏猬

wēn 温瘟 wén 文纹闻蚊 wěn 吻紊稳 wèn 问

wēng 翁 wèng 瓮

wō 涡窝蜗 wǒ 我 wò 沃卧握

② b

bā 八巴扒吧芭疤叭 bá 拔跋 bǎ 把靶 bà 把坝爸罢霸耙 ba 笆

bāi 掰 bái 白 bǎi 百柏摆 bài 败拜

bān 扳班般颁斑搬 bǎn 板版 bàn 办半伴扮拌绊瓣

bāng 邦帮梆 bǎng 绑榜膀 bàng 蚌傍棒谤磅镑

bāo 包孢苞胞褒剥炮 báo 雹薄 bǎo 宝饱保堡 bào 报抱豹鲍暴爆刨

bēi 卑杯悲碑背 běi 北 bèi 贝狈备背钡倍被惫辈

bēn 奔 běn 本苯 bèn 奔笨
bēng 崩绷 běng 绷 bèng 绷泵迸蹦
bī 逼 bí 鼻 bǐ 匕比彼笔鄙 bì 币必毕闭庇陛毙婢敝痹辟弊碧蔽壁避臂璧
biān 边编鞭 biǎn 贬扁匾 biàn 便变遍辨辩辫
biāo 标膘 biǎo 表
biē 憋鳖 bié 别 biě 瘪 biè 别
bīn 宾滨濒 bìn 摈鬓
bīng 冰兵 bǐng 丙柄饼禀屏 bìng 并病摒
bō 拨波玻剥钵菠播 bó 脖伯驳帛泊勃铂舶博搏箔膊薄礴 bǒ 跛簸 bò 薄簸
bǔ 卜补哺捕 bù 不布步怖部埠簿

③ p

pā 趴 pá 扒爬耙琶 pà 帕怕
pāi 拍 pái 排牌 pài 派
pān 潘攀 pán 盘磐 pàn 判叛盼畔
pāng 膀乓 páng 膀磅庞旁 pàng 胖
pāo 抛泡 páo 刨咆狍炮袍 pǎo 跑 pào 炮泡
pēi 胚 péi 陪培赔裴 pèi 沛佩配
pēn 喷 pén 盆
pēng 抨烹 péng 朋彭棚硼蓬篷膨 pěng 捧 pèng 碰
pī 批坯披劈霹 pí 皮毗疲啤琵脾 pǐ 劈匹痞癖 pì 辟屁媲僻譬
piān 片偏篇 pián 便 piàn 片骗
piāo 漂飘 piáo 瓢 piǎo 漂瞟 piào 漂票
piē 撇瞥 piě 撇
pīn 拼 pín 贫频 pǐn 品 pìn 聘
pīng 乒 píng 平评凭坪苹屏瓶萍
pō 泊坡泼颇 pó 婆 pò 迫破粕魄
pōu 剖
pū 仆扑铺 pú 脯仆匍菩葡蒲 pǔ 朴圃浦普谱 pù 堡铺瀑

④ m

mā 妈抹 má 麻蟆 mǎ 马玛码蚂 mà 骂 ma 嘛
mái 埋霾 mǎi 买 mài 迈麦卖脉
mán 蛮馒瞒鳗 mǎn 满螨 màn 曼谩幔慢漫蔓
máng 忙芒盲茫氓 mǎng 莽蟒

māo 猫 máo 毛矛茅锚髦 mǎo 卯铆 mào 茂冒贸袤帽瑁貌

me 么

méi 没枚玫眉莓梅媒煤酶霉 měi 每美镁 mèi 妹昧媚寐魅

mēn 闷 mén 门 mèn 闷 men 们

mēng 蒙 méng 萌盟蒙 měng 猛蒙锰蜢 mèng 孟梦

mī 眯 mí 弥迷猕谜糜 mǐ 靡米 mì 泌觅秘密幂谧蜜

mián 眠绵棉 miǎn 免勉娩缅 miàn 面

miáo 苗描瞄 miǎo 秒渺藐 miào 妙庙

miè 灭蔑篾

mín 民 mǐn 皿抿泯闽悯敏

míng 名明鸣冥铭 mìng 命

miù 谬

mō 摸 mó 摹模膜摩磨蘑魔 mǒ 抹 mò 没磨抹末沫陌莫寞漠蓦墨默

móu 眸谋 mǒu 某

mú 模 mǔ 母亩牡姆拇 mù 木目沐牧募墓幕睦慕暮穆

⑤ f

fā 发 fá 乏伐罚阀筏 fǎ 法 fà 发

fān 帆番翻藩 fán 凡矾烦繁 fǎn 反返 fàn 犯泛饭范贩梵

fāng 方坊芳 fáng 坊防妨房肪 fǎng 仿访纺 fàng 放

fēi 飞妃非啡绯 féi 肥 fěi 匪诽翡 fèi 吠废沸肺费

fēn 分纷芬氛酚 fén 坟焚 fěn 粉 fèn 分份奋愤粪

fēng 丰风枫封疯峰烽锋蜂 féng 冯逢缝 fěng 讽 fèng 缝凤奉

fó 佛

fǒu 否

fū 夫肤孵敷 fú 佛弗伏扶芙拂服俘氟浮匐符幅福辐袱 fǔ 抚甫府斧俯辅腑腐 fù 服父付妇负附咐复赴副富赋缚腹覆傅

⑥ d

dā 耷搭答 dá 达答打瘩 dǎ 打 dà 大 da 瘩

dāi 呆待 dǎi 歹逮 dài 大代带待怠玳贷袋逮戴

dān 丹单担耽 dǎn 胆疸掸 dàn 担旦但诞弹惮淡蛋氮石

dāng 当裆 dǎng 挡党 dàng 当荡档

dāo 刀叨 dáo 叨 dǎo 导岛倒捣祷蹈 dào 倒到悼盗道稻

dé 得德

děi 得
dēng 灯登蹬 děng 等 dèng 澄邓凳瞪
dī 低堤滴提 dí 的迪敌涤笛嫡 dǐ 诋底抵 dì 的地弟帝递第谛缔蒂
diān 掂滇颠巅 diǎn 典点碘 diàn 电佃店垫惦淀奠殿
diāo 刁叼貂碉雕 diào 吊钓调掉
diē 爹跌 dié 迭谍叠碟蝶
dīng 丁叮盯钉 dǐng 顶鼎 dìng 钉订定锭
diū 丢
dōng 东冬 dǒng 董懂 dòng 动冻栋洞
dōu 都兜 dǒu 斗抖陡蚪 dòu 斗豆逗痘窦
dū 都嘟督 dú 毒读渎椟独 dǔ 笃堵赌睹肚 dù 妒杜肚度渡镀
duān 端 duǎn 短 duàn 段断缎煅锻
duī 堆 duì 队对兑
dūn 吨敦墩蹲 dǔn 盹 dùn 囤沌炖盾钝顿
duō 多掇 duó 度夺踱 duǒ 朵垛躲 duò 垛剁堕舵惰跺

⑦ t

tā 她他它塌 tǎ 塔獭 tà 榻踏蹋拓
tāi 胎苔 tái 台抬苔 tài 太汰态钛泰
tān 坍贪摊滩瘫 tán 弹坛谈痰谭潭 tǎn 坦毯 tàn 叹炭探碳
tāng 汤 táng 唐堂棠塘搪膛糖螳 tǎng 倘淌躺 tàng 烫趟
tāo 涛绦掏滔 táo 逃桃陶啕淘萄 tǎo 讨 tào 套
tè 特
téng 疼腾滕藤
tī 剔梯踢 tí 啼提题蹄 tǐ 体 tì 屉剃涕惕替嚏
tiān 天添 tián 田恬甜填 tiǎn 舔
tiāo 挑 tiáo 调条 tiǎo 挑窕 tiào 眺跳
tiē 贴 tiě 铁帖 tiè 贴
tīng 厅听 tíng 廷亭庭停蜓 tǐng 挺艇
tōng 通 tóng 同佟桐铜童瞳 tǒng 统捅桶筒 tòng 通同痛
tōu 偷 tóu 头投 tòu 透
tū 凸秃突 tú 图徒涂途屠 tǔ 土吐 tù 吐兔
tuān 湍 tuán 团
tuī 推 tuí 颓 tuǐ 腿 tuì 退蜕褪
tūn 吞 tún 囤屯豚臀

tuō 托拖脱 tuó 驮陀驼 tuǒ 妥椭 tuò 拓唾

⑧ n

ná 拿 nǎ 哪 nà 那纳娜钠捺
nǎi 乃奶氖 nài 奈耐
nán 男南难 nàn 难
nāng 囔囊 náng 囊
náo 挠 nǎo 恼脑瑙 nào 闹
něi 馁 nèi 内
nèn 嫩
néng 能
ní 呢尼泥倪霓 nǐ 你拟 nì 泥昵逆溺腻
niān 拈蔫 nián 年黏 niǎn 捻撵碾 niàn 廿念
niáng 娘 niàng 酿
niǎo 鸟袅 niào 尿
niē 捏 niè 涅聂啮镊镍孽蘖
nín 您
níng 宁咛拧狞凝 nǐng 拧 nìng 宁拧泞
niú 牛 niǔ 扭纽钮 niù 拗
nóng 农浓脓 nòng 弄
nú 奴 nǔ 努 nù 怒
nuǎn 暖
nuó 挪 nuò 诺懦糯
nǚ 女
nüè 疟虐

⑨ l

lā 拉 lá 拉 lǎ 喇 là 腊蜡辣落
lái 来徕 lài 睐赖癞
lán 兰拦栏婪蓝澜斓篮 lǎn 览揽缆榄懒 làn 烂滥
láng 郎狼廊琅螂 lǎng 朗 làng 浪
lāo 捞 láo 劳牢 lǎo 老姥 lào 涝烙落
lè 乐勒
lēi 勒 léi 雷镭累擂 lěi 垒蕾儡累 lèi 肋泪类累擂
léng 棱 lěng 冷 lèng 愣

lí 厘梨离犁漓璃黎篱狸 lǐ 礼李里理锂鲤 lì 力历厉立吏丽利励沥例隶俐荔栗砾笠粒蛎痢雳

liǎ 俩

lián 连帘怜涟莲联廉镰 liǎn 敛脸 liàn 练炼恋链

liáng 良凉梁粱粮量 liǎng 俩两 liàng 凉踉亮谅辆晾量

liāo 撩 liáo 潦辽疗聊僚嘹撩缭燎 liǎo 燎了 liào 廖料撂瞭

liě 咧 liè 列劣烈猎裂

līn 拎 lín 邻林临淋琳嶙霖磷鳞 lìn 吝赁躏

líng 伶灵玲凌铃陵绫羚翎聆菱零龄 lǐng 岭领令 lìng 令另

liū 溜蹓 liú 刘浏流留琉硫馏榴瘤 liǔ 柳绺 liù 溜六蹓陆

lóng 龙咙珑笼聋隆窿 lǒng 笼陇垄拢

lōu 搂 lóu 楼 lǒu 搂篓 lòu 陋漏露

lú 卢芦炉颅 lǔ 卤虏掳鲁 lù 露陆录赂鹿禄碌路戮麓绿

luán 孪峦 luǎn 卵 luàn 乱

lūn 抡 lún 伦沦纶轮 lùn 论

luō 捋 luó 罗萝逻锣箩骡螺 luǒ 裸 luò 洛络骆落摞

lǘ 驴榈 lǚ 吕侣旅铝屡缕履捋 lǜ 滤律虑率绿氯

lüè 掠略

⑩ g

gāi 该 gǎi 改 gài 丐钙盖溉概

gān 干甘杆肝坩柑竿 gǎn 杆秆赶敢感橄擀 gàn 干赣

gāng 刚岗纲肛缸钢 gǎng 岗港 gàng 杠

gāo 羔高膏篙糕 gǎo 搞稿镐 gào 膏告

gē 戈疙哥胳鸽割搁歌 gé 阁革格葛隔膈骼 gě 葛 gè 个各

gěi 给

gēn 根跟 gèn 亘

gēng 更庚耕羹 gěng 哽埂耿梗颈 gèng 更

gōng 工弓公功攻供宫恭躬龚 gǒng 巩汞拱 gòng 供共贡

gōu 勾沟钩篝 gǒu 狗苟 gòu 勾构购垢够

gū 估姑孤辜菇 gǔ 古谷股骨鼓贾 gù 固故顾梏雇锢

guā 瓜刮 guǎ 寡 guà 卦挂褂

guāi 乖 guǎi 拐 guài 怪

guān 关观官冠 guǎn 馆管 guàn 观冠贯惯灌罐

guāng 光胱 guǎng 广犷 guàng 逛
guī 归龟规皈闺硅瑰 guǐ 轨诡鬼 guì 柜贵桂跪
gǔn 滚 gùn 棍
guō 埚郭锅 guó 国 guǒ 果裹 guò 过

⑪ k

kā 咖 kǎ 卡咯
kāi 开揩 kǎi 凯慨楷
kān 刊勘龛堪看 kǎn 槛坎砍 kàn 看瞰
kāng 康慷糠 káng 扛 kàng 亢抗炕
kǎo 考烤 kào 铐靠
kē 苛柯科棵稞颗瞌磕蝌 ké 壳咳 kě 坷可渴 kè 克刻客恪课
kěn 肯垦恳啃
kēng 吭坑铿
kōng 空 kǒng 孔恐 kòng 空控
kōu 抠 kǒu 口 kòu 叩扣寇
kū 枯哭窟 kǔ 苦 kù 库裤酷
kuā 夸 kuǎ 垮 kuà 挎跨
kuài 会块快脍筷
kuān 宽 kuǎn 款
kuāng 筐 kuáng 狂 kuàng 况旷矿框眶
kuī 亏盔窥 kuí 奎葵魁傀 kuì 匮愧溃馈
kūn 坤昆 kǔn 捆 kùn 困
kuò 扩括阔廓

⑫ h

hā 哈 há 蛤
hái 孩还 hǎi 海 hài 骇害氦
hān 蚶酣憨鼾 hán 含函涵寒韩 hǎn 罕喊 hàn 汉汗旱悍捍焊憾撼
háng 杭航行 hàng 巷
háo 毫豪嚎壕号 hǎo 好郝 hào 好号浩耗
hē 呵喝 hé 禾合何劾和河阂核荷涸盒颌 hè 喝和荷贺褐赫鹤壑吓
hēi 黑
hén 痕 hěn 很狠 hèn 恨
héng 恒横衡 hèng 横

hōng 轰哄烘 hóng 弘红宏洪虹鸿 hǒng 哄 hòng 哄

hóu 侯喉猴 hǒu 吼 hòu 侯后厚候

hū 乎呼忽惚 hú 和核弧狐胡壶湖瑚糊蝴 hǔ 虎唬 hù 互户护沪

huā 花 huá 华哗滑猾划 huà 华化划画话桦

huái 怀淮槐 huài 坏

huān 欢 huán 还环 huǎn 缓 huàn 幻宦唤换涣患焕痪豢

huāng 荒慌 huáng 皇凰黄惶煌潢蝗磺簧 huǎng 恍晃谎幌 huàng 晃

huī 灰诙恢挥辉徽 huí 回洄蛔 huǐ 悔毁 huì 卉汇会讳绘荟诲贿彗晦秽喙惠慧

hūn 昏荤婚 hún 浑魂混 hùn 混

huō 豁 huó 和活 huǒ 火伙 huò 和豁或货获祸惑霍

⑬ j

jī 讥击饥机肌鸡姬积基畸稽激羁几箕 jí 及吉汲级即极急疾棘集嫉辑瘠籍 jǐ 给几己挤脊戟麂纪济 jì 迹绩计记伎纪妓忌技际剂季既济继寂寄悸祭暨冀髻系

jiā 加夹佳枷浃家嘉茄 jiá 夹荚颊 jiǎ 甲胛贾钾假 jià 价驾架假嫁稼

jiān 奸尖坚歼间肩艰兼监缄煎 jiǎn 拣俭柬茧捡减剪检睑简碱 jiàn 间监见件建剑荐贱健涧舰渐谏毽溅腱践鉴键箭

jiāng 江姜将浆僵缰疆 jiǎng 讲奖桨蒋 jiàng 将匠降绛酱犟强

jiāo 交郊娇浇骄胶椒焦跤蕉礁教 jiáo 嚼 jiǎo 角狡绞饺皎矫脚搅剿缴 jiào 叫轿较教窖酵觉校

jiē 阶皆接秸揭街结 jié 节劫杰洁结捷睫截竭 jiě 姐解 jiè 解介戒届界诫借藉

jīn 巾今斤金津矜筋襟禁 jǐn 仅紧谨锦尽 jìn 尽劲近进晋浸烬禁靳噤

jīng 京经茎荆惊晶睛精鲸 jǐng 井阱颈景憬警 jìng 劲净径胫竞竟敬境静镜

jiǒng 炯窘

jiū 纠究揪 jiǔ 九久灸韭酒 jiù 旧臼疚厩救就舅

jū 车居拘驹鞠 jú 局菊橘 jǔ 咀沮举矩 jù 句巨拒具炬俱剧惧据距锯聚踞遽

juān 捐鹃圈 juǎn 卷 juàn 卷倦绢眷圈

juē 撅 jué 角决诀抉绝觉倔崛掘厥獗蕨爵嚼攫 juè 倔

jūn 军君均钧菌 jùn 俊郡峻骏竣

⑭ q

qī 七沏妻凄栖戚期欺漆 qí 齐其奇歧祈崎畦骑棋旗鳍 qǐ 乞企岂启起绮 qì 气迄弃汽泣契砌器

qiā 掐 qiǎ 卡 qià 恰洽

qiān 千扦迁牵铅谦签 qián 前虔钱钳乾潜黔 qiǎn 浅遣谴 qiàn 欠嵌歉纤

qiāng 呛枪腔锵 qiáng 强墙 qiǎng 强抢 qiàng 呛跄

qiāo 悄跷敲锹 qiáo 乔侨桥瞧翘 qiǎo 悄巧 qiào 壳俏峭窍翘撬鞘

qiē 切 qié 茄 qiě 且 qiè 切妾怯窃惬

qīn 亲侵钦 qín 秦琴禽勤噙擒 qǐn 寝 qìn 沁

qīng 青氢轻倾卿清蜻 qíng 情晴擎 qǐng 顷请 qìng 亲庆磬

qióng 穷穹琼

qiū 丘邱秋鳅 qiú 仇囚求酋球裘

qū 区曲岖驱屈祛蛆躯趋 qú 渠 qǔ 曲取娶 qù 去趣

quān 圈 quán 全权泉拳痊蜷 quǎn 犬 quàn 劝券

quē 缺 qué 瘸 què 却雀确阙鹊榷

qún 裙群

⑮ x

xī 夕兮汐西吸希昔析唏奚息牺悉惜晰犀稀溪皙锡熄蜥嬉膝曦 xí 习席袭媳 xǐ 洗铣喜 xì 戏系细隙

xiā 虾瞎 xiá 匣峡狭遐暇辖霞 xià 下吓夏

xiān 仙先纤掀锨鲜 xián 闲弦贤咸涎娴舷衔嫌 xiǎn 鲜显险 xiàn 县现线限宪陷馅羡献腺霰

xiāng 乡相香厢湘箱镶 xiáng 降详祥翔 xiǎng 享响饷想 xiàng 相向巷项象像橡

xiāo 削宵消逍萧硝销潇箫嚣肖 xiáo 淆 xiǎo 小晓 xiào 孝肖哮效校笑啸

xiē 些楔歇 xié 协邪胁挟偕斜谐携鞋 xiě 写血 xiè 解泄泻卸屑械亵谢懈蟹

xīn 心芯辛欣锌新薪馨 xìn 信衅

xīng 兴星猩腥 xíng 刑行邢形型 xǐng 省醒 xìng 兴杏姓幸性

xiōng 凶兄匈汹胸 xióng 雄熊

xiū 休修羞 xiǔ 宿朽 xiù 臭宿秀绣袖锈嗅

xū 戌须虚嘘需 xú 徐 xǔ 许 xù 旭序叙畜绪续絮蓄婿

xuān 宣喧暄 xuán 玄悬旋 xuǎn 选癣 xuàn 旋炫绚眩渲

xuē 削靴薛 xué 穴学 xuě 雪 xuè 血谑

xūn 勋熏薰 xún 寻巡旬询峋循 xùn 驯训讯汛迅逊

⑯ z

zā 咂扎 zá 杂砸

zāi 灾哉栽 zǎi 宰载崽仔 zài 载再在

zán 咱 zǎn 攒 zàn 暂赞 zan 咱

zāng 脏 zàng 藏脏葬
zāo 遭糟 záo 凿 zǎo 早枣澡藻 zào 灶皂造噪燥躁 zao 蚤
zé 则择泽责啧 zè 仄
zéi 贼
zěn 怎
zēng 曾增憎 zèng 赠
zī 兹咨姿资滋 zǐ 仔籽子姊紫滓 zì 字自渍
zōng 宗综棕踪鬃 zǒng 总 zòng 纵粽
zǒu 走 zòu 奏揍
zū 租 zú 足卒族 zǔ 诅阻组祖
zuān 钻 zuǎn 纂 zuàn 钻攥
zuǐ 嘴 zuì 最罪醉
zūn 尊遵
zuō 作 zuó 琢昨 zuǒ 撮左佐 zuò 作坐座做

⑰ c

cā 擦
cāi 猜 cái 才材财裁 cǎi 采彩睬踩 cài 菜蔡
cān 参餐 cán 残蚕惭 cǎn 惨 càn 灿璨
cāng 仓沧苍舱 cáng 藏
cāo 操糙 cáo 曹嘈槽 cǎo 草
cè 册侧厕测策
céng 层曾 cèng 蹭
cí 词祠瓷慈辞磁雌 cǐ 此 cì 次刺赐
cōng 囱匆葱聪 cóng 从丛
còu 凑
cū 粗 cù 促醋簇
cuān 蹿 cuán 攒 cuàn 窜篡
cuī 崔催摧 cuǐ 璀 cuì 脆啐淬萃瘁粹翠
cūn 村皴 cún 存 cǔn 忖 cùn 寸
cuō 搓磋撮 cuò 挫措锉错

⑱ s

sā 仨撒 sǎ 撒洒 sà 卅萨
sāi 塞腮鳃 sài 塞赛

sān 三 sǎn 伞散 sàn 散

sāng 桑丧 sǎng 嗓 sàng 丧

sāo 搔骚缫臊 sǎo 扫嫂 sào 臊扫

sè 塞色涩啬瑟

sēn 森

sēng 僧

sī 丝司私思斯厮嘶撕 sǐ 死 sì 四寺伺似祀饲俟嗣肆

sōng 松 sǒng 怂悚耸 sòng 讼宋诵送颂

sōu 搜艘 sǒu 擞 sòu 嗽

sū 苏酥稣 sú 俗 sù 诉肃素速宿粟塑溯

suān 酸 suàn 蒜算

suī 虽 suí 绥隋随遂 suǐ 髓 suì 岁祟遂碎隧穗邃

sūn 孙 sǔn 损笋

suō 唆梭蓑缩 suǒ 所索琐锁

⑲ zh

zhā 渣楂扎 zhá 轧闸铡炸 zhǎ 眨 zhà 乍诈栅炸蚱榨

zhāi 斋摘摘 zhái 择宅 zhǎi 窄 zhài 债寨

zhān 沾毡粘瞻占 zhǎn 斩展盏崭辗 zhàn 颤占战站绽湛蘸

zhāng 张章彰樟 zhǎng 长涨掌 zhàng 涨丈仗帐杖胀账障

zhāo 朝招昭着 zháo 着 zhǎo 找沼爪 zhào 召兆诏赵照罩肇

zhē 遮折 zhé 蜇折哲辄辙 zhě 者褶 zhè 这浙蔗

zhēn 贞针侦珍真砧斟臻 zhěn 诊枕疹 zhèn 阵振朕镇震

zhēng 争征挣睁蒸正症筝 zhěng 拯整 zhèng 挣正证郑政症

zhī 之支汁芝枝知织肢脂只 zhí 执侄直值职植殖 zhǐ 止只旨址纸指趾 zhì 至志制帜治炙质峙挚桎秩致掷窒智滞稚置

zhōng 中忠终盅钟衷 zhǒng 肿种冢 zhòng 中种仲众重

zhōu 州舟周洲粥 zhóu 轴 zhǒu 肘帚 zhòu 咒宙昼皱骤

zhū 朱诛株珠诸猪蛛 zhú 竹烛逐 zhǔ 主拄属煮嘱瞩 zhù 伫住助注贮驻柱祝著蛀筑铸

zhuā 抓 zhuǎ 爪

zhuài 拽

zhuān 专砖 zhuǎn 转 zhuàn 传转赚撰篆

zhuāng 妆庄桩装 zhuàng 壮状幢撞

zhuī 追椎锥 zhuì 坠缀赘

zhǔn 准

zhuō 拙捉桌 zhuó 卓灼茁浊酌啄着琢

⑳ ch

chā 叉杈插差 chá 查茬茶察 chǎ 叉 chà 杈岔诧差刹

chāi 差拆 chái 柴

chān 掺搀 chán 禅馋缠蝉潺蟾 chǎn 产铲阐 chàn 忏颤

chāng 昌娼猖 cháng 长肠尝偿常场 chǎng 厂场敞 chàng 怅畅倡唱

chāo 抄钞超剿 cháo 巢朝嘲潮 chǎo 吵炒

chē 车 chě 扯 chè 彻掣撤澈

chēn 抻 chén 尘臣忱沉辰陈晨 chèn 衬称趁

chēng 称撑 chéng 丞成呈承诚城乘惩程澄橙盛 chěng 逞骋 chèng 秤

chī 吃嗤痴 chí 池驰迟持 chǐ 尺侈齿耻 chì 斥赤炽翅啻

chōng 充冲舂憧 chóng 虫崇重 chǒng 宠 chòng 冲

chōu 抽 chóu 仇惆绸畴愁稠筹酬踌 chǒu 丑 chòu 臭

chū 出初 chú 刍除厨锄蜍雏橱躇 chǔ 础储楚处 chù 处搐触矗畜

chuāi 揣 chuǎi 揣 chuài 揣踹

chuān 川穿 chuán 传船 chuǎn 喘 chuàn 串

chuāng 疮窗创 chuáng 床幢 chuǎng 闯 chuàng 创

chuī 吹炊 chuí 垂陲捶锤槌

chūn 春 chún 纯唇淳醇 chǔn 蠢

chuō 戳 chuò 啜绰

㉑ sh

shā 杀沙纱刹砂煞杉 shǎ 傻 shà 煞霎厦

shāi 筛 shǎi 色 shài 晒

shān 山杉衫珊煽扇 shǎn 闪陕 shàn 禅单讪扇善缮擅膳赡

shāng 伤商 shǎng 晌赏上 shàng 上尚 shang 裳

shāo 捎梢烧稍 sháo 勺 shǎo 少 shào 少绍哨

shē 奢 shé 舌蛇折 shě 舍 shè 舍设社射涉赦摄麝

shéi 谁

shēn 参申伸身呻绅娠砷深 shén 神什 shěn 沈审婶 shèn 肾甚渗慎蜃

shēng 升生声牲笙 shéng 绳 shěng 省 shèng 胜圣盛剩

shī 尸失师虱诗施狮湿 shí 十什石时识实拾蚀食 shǐ 史矢使始驶屎 shì 士氏世仕市示式事侍势视试饰室恃拭是柿适舐逝释嗜誓噬螫似 shi 匙

shōu 收 shóu 熟 shǒu 手守首 shòu 寿受狩兽售授瘦

shū 书抒叔枢倏殊梳疏舒输蔬 shú 孰赎塾熟 shǔ 暑署鼠蜀薯曙数属 shù 术束述树竖恕庶数墅

shuā 刷 shuǎ 耍

shuāi 衰摔 shuǎi 甩 shuài 率帅

shuān 拴栓 shuàn 涮

shuāng 双霜 shuǎng 爽

shuí 谁 shuǐ 水 shuì 税睡

shǔn 吮 shùn 顺舜瞬

shuō 说 shuò 烁硕

㉒ r

rán 然燃 rǎn 冉染

rāng 嚷 rǎng 嚷壤 ràng 让

ráo 饶 rǎo 扰 rào 绕

rě 惹 rè 热

rén 人仁任 rěn 忍 rèn 刃认任纫妊韧饪

rēng 扔 réng 仍

rì 日

róng 绒荣容溶蓉熔融冗

róu 柔揉蹂 ròu 肉

rú 如儒蠕 rǔ 汝乳辱 rù 入褥

ruǎn 软

ruǐ 蕊 ruì 锐瑞

rùn 闰润

ruò 若弱

第二单元　普通话韵母训练

一、韵母概述

韵母是音节中声母后面的部分。零声母音节，全部由韵母构成。普通话韵母共有39个。韵母和元音不相等。普通话韵母主要由元音构成，完全由元音构成的韵母有23个，约占韵母的59%，由元音加上辅音构成的韵母（鼻韵母）有16个，约占韵母的41%，可见，在普通话韵母中，元音占有绝对的优势。普通话韵母主要由元音构成，元音发音比较响亮，与辅音声母相比，韵母没有呼读音。

（一）韵母的分类

根据不同的标准，普通话韵母可以划分为不同的种类。一是根据韵母开头元音的发音口型分为开口呼、齐齿呼、合口呼和撮口呼，简称“四呼”。二是根据韵母结构构成情况分为单韵母、复韵母和鼻韵母。

1. 四呼

四呼是根据韵母开头元音的发音口型划分出来的种类，有助于发好韵母。①

开口呼，非 i、u、ü 或非以 i、u、ü 开头的韵母。

齐齿呼，i 或 i 开头的韵母。

合口呼，u 或 u 开头的韵母。

撮口呼，ü 或 ü 开头的韵母。

2. 单韵母、复韵母、鼻韵母

（1）单韵母。

单韵母是指由一个元音构成的韵母，又叫做单元音韵母。根据元音的性质，单韵母分为舌面元音单韵母、卷舌元音单韵母和舌尖元音单韵母。舌面元音单韵母，由舌面元音构成，共有 ɑ、o、e、ê、i、u、ü 7 个。卷舌元音单韵母，由卷舌元音构成，只有 er 1 个。舌尖元音单韵母，由舌尖元音构成，共有

---

① 按照实际发音，ong 中的 o 发［u］，故归入合口呼，iong 中的 io 发［y］，故归入撮口呼，这是为了避免混淆，《汉语拼音方案》中没有用 ung 表示 ong，用 üng 表示 iong。

-i［前］、-i［后］2 个。

（2）复韵母。

复韵母是由两个或三个元音构成的韵母，又叫做复元音韵母。复韵母各音素的发音并不完全相同，其中一个发得比较响亮，发得比较响亮的这个元音叫做响元音。根据响元音在韵母中的位置，复韵母又分为前响复韵母、中响复韵母和后响复韵母。前响复韵母是响元音处在前面的复韵母，共有 ao、ai、ou、ei 4 个。中响复韵母是响元音处在中间的复韵母，共有 iao、iou、uai、uei 4 个。后响复韵母是响元音处在后面的复韵母，共有 ia、ie、ua、uo、üe 5 个。

（3）鼻韵母。

鼻韵母是带有鼻辅音的韵母，又叫做鼻音尾韵母。根据鼻辅音的性质，鼻韵母可以分为前鼻音鼻韵母和后鼻音鼻韵母。前鼻音鼻韵母由舌尖中、浊、鼻音 n 构成，共有 an、en、ian、in、uan、uen、üan、ün 8 个。后鼻音鼻韵母由舌面后、浊、鼻音 ng 构成，共有 ang、ong、eng、iang、iong、ing、uang、ueng 8 个。

表 2－1　普通话韵母总表

项目	开口呼	齐齿呼	合口呼	撮口呼
单韵母	-i［前］-i［后］	i	u	ü
	a	ia	ua	
	o		uo	
	e			
	ê	ie		üe
	er			
复韵母	ai		uai	
	ei		uei	
	ao	iao		
	ou	iou		
鼻韵母	an	ian	uan	üan
	en		uen	
		in		ün
	ang	iang	uang	
	eng		ueng	
		ing	ong	iong

（二）韵母的结构

韵母一般由韵头、韵腹和韵尾构成。韵腹是韵母的主干，又叫做主要元音，一般由元音充当。韵头是韵腹前面的元音，介于声母和韵腹之间，所以又叫做介音、介母，一般由 i、u、ü 三个元音充当。韵尾是韵腹后面的部分，所以一般由 i、u（o）、n、ng 音素充当。[①] 所有的韵母都有韵腹，韵头和韵尾有的韵母有，有的则没有。例如，“温”（wēn）有韵头、韵腹和韵尾，“凹”（āo）只有韵腹和韵尾，“鸭”（yā）只有韵头和韵腹。

（三）元音的发音条件

普通话韵母主要由元音构成，了解元音的发音条件有助于发好韵母。不同的元音由不同的舌位和口型决定，舌位是舌面上隆起的最高点，舌位有舌位前后和高低之分，口型主要体现为口型的圆展程度，具体而言，影响元音的因素有以下三个方面：

（1）舌位前后，根据舌位的前后不同，元音分为前元音、央元音和后元音。

（2）舌位高低，舌位的高低跟开口度的大小有关，开口度越大，舌位越低；开口度越小，舌位越高。根据舌位的高低，元音分为高元音、半高元音、半低元音和低元音。

（3）圆唇不圆唇，根据圆唇不圆唇，元音分为圆唇元音和不圆唇元音。

二、韵母发音

（一）单韵母的发音

单韵母的发音特点是发音过程中舌位和唇形始终不变，若有一点变化，就不是纯正的单韵母了。所以，发音时要保持固定的口型。

第 1 组：ɑ

ɑ：舌面、央、低、不圆唇元音

发音时，口自然大开，舌头居中央，扁唇。例如：

基本音节

b p m f d t n l g k h z c s zh ch sh r ＋ ɑ

双音节词语

马达 mǎdá	沙发 shāfā	大麻 dàmá	发达 fādá
打岔 dǎchà	大厦 dàshà	大法 dàfǎ	大妈 dàmā

---

① 这里的 o 仅指 ɑo、iɑo 中的 o，而不包括 uo 等中的 o。

第 2 组：o、e

o：舌面、后、半高、圆唇元音

e：舌面、后、半高、不圆唇元音

发音时，口半闭，舌头略后缩。e 为扁唇，o 为圆唇。例如：①

基本音节

b p m f + o

m d t n l g k h z c s zh ch sh r + e

双音节词语

客车 kèchē	折合 zhéhé	特赦 tèshè	苛刻 kēkè
隔阂 géhé	特色 tèsè	折射 zhéshè	合格 hégé
默默 mòmò	婆婆 pópo	剥削 bōxuē	佛寺 fósì

第 3 组：ê

ê：舌面、前、半低、不圆唇元音

发音时，口半开，舌头前伸，舌尖抵住下齿背，扁唇。例如：②

裂变 lièbiàn	解体 jiětǐ	绝技 juéjì	雪白 xuěbái

第 4 组：i、ü

i：舌面、前、高、不圆唇元音

ü：舌面、前、高、圆唇元音

发音时，口微开，舌头前伸。i 为扁唇，ü 为圆唇。例如：

基本音节

b p m d t n l j q x + i

n l j q x + ü

双音节词语

比例 bǐlì	地皮 dìpí	契机 qìjī	气息 qìxī
屹立 yìlì	笔迹 bǐjì	体系 tǐxì	细腻 xìnì
序曲 xùqǔ	语句 yǔjù	区域 qūyù	聚居 jùjū
居于 jūyú	须臾 xūyú	寓于 yùyú	

第 5 组：u

u：舌面、后、高、圆唇元音

发音时，口微开，舌头后缩，圆唇。例如：

---

① 在大纲里韵母都是 o 的双音节词语较少，这里用其他双音节词语代替，其他韵母有的也有这种情况，凡遇类似情况都照此处理，不再说明。

② ie 和 üe 中的 e 实际为 ê，故用 ie、üe 构成的词语代替。ê 只有零声母音节。

基本音节

b p m f d t n l g k h z c s zh ch sh r ＋ u

双音节词语

部署 bùshǔ　　幅度 fúdù　　入股 rùgǔ　　住户 zhùhù

部属 bùshǔ　　目录 mùlù　　孤独 gūdú　　入伍 rùwǔ

第 6 组：er

er：卷舌、央、中、不圆唇元音

er 是在央元音［ə］的基础上加上卷舌动作而成，发音时口半开，舌头居中央，扁唇，舌尖向硬腭中部上卷。例如：①

然而 rán’ér　　饵料 ěrliào　　二胡 èrhú　　儿童 értóng

第 7 组：-i［前］、-i［后］

-i［前］：舌尖、前、高、不圆唇元音

-i［后］：舌尖、后、高、不圆唇元音

发音时，口微开，扁唇。-i［前］舌头平伸，舌尖靠近上齿背或下齿背；-i［后］舌尖上翘，靠近硬腭前部。② 例如：

基本音节

z c s ＋ i［前］

zh ch sh r ＋ i［后］

双音节词语

自私 zìsī　　私自 sīzì　　辞职 cízhí　　姿势 zīshì

支持 zhīchí　　试纸 shìzhǐ　　时日 shírì　　指使 zhǐshǐ

史诗 shǐshī　　日食 rìshí　　制止 zhìzhǐ　　失职 shīzhí

（二）复韵母的发音

复韵母的发音有两个特点：一是发音过程中舌位、唇形一直在变化，由一个元音的发音快速地向另一个元音的发音过渡；二是元音之间的发音有主次之分，主要元音清晰响亮，其他元音轻短或含混模糊。

第 1 组：前响复韵母 ai、ao、ei、ou

前响复韵母发音时前头的元音清晰响亮，后头的元音含混模糊，前、后元音发音过渡自然。例如：

---

① 由 er 本身构成的词语极少，故采用跟其他韵母字组合成的词语。er 只有零声母音节。

② zi 或 ci 或 si 的发音拉长，拉长部分即是 -i［前］的读音。zhi 或 chi 或 shi 的发音拉长，拉长部分即是 -i［后］的读音。

基本音节

b p m d t n l g k h z c s zh ch sh ＋ ai

b p m d t n l g k h z c s zh ch sh r ＋ ao

b p m f d n l g k h zh sh z ＋ ei

p m f d t l g k h z c s zh ch sh ＋ ou

双音节词语

灾害 zāihài	爱戴 àidài	择菜 zháicài	拍卖 pāimài
白菜 báicài	皑皑 ái’ái	海带 hǎidài	采摘 cǎizhāi
报道 bàodào	懊恼 àonǎo	草帽 cǎomào	逃跑 táopǎo
报导 bàodǎo	吵闹 chǎonào	高潮 gāocháo	暴躁 bàozào
配备 pèibèi	非得 fēiděi	沸腾 fèiténg	内涵 nèihán
抖擞 dǒusǒu	守候 shǒuhòu	叩头 kòutóu	丑陋 chǒulòu
收购 shōugòu	漏斗 lòudǒu	口头 kǒutóu	偷偷 tōutōu

第 2 组：中响复韵母 iao、iou、uai、uei

中响复韵母发音时前头的元音轻短，中间的元音清晰响亮，后头的元音含混，前、中、后元音发音过渡自然。例如：

基本音节

b p m d t n l j q x ＋ iao

m d n l j q x ＋ iou

g k h zh ch sh ＋ uai

d t g k h z c s zh ch sh r ＋uei

双音节词语

渺小 miǎoxiǎo	疗效 liáoxiào	窈窕 yǎotiǎo	巧妙 qiǎomiào
教条 jiàotiáo	逍遥 xiāoyáo	萧条 xiāotiáo	小巧 xiǎoqiǎo
求救 qiújiù	悠久 yōujiǔ	优秀 yōuxiù	流通 liútōng
外婆 wàipó	衰落 shuāiluò	情怀 qínghuái	作怪 zuòguài
退回 tuìhuí	未遂 wèisuì	垂危 chuíwēi	摧毁 cuīhuǐ
退位 tuìwèi	尾随 wěisuí	归队 guīduì	荟萃 huìcuì

第 3 组：后响复韵母 ia、ie、ua、uo、üe

后响复韵母发音时前头的元音轻短，后头的元音清晰响亮，前、后元音发音过渡自然。例如：

基本音节

l j q x ＋ ia

b p m d t n l j q x ＋ ie

g k h zh ch sh ＋ ua

d t n l g k h z c s zh ch sh r ＋ uo

n l j q x ＋ üe

双音节词语

夏天 xiàtiān	假象 jiǎxiàng	惊讶 jīngyà	关卡 guānqiǎ
贴切 tiēqiè	结业 jiéyè	接洽 jiēqià	熄灭 xīmiè
挂帅 guàshuài	华贵 huáguì	书画 shūhuà	印刷 yìnshuā
堕落 duòluò	错过 cuòguò	国货 guóhuò	陀螺 tuóluó
着落 zhuóluò	懦弱 nuòruò	过错 guòcuò	活捉 huózhuō
攫取 juéqǔ	乐章 yuèzhāng	缔约 dìyuē	的确 díquè

（三）鼻韵母的发音

鼻韵母的发音有两个特点：一是发音时由元音向鼻辅音过渡，逐渐增加鼻音色彩，最后形成鼻辅音；二是鼻韵母的发音不是以鼻辅音为主，而是以元音为主，元音清晰响亮，鼻辅音重在做出发音状态，发音不太明显。

除了 ong 与 üan 外，其他前鼻音鼻韵母和后鼻音鼻韵母是一一对应的关系，即 an－ang、ian－iang、uan－uang、en－eng、uen－ueng、in－ing、ün－iong。

1. 前鼻音鼻韵母

第 1 组：前鼻音鼻韵母 an、en、in、ün

发音时，先发元音，发完元音后，软腭下降，逐渐增强鼻音色彩，舌尖迅速移到上齿龈，抵住上齿龈做出发 n 的状态即可。例如：

基本音节

b p m f d t n l g k h z c s zh ch sh r ＋ an

b p m f d n g k h z c s zh ch sh r ＋ en

b p m n l j q x ＋ in

j q x ＋ ün

双音节词语

斑斓 bānlán	黯然 ànrán	参展 cānzhǎn	贪婪 tānlán
栏杆 lángān	暗淡 àndàn	攀谈 pāntán	难看 nánkàn
本分 běnfèn	粉尘 fěnchén	沉闷 chénmèn	恩人 ēnrén
本身 běnshēn	门诊 ménzhěn	愤恨 fènhèn	审慎 shěnshèn
濒临 bīnlín	殷勤 yīnqín	亲信 qīnxìn	拼音 pīnyīn
贫民 pínmín	信心 xìnxīn	近亲 jìnqīn	薪金 xīnjīn
军训 jūnxùn	均匀 jūnyún	围裙 wéiqún	俊美 jùnměi

第 2 组：前鼻音鼻韵母 ian、uan、uen、üan

发音时，第 1 个元音轻而短，第 2 个元音清晰响亮，发完第 2 个元音后，软腭下降，逐渐增强鼻音色彩，舌尖迅速移到上齿龈，抵住上齿龈做出发 n 的状态即可。例如：

基本音节

b p m d t n l j q x ＋ ian

d t n l g k h z c s zh ch sh r ＋ uan

d t l g k h z c s zh ch sh r ＋ uen

j q x ＋ üan

双音节词语

变迁 biànqiān	沿线 yánxiàn	简练 jiǎnliàn	惦念 diànniàn
电线 diànxiàn	年间 niánjiān	连绵 liánmián	演变 yǎnbiàn
贯穿 guànchuān	婉转 wǎnzhuǎn	专款 zhuānkuǎn	换算 huànsuàn
宦官 huànguān	专断 zhuānduàn	转换 zhuǎnhuàn	转弯 zhuǎnwān
论文 lùnwén	混沌 hùndùn	温存 wēncún	温顺 wēnshùn
全权 quánquán	圆圈 yuánquān	渊源 yuānyuán	源泉 yuánquán

2. 后鼻音鼻韵母

ng 是舌面后、浊、鼻音。发音时，软腭下降，关闭口腔，打开鼻腔通道，舌面后部后缩，并抵住软腭，声带颤动。

第 1 组：后鼻音鼻韵母 ang、eng、ing、iong、ong

发音时，先发元音，发完元音后，软腭下降，逐渐增强鼻音色彩，舌面后部后缩，抵住软腭，最后做出发 ng 的状态即可。例如：

基本音节

b p m f d t n l g k h z c s zh ch sh r ＋ ang

b p m f d t n l g k h z c s zh ch sh r ＋ eng

b p m d t n l j q x ＋ ing

j q x ＋ iong

d t n l g k h zh ch r z c s ＋ ong

双音节词语

帮忙 bāngmáng	上场 shàngchǎng	账房 zhàngfáng	螳螂 tángláng
盲肠 mángcháng	上涨 shàngzhǎng	厂商 chǎngshāng	商场 shāngchǎng
萌生 méngshēng	省城 shěngchéng	整风 zhěngfēng	更正 gēngzhèng
声称 shēngchēng	成风 chéngfēng	增生 zēngshēng	丰盛 fēngshèng
冰晶 bīngjīng	硬性 yìngxìng	精明 jīngmíng	评定 píngdìng

明净 míngjìng　灵性 língxìng　荧屏 yíngpíng　庆幸 qìngxìng
炯炯 jiǒngjiǒng　汹涌 xiōngyǒng　贫穷 pínqióng　甬道 yǒngdào
动工 dònggōng　溶洞 róngdòng　从中 cóngzhōng　瞳孔 tóngkǒng
松动 sōngdòng　隆重 lóngzhòng　恐龙 kǒnglóng　总统 zǒngtǒng

第 2 组：后鼻音鼻韵母 iang、uang、ueng

发音时，第 1 个元音轻而短，第 2 个元音清晰响亮，发完第 2 个元音后，软腭下降，逐渐增强鼻音色彩，舌面后部后缩，抵住软腭，最后做出发 ng 的状态即可。例如：

基本音节

n l j q x ＋ iang

g k h zh ch sh ＋ uang

双音节词语

踉跄 liàngqiàng　像样 xiàngyàng　想象 xiǎngxiàng　响亮 xiǎngliàng
亮相 liàngxiàng　两样 liǎngyàng　向阳 xiàngyáng
矿床 kuàngchuáng　往往 wǎngwǎng　装潢 zhuānghuáng
狂妄 kuángwàng　状况 zhuàngkuàng　富翁 fùwēng①

三、韵母辨正

（一）前鼻音鼻韵母和后鼻音鼻韵母

前鼻音鼻韵母和后鼻音鼻韵母在方言中存在不同程度的混淆，主要体现在 in 和 ing、en 和 eng、an 和 ang、uan 和 uang 等韵母上，其中 in 和 ing、en 和 eng 最普遍，全国许多方言都存在。前鼻音鼻韵母和后鼻音鼻韵母的混淆有两种情况：一是把后鼻音鼻韵母发成前鼻音鼻韵母，如“鹰”（yīng）读成 yīn；二是把前鼻音鼻韵母发成后鼻音鼻韵母，如“开饭”（kāifàn）读成 kāifàng。

人们或多或少都会发一些前鼻音鼻韵母和后鼻音鼻韵母，不是一个音都不会发，所以，发好前鼻音鼻韵母和后鼻音鼻韵母并不困难，只要利用自己会发的鼻韵母来辅助发不会发的鼻韵母就好了。发好鼻韵母要注意两点：第一，要掌握好 n 和 ng 的发音。n 和 ng 的发音，关键是要掌握好舌头的位置变化情况，发前鼻音鼻韵母时，发音最后阶段舌尖是抵住上齿龈的，双唇闭合（闭口音），舌头基本上是平伸在口腔里的；发后鼻音鼻韵母时，舌头后缩，前低

① 大纲中带 ueng 的词语只有“富翁”一词。

后高，舌尖置于下齿龈的下面，并且下颌肌肉有紧张感，双唇未闭合（开口音）。第二，要掌握好前鼻音鼻韵母和后鼻音鼻韵母中元音的发音。例如，ing 的发音，虽然能发好 ng，但是如果发音时 i 的舌位不够高，唇形不扁等，也同样不能发好 ing。eng 和 ong 的发音，eng 是扁唇音，ong 是圆唇音。

（二）齐齿呼韵母和撮口呼韵母

有的方言有齐齿呼韵母，没有撮口呼韵母，把撮口呼韵母都读成齐齿呼韵母，如客家话、潮州话等。例如，“语”（yǔ）读成 yǐ，“全面”（quánmiàn）读成 qiánmiàn。广州话有 ü 韵母，却没有以 ü 开头的韵母。“去”在四川话里也被读成了 qì。i 和 ü 的发音很容易掌握，在 i 的基础上把唇形拢圆即成 ü。

（三）ê、e、uo 和 o

不少方言都存在 ê、e、uo、o 不分的情况，例如，东北一些地方把部分 o 韵母字读成了 e 韵母字，西南方言又把与 g、k、h 相拼的 e 韵母字读成了 o 韵母字，把与舌尖前音、舌尖中音、舌尖后音相拼的 e 韵母字读成了 ê 韵母字，粤方言也有把 o 读成 e，uo 读成 o 的情况。ê、e 和 o 的发音很容易区别，e 是不圆唇元音，o 是圆唇元音，其他发音条件都相同。o 一般人都会发，可以利用它来发好 e，即在 o 的基础上，调整口型，把圆唇音改为扁唇音即可。ê 单独构成的字极少，《现代汉语词典》也只有 1 个叹词“欸”，在 ie、üe 中的 ê 又写成 e，所以很多人对 ê 很陌生，不知道该怎么读，其实 ê 的发音很简单，抓住舌尖抵住下齿背和口半开的特点就可以发好它了。uo 和 o 的发音也容易区别，uo 是复韵母，口型从小（u）到大（o）变化，o 是单韵母，口型始终不变，抓住这点，就可以发好 uo 和 o 了。

（四）韵头 i 和 u

带韵头 i 和 u 的部分字，在一些方言里丢掉了韵头 i 和 u，读成了开口呼，粤方言就有这种情况，例如，“窗”（chuāng）读成 chāng。发 i 和 u 的音没有问题，只是要记住哪些字带有韵头。

（五）er

er 只能自成音节，不与任何声母相拼，构成的字也很少。但是，学会发 er，是发好普通话儿化韵的基础。北方方言区的人发 er 没有多大问题，而没有 er 音的方言区的人很不容易发好，如粤方言区把 er 往往发成 e 等。发 er 时要注意避免两个问题：一是口张得太大，二是舌头不能上卷至硬腭中部。所以，发 er 时开口度要适中，舌头一定要上卷至硬腭中部，并与硬腭接触。开始学发 er 时可以尽量把舌头往硬腭中后部卷，以养成卷舌的习惯。

在掌握好韵母发音后，还要记住一些字的韵母，具体方法可参照声母部分的说明。ê 不与声母相拼，只能自成音节。所以，跟 g、k、h 相拼的应该是

e，而不是 o，跟舌尖前音、舌尖中音、舌尖后音相拼的是 e，而不是 ê。

四、韵母训练

（一）单音节字词训练

靶 bǎ	杈 chà	纱 shā	菜 cài	代 dài
太 tài	在 zài	瓣 bàn	蛋 dàn	厌 yàn
斩 zhǎn	梆 bāng	浪 làng	仰 yǎng	妄 wàng
炮 pào	堡 bǎo	绕 rào	澡 zǎo	澈 chè
革 gé	也 yě	仄 zè	给 gěi	美 měi
擂 lèi	裴 Péi	称 chèn	分 fēn	焚 fén
枕 zhěn	曾 céng	风 fēng	瓮 wèng	次 cì
历 lì	秘 mì	辟 pì	俟 sì	旨 zhǐ
姿 zī	加 jiā	吓 xià	牵 qiān	黔 qián
浆 jiāng	墙 qiáng	巷 xiàng	嚼 jiáo	矫 jiǎo
朴 Piáo	别 bié	街 jiē	浸 jìn	辛 xīn
尹 Yǐn	凝 níng	坪 píng	顷 qǐng	穷 qióng
兄 xiōng	瘤 liú	囚 qiú	氨 ān	熬 āo
膊 bó	颇 pō	动 dòng	融 róng	忠 zhōng
口 kǒu	瘦 shòu	透 tòu	咒 zhòu	除 chú
附 fù	趋 qū	枢 shū	御 yù	抓 zhuā
淮 huái	端 duān	拳 quán	专 zhuān	苑 yuàn
眶 kuàng	缺 quē	诀 jué	爵 jué	崔 cuī
推 tuī	醉 zuì	魂 hún	运 yùn	囤 tún
戳 chuō	酌 zhuó	缕 lǚ	捋 lǚ	恶 è

（二）双音节词语训练

国策 guócè	元月 yuányuè	大概 dàgài	改善 gǎishàn
担保 dānbǎo	报纸 bàozhǐ	水银 shuǐyín	准则 zhǔnzé
宣布 xuānbù	蕴藏 yùncáng	约定 yuēdìng	卷烟 juǎnyān
许多 xǔduō	伤痕 shānghén	菊花 júhuā	火把 huǒbǎ
伦理 lúnlǐ	嘴唇 zuǐchún	退守 tuìshǒu	网球 wǎngqiú
荒地 huāngdì	玩耍 wánshuǎ	管用 guǎnyòng	率先 shuàixiān
快艇 kuàitǐng	路口 lùkǒu	图腾 túténg	终究 zhōngjiū
童心 tóngxīn	种类 zhǒnglèi	佛像 fóxiàng	伯乐 bólè

永别 yǒngbié　穷人 qióngrén　惊吓 jīngxià　民谣 mínyáo
协调 xiétiáo　校样 jiàoyàng　缅怀 miǎnhuái　佳话 jiāhuà
齿轮 chǐlún　死亡 sǐwáng　刺骨 cìgǔ　灯塔 dēngtǎ
圣旨 shèngzhǐ　冷淡 lěngdàn　门类 ménlèi　内在 nèizài
而今 érjīn　尔后 ěrhòu

（三）韵母辨正训练

1. 前鼻音与后鼻音

en eng	b p m f d n g k h z c s zh ch sh r

in ing	p m n l j q x

en – eng
奔腾 bēnténg　门生 ménshēng　深层 shēncéng　分成 fēnchéng
eng – en
缝纫 féngrèn　诚恳 chéngkěn　城镇 chéngzhèn　横亘 hénggèn
in – ing
拼命 pīnmìng　印行 yìnxíng　新兴 xīnxīng　禁令 jìnlìng
ing – in
行进 xíngjìn　听信 tīngxìn　病因 bìngyīn
in – eng
音程 yīnchéng　晋升 jìnshēng　亲朋 qīnpéng　信封 xìnfēng
eng – in
增进 zēngjìn　声音 shēngyīn　恒心 héngxīn　成品 chéngpǐn
en – ing
恩情 ēnqíng　本领 běnlǐng　分兵 fēnbīng　门铃 ménlíng
ing – en
病根 bìnggēn　定神 dìngshén　平分 píngfēn　星辰 xīngchén
eng – ing
成型 chéngxíng　争鸣 zhēngmíng　生平 shēngpíng　梦境 mèngjìng
ing – eng
应征 yìngzhēng　冰冷 bīnglěng　京城 jīngchéng　平整 píngzhěng

an ang	b p m f d t n l g k h z c s zh ch sh r

uan uang	g k h zh ch sh

ian iang	l j q x

an – ang

漫长 mànchána　单方 dānfāng　安葬 ānzàng　感伤 gǎnshāng

ang – an

茫然 mángrán　上山 shàngshān　畅谈 chàngtán　房产 fángchǎn

uan – uang

端庄 duānzhuāng　观光 guānguāng　观望 guānwàng　宽广 kuānguǎng

uang – uan

光环 guānghuán　狂欢 kuánghuān　慌乱 huāngluàn　皇冠 huángguān

ian – iang

演讲 yǎnjiǎng　联想 liánxiǎng　现象 xiànxiàng　边疆 biānjiāng

iang – ian

向前 xiàngqián　想念 xiǎngniàn　江面 jiāngmiàn　项链 xiàngliàn

2. 圆唇音与扁唇音

ü – i

雨衣 yǔyī　曲艺 qǔyì　蓄意 xùyì　聚集 jùjí

i – ü

抑郁 yìyù　唏嘘 xīxū　崎岖 qíqū　集聚 jíjù

in – ün

嶙峋 línxún　进军 jìnjūn　阴云 yīnyún　音讯 yīnxùn

ün – in

军民 jūnmín

ian – üan

边缘 biānyuán　眼圈 yǎnquān　健全 jiànquán　垫圈 diànquān

üan – ian

眷恋 juànliàn　原先 yuánxiān　全线 quánxiàn　元件 yuánjiàn

üe – ie

学界 xuéjiè　诀别 juébié　血液 xuèyè　月夜 yuèyè

ie – üe

解决 jiějué　节约 jiéyuē　谢绝 xièjué　协约 xiéyuē

o – e

博得 bódé　波折 bōzhé　破格 pògé

o – e

隔膜 gémó　刻薄 kèbó　恶魔 èmó

3. 单韵母与复韵母

uo – o

唾沫 tuòmò　琢磨 zuómo

o – uo

菠萝 bōluó　薄弱 bóruò　破获 pòhuò　摩托 mótuō

4. 介音与非介音

uang – ang

创伤 chuāngshāng　爽朗 shuǎnglǎng　慌张 huāngzhāng　广场 guǎngchǎng

ang – uang

仓皇 cānghuáng　张望 zhāngwàng　猖狂 chāngkuáng　厂矿 chǎngkuàng

ua – a

夸大 kuādà

a – ua

大褂 dàguà　打垮 dǎkuǎ　答话 dáhuà　傻瓜 shǎguā

uen – en

浑身 húnshēn　村镇 cūnzhèn　春分 chūnfēn　纯真 chúnzhēn

en – uen

沉沦 chénlún　审问 shěnwèn　人伦 rénlún　人文 rénwén

uei – ei

颓废 tuífèi　贵妃 guìfēi　傀儡 kuílěi　追肥 zhuīféi

ei – uei

配对 pèiduì　美味 měiwèi　翡翠 fěicuì　肥水 féishuǐ

uai – ai

衰败 shuāibài　外海 wàihǎi　外来 wàilái　外在 wàizài

ai – uai

败坏 bàihuài　开外 kāiwài　海外 hǎiwài　财会 cáikuài

uan – an

观看 guānkàn　涣散 huànsàn　钻探 zuāntàn　转产 zhuǎnchǎn

an – uan

山峦 shānluán	辗转 zhǎnzhuǎn	参观 cānguān	返还 fǎnhuán

ia – a

下达 xiàdá	亚麻 yàmá	压榨 yāzhà	加法 jiāfǎ

a – ia

大家 dàjiā	打下 dǎxià	差价 chājià	沙哑 shāyǎ

iao – ao

碉堡 diāobǎo	跳高 tiàogāo	潦倒 liáodǎo	侨胞 qiáobāo

ao – iao

报表 bàobiǎo	报销 bàoxiāo	咆哮 páoxiào	毛料 máoliào

iou – ou

秋收 qiūshōu	袖口 xiùkǒu	忧愁 yōuchóu	右手 yòushǒu

ou – iou

谋求 móuqiú	逗留 dòuliú	收留 shōuliú	守旧 shǒujiù

ian – an

艰难 jiānnán	减产 jiǎnchǎn	浅滩 qiǎntān	闲谈 xiántán

an – ian

展现 zhǎnxiàn	探险 tànxiǎn	版面 bǎnmiàn	蔓延 mànyán

iang – ang

粮仓 liángcāng	奖章 jiǎngzhāng	厢房 xiāngfáng	相当 xiāngdāng

ang – iang

榜样 bǎngyàng	方向 fāngxiàng	唱腔 chàngqiāng	上将 shàngjiàng

（三）韵母标志训练

我小时候听奶奶讲，西方有座昆仑山，山上有个瑶池，那是天上的神仙住的地方。池里的水好看极了，有五种颜色，红的、黄的、绿的、蓝的、紫的。奶奶是哄着我玩儿，我却当作了真的，真想有一天能遇上神仙，跟着他们腾云驾雾，飞到那五彩的瑶池去看看。没想到今年夏天去四川松潘旅游，在藏龙山上，我真的看到了像瑶池那样神奇的五彩池。

那是个晴朗的日子，只见藏龙山漫山遍野都是大大小小的水池。无数的水池在灿烂的阳光下，闪耀着各种不同颜色的光辉，好像是铺展着的巨幅地毯上的宝石。水池大的面积不足一亩，水深不过一丈；小的像个菜碟，水很浅，用小拇指就能触到池底。池边是金黄色的石粉凝成的，像一圈圈彩带，把大大小小的水池围成各种不同的形状，有像葫芦的，有像镰刀的，有像盘子的，有像莲花的……

更使我惊奇的是，所有的池水都来自同一条溪流，溪水流到各个水池里，颜色却不同了。有些水池的水还不止一种颜色，上层是咖啡色的，下层却成了柠檬黄；左半边是天蓝色的，右半边却成了橄榄绿；可是把水舀起来看，又跟普通的清水一个样，什么颜色也没有了。

明明是清水，为什么在水池里会显出不同的颜色来呢？原来池底长着许多石笋，有的像起伏的丘陵，有的像险峻的山峰，有的像矗立的宝塔，有的像成簇的珊瑚。石笋表面凝结着一层细腻的透明的石粉。阳光透过池水射到池底，石笋就像高低不平的折光镜，把阳光折射成各种不同的色彩。水池周围的树木花草长得很茂盛，五光十色的倒影使池水更加瑰丽。

原来五彩的瑶池就在人间，不在天上。

《五彩池》杨其力

（四）短文朗读训练

参见 60 篇朗读作品。

附录一　普通话韵母发音图

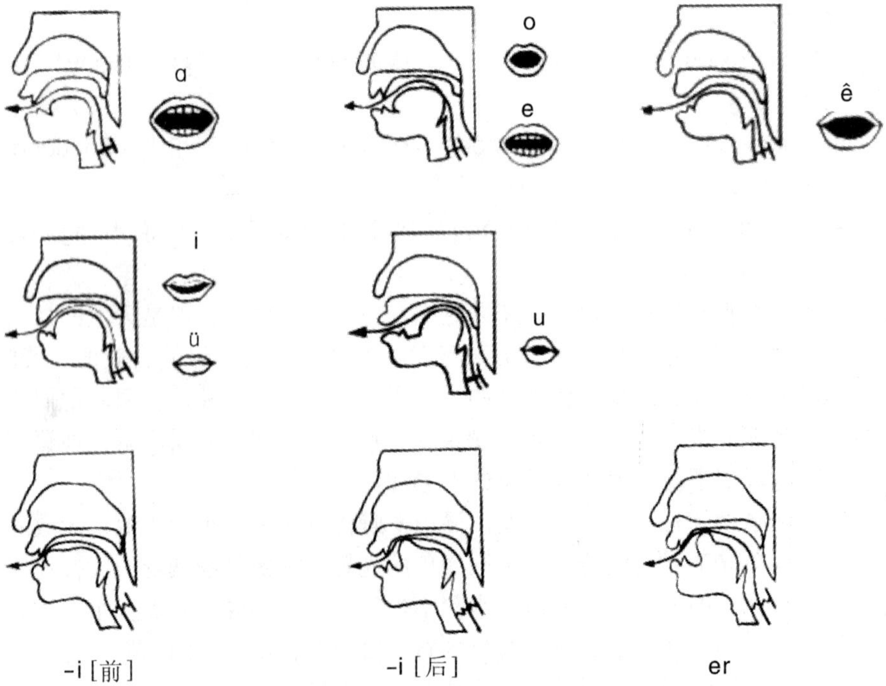

韵母发音图

附录二　普通话水平测试用字韵母对比字表

表 2－2　后鼻音字与前鼻音字表

ing	in
yīng 应英莺婴樱鹦膺鹰 yíng 迎盈荧莹萤营萦蝇赢 yǐng 颖影 yìng 应映硬	yīn 因阴姻音殷茵 yín 吟垠寅淫银龈 yǐn 尹引饮隐瘾 yìn 荫饮印
bīng 冰兵 bǐng 丙柄饼禀屏 bìng 并病摒	bīn 宾滨濒 bìn 摈鬓
dīng 丁叮盯钉 dǐng 顶鼎 dìng 钉订定锭	
jīng 京经茎荆惊晶睛精鲸 jǐng 井阱颈景憬警 jìng 劲净径胫竞竟敬境静镜	jīn 巾今斤金津矜筋襟禁 jǐn 仅紧谨锦尽 jìn 尽劲近进晋浸烬禁靳噤
líng 伶灵玲凌铃陵绫羚翎聆菱零龄令 lǐng 岭领令 lìng 令另	līn 拎 lín 邻林临淋琳嶙霖磷鳞 lìn 吝赁躏
míng 名明鸣冥铭 mìng 命	mín 民 mǐn 皿抿泯闽悯敏
níng 宁咛拧狞凝 nǐng 拧 nìng 宁拧泞	nín 您
pīng 乒 píng 平评凭坪苹屏瓶萍	pīn 拼 pín 贫频 pǐn 品 pìn 聘
qīng 青氢轻倾卿清蜻 qíng 情晴擎 qǐng 顷请 qìng 亲庆磬	qīn 亲侵钦 qín 秦琴禽勤噙擒 qǐn 寝 qìn 沁
tīng 厅听 tíng 廷亭庭停蜓 tǐng 挺艇	
xīng 兴星猩腥 xíng 刑行邢形型 xǐng 省醒 xìng 兴杏姓幸性	xīn 心芯辛欣锌新薪馨 xìn 信衅

eng	en
	ēn 恩
bēng 崩绷 běng 绷 bèng 绷泵迸蹦	bēn 奔 běn 本苯 bèn 奔笨
céng 层曾 cèng 蹭	cēn 参 cén 岑
chēng 称撑 chéng 丞成呈承诚城乘惩程澄橙盛 chěng 逞骋 chèng 秤	chēn 抻 chén 尘臣忱沉辰陈晨 chèn 衬称趁
dēng 灯登蹬 děng 等 dèng 澄邓凳瞪蹬	
fēng 丰风枫封疯峰烽锋蜂 féng 冯逢缝 fěng 讽 fèng 缝凤奉	fēn 分纷芬氛酚 fén 坟焚 fěn 粉 fèn 分份奋愤粪
gēng 更庚耕羹 gěng 哽埂耿梗颈 gèng 更	gēn 根跟 gèn 亘
héng 恒横衡 hèng 横	hén 痕 hěn 很狠 hèn 恨

（续上表）

eng	en
kēng 吭坑铿	kěn 肯垦恳啃
léng 棱 lěng 冷 lèng 愣	
mēng 蒙 méng 萌盟蒙 měng 猛蒙锰蜢 mèng 孟梦	mēn 闷 mén 门们 mèn 闷 men 们
néng 能	nèn 嫩
pēng 抨烹 péng 朋彭棚硼蓬篷膨 pěng 捧 pèng 碰	pēn 喷 pén 盆
rēng 扔 réng 仍	rén 人仁任 rěn 忍 rèn 刃认任纫妊韧饪
sēng 僧	sēn 森
shēng 升生声牲笙 shéng 绳 shěng 省 shèng 胜圣盛剩	shēn 参申伸身呻绅娠砷深 shén 神什 shěn 沈审婶 shèn 肾甚渗慎蜃
téng 疼腾滕藤	
zēng 曾增憎 zèng 赠	zěn 怎
zhēng 争征挣睁蒸正症筝 zhěng 拯整 zhèng 挣正证郑政症	zhēn 贞针侦珍真砧斟臻 zhěn 诊枕疹 zhèn 阵振朕镇震
dāng 当裆 dǎng 挡党 dàng 当荡档	dān 丹单担耽 dǎn 胆疸掸 dàn 担旦但诞弹惮淡蛋氮石
fāng 方坊芳 fáng 坊防妨房肪 fǎng 仿访纺 fàng 放	fān 帆番翻藩 fán 凡矾烦繁 fǎn 反返 fàn 犯泛饭范贩梵
gāng 刚岗纲肛缸钢 gǎng 岗港 gàng 杠	gān 干甘杆肝坩柑竿 gǎn 杆秆赶敢感橄擀 gàn 干赣
háng 杭航行 hàng 巷	hān 蚶酣憨鼾 hán 含函涵寒韩 hǎn 罕喊 hàn 汉汗旱悍捍焊憾撼
kāng 康慷糠 káng 扛 kàng 亢抗炕	kān 刊勘龛堪看 kǎn 槛坎砍 kàn 看瞰
láng 郎狼廊琅螂 lǎng 朗 làng 浪	lán 兰拦栏婪蓝澜斓篮 lǎn 览揽缆榄懒 làn 烂滥

ang	an
áng 昂 àng 盎	ān 安氨庵 àn 岸按案暗黯
bāng 邦帮梆 bǎng 绑榜膀 bàng 蚌傍棒谤磅镑	bān 扳班般颁斑搬 bǎn 板版 bàn 办半伴扮拌绊瓣
cāng 仓沧苍舱 cáng 藏	cān 参餐 cán 残蚕惭 cǎn 惨 càn 灿璨

（续上表）

ang	an
chāng 昌娼猖 cháng 长肠尝偿常场 chǎng 厂场敞 chàng 怅畅倡唱	chān 掺搀 chán 禅馋缠蝉潺蟾 chǎn 产铲阐 chàn 忏颤
máng 忙芒盲茫氓 mǎng 莽蟒	mán 蛮馒瞒鳗 mǎn 满螨 màn 曼谩幔慢漫蔓
nāng 囊囔 náng 囊	nán 男南难 nàn 难
pāng 滂乓 páng 膀磅庞旁 pàng 胖	pān 潘攀 pán 盘磐 pàn 判叛盼畔
rāng 嚷 rǎng 嚷壤 ràng 让	rán 然燃 rǎn 冉染
sāng 桑丧 sǎng 嗓 sàng 丧	sān 三 sǎn 伞散 sàn 散
shāng 伤商 shǎng 晌赏上 shàng 上尚 shang 裳	shān 山杉衫珊煽扇 shǎn 闪陕 shàn 禅单讪扇善缮擅膳赡
tāng 汤 táng 唐堂棠塘搪膛糖螳 tǎng 倘淌躺 tàng 烫趟	tān 坍贪摊滩瘫 tán 弹坛谈痰谭潭 tǎn 坦毯 tàn 叹炭探碳
zāng 脏 zàng 藏脏葬	zán 咱 zǎn 攒 zàn 暂赞 zan 咱
zhāng 张章彰樟 zhǎng 长涨掌 zhàng 涨丈仗帐杖胀账障	zhān 沾毡粘瞻占 zhǎn 斩展盏崭辗 zhàn 颤占战站绽湛蘸

uang	uan
wāng 汪 wáng 亡王 wǎng 网往枉惘 wàng 妄忘旺望	wān 弯剜湾 wán 丸完玩顽 wǎn 宛挽晚婉惋皖碗 wàn 蔓万腕
	cuān 蹿 cuán 攒 cuàn 窜篡
chuāng 疮窗创 chuáng 床幢 chuǎng 闯 chuàng 创	chuān 川穿 chuán 传船 chuǎn 喘 chuàn 串
	duān 端 duǎn 短 duàn 段断缎煅锻
guāng 光胱 guǎng 广犷 guàng 逛	guān 关观官冠 guǎn 馆管 guàn 观冠贯惯灌罐
huāng 荒慌 huáng 皇凰黄惶煌潢蝗磺簧 huǎng 恍晃谎幌 huàng 晃	huān 欢 huán 还环 huǎn 缓 huàn 幻宦唤换涣患焕痪豢
kuāng 筐 kuáng 狂 kuàng 况旷矿框眶	kuān 宽 kuǎn 款
	luán 孪峦 luǎn 卵 luàn 乱
	nuǎn 暖
	ruǎn 软
	suān 酸 suàn 蒜算

（续上表）

uang	uan
shuāng 双霜 shuǎng 爽	shuān 拴栓 shuàn 涮
	tuān 湍 tuán 团
	zuān 钻 zuǎn 纂 zuàn 钻攥
zhuāng 妆庄桩装 zhuàng 壮状幢撞	zhuān 专砖 zhuǎn 转 zhuàn 传转赚撰篆

iang	ian
yāng 央殃秧鸯 yáng 扬羊阳杨佯疡洋 yǎng 仰养氧痒 yàng 样漾	yān 咽烟胭淹焉湮腌燕殷 yán 延严言岩沿炎研盐阎筵颜檐 yǎn 俨衍掩眼演 yàn 咽厌砚宴艳验谚堰焰雁燕
	biān 边编鞭 biǎn 贬扁匾 biàn 便变遍辨辩辫
	diān 掂滇颠巅 diǎn 典点碘 diàn 电佃店垫惦淀奠殿
jiāng 江姜将浆僵缰疆 jiǎng 讲奖桨蒋 jiàng 将匠降绛酱犟强	jiān 奸尖坚歼间肩艰兼监缄煎 jiǎn 拣俭柬茧捡减剪检睑简碱 jiàn 间监见件建剑荐贱健涧舰渐谏毽溅腱践鉴键箭
liáng 良凉梁粮量粱 liǎng 俩两 liàng 凉踉亮谅辆晾量	lián 连帘怜涟莲联廉镰 liǎn 敛脸 liàn 练炼恋链
	mián 眠绵棉 miǎn 免勉娩缅 miàn 面
niáng 娘 niàng 酿	niān 拈蔫 nián 年黏 niǎn 捻撵碾 niàn 廿念
	piān 片偏篇 pián 便 piàn 片骗
qiāng 呛枪腔锵 qiáng 强墙 qiǎng 强抢 qiàng 呛跄	qiān 千扦迁牵铅谦签 qián 前虔钱钳乾潜黔 qiǎn 浅遣谴 qiàn 欠嵌歉纤
	tiān 天添 tián 田恬甜填 tiǎn 舔
xiāng 乡相香厢湘箱镶 xiáng 降详祥翔 xiǎng 享响饷想 xiàng 相向巷项象像橡	xiān 仙先纤掀锨鲜 xián 闲弦贤咸涎娴舷衔嫌 xiǎn 鲜显险 xiàn 县现线限宪陷馅羡献腺霰

表 2－3　齐齿呼字与撮口呼字表

ü	i
yū 迂淤 yú 于予余臾鱼俞娱渔隅愉腴逾愚榆虞舆 yǔ 予与宇屿羽雨禹语 yù 与玉驭吁育郁狱浴预域欲谕喻寓御裕遇愈誉豫	yī 一伊衣医依漪 yí 仪夷宜怡姨贻胰移遗疑 yǐ 乙已以矣蚁倚椅 yì 义亿忆艺议亦屹异呓役抑译邑易绎诣驿疫益谊翌逸意溢裔蜴毅熠翼臆
	bī 逼 bí 鼻 bǐ 匕比彼笔鄙 bì 币必毕闭庇陛毙婢敝痹辟弊碧蔽壁避臂璧
	cí 词祠瓷慈辞磁雌 cǐ 此 cì 次刺赐
	chī 吃嗤痴 chí 池驰迟持 chǐ 尺侈齿耻 chì 斥赤炽翅啻
	dī 低堤滴提 dí 的迪敌涤笛嫡 dǐ 诋底抵 dì 的地弟帝递第谛缔蒂
jū 车居拘驹鞠 jú 局菊橘 jǔ 咀沮举矩 jù 句巨拒具炬俱剧惧据距锯聚踞遽	jī 讥击饥机肌鸡姬积基畸稽激羁几箕 jí 及吉汲级即极急疾棘集嫉辑瘠籍 jǐ 给几己挤脊戟麂纪济 jì 迹绩计记伎纪妓忌技际剂季既济继寂寄悸祭暨冀髻系
lǘ 驴榈 lǚ 吕侣旅铝屡缕履捋 lǜ 滤律虑率绿氯	lí 厘梨离犁漓璃黎篱狸 lǐ 礼李里理俚鲤 lì 力历厉立吏丽利励沥例隶俐荔栗砾笠粒蛎痢雳
	mī 眯 mí 弥迷猕谜糜 mǐ 靡米 mì 泌觅秘密幂谧蜜
nǚ 女	ní 呢尼泥倪霓 nǐ 你拟 nì 泥昵逆溺腻
	pī 批坯披劈霹 pí 皮毗疲啤琵脾 pǐ 劈匹痞癖 pì 辟屁媲僻譬
qū 区曲岖驱屈祛蛆躯趋 qú 渠 qǔ 曲取娶 qù 去趣	qī 七沏妻凄栖戚期欺漆 qí 齐其奇歧祈崎畦骑棋旗鳍 qǐ 乞企岂启起绮 qì 气迄弃汽泣契砌器
	tī 剔梯踢 tí 啼提题蹄 tǐ 体 tì 屉剃涕惕替嚏
xū 戌须虚嘘需 xú 徐 xǔ 许 xù 旭序叙畜绪续絮蓄婿	xī 夕兮汐西吸希昔析唏奚息牺悉惜晰犀稀溪皙锡熄蜥嬉膝曦 xí 习席袭媳 xǐ 洗铣喜 xì 戏系细隙

üan	ian
yuān 冤鸳渊 yuán 元员园垣原圆袁援缘源猿 yuǎn 远 yuàn 苑怨院愿	yān 咽烟胭淹焉湮腌燕殷 yán 延严言岩沿炎研盐阎筵颜檐 yǎn 俨衍掩眼演 yàn 咽厌砚宴艳验谚堰焰雁燕
	biān 边编鞭 biǎn 贬扁匾 biàn 便变遍辨辩辫
	diān 掂滇颠巅 diǎn 典点碘 diàn 电佃店垫惦淀奠殿
juān 捐鹃圈 juǎn 卷 juàn 卷倦绢眷圈	jiān 奸尖坚歼间肩艰兼监缄煎 jiǎn 拣俭柬茧捡减剪检睑简碱 jiàn 间监见件建剑荐贱健涧舰渐谏毽溅腱践鉴键箭
	lián 连帘怜涟莲联廉镰 liǎn 敛脸 liàn 练炼恋链
	mián 眠绵棉 miǎn 免勉娩缅 miàn 面
	niān 拈蔫 nián 年黏 niǎn 捻撵碾 niàn 廿念
	piān 片偏篇 pián 便 piàn 片骗
quān 圈 quán 全权泉拳痊蜷 quǎn 犬 quàn 劝券	qiān 千扦迁牵铅谦签 qián 前虔钱钳乾潜黔 qiǎn 浅遣谴 qiàn 欠嵌歉纤
	tiān 天添 tián 田恬甜填 tiǎn 舔
xuān 宣喧暄 xuán 玄悬旋 xuǎn 选癣 xuàn 旋炫绚眩渲	xiān 仙先纤掀锨鲜 xián 闲弦贤咸涎娴舷衔嫌 xiǎn 鲜显险 xiàn 县现线限宪陷馅羡献腺霰

üe	ie
yuē 曰约 yuè 乐月岳悦阅跃粤越	yē 椰噎耶掖 yé 爷 yě 也冶野 yè 咽业叶曳页夜掖液腋
	biē 憋鳖 bié 别 biě 瘪 biè 别
	diē 爹跌 dié 迭谍叠碟蝶
juē 撅 jué 角决诀抉绝觉倔崛掘厥獗蕨爵嚼攫 juè 倔	jiē 阶皆接秸揭街结 jié 节劫杰洁结捷睫截竭 jiě 姐解 jiè 解介戒届界诫借藉
lüè 掠略	liě 咧 liè 列劣烈猎裂
	miè 灭蔑篾
nüè 疟虐	niē 捏 niè 涅聂啮镊镍孽蘖
	piē 撇瞥 piě 撇

（续上表）

üe	ie
quē 缺 qué 瘸 què 却雀确阙鹊榷	qiē 切 qié 茄 qiě 且 qiè 切妾怯窃惬
	tiē 贴帖 tiě 铁帖 tiè 帖
xuē 削靴薛 xué 穴学 xuě 雪 xuè 血谑	xiē 些楔歇 xié 协邪胁挟偕斜谐携鞋 xiě 写血 xiè 解泄泻卸屑械亵谢懈蟹

ün	in
yūn 晕 yún 云匀纭耘 yǔn 允陨 yùn 孕运晕酝韵蕴	yīn 因阴姻音殷荫 yín 吟垠寅淫银龈 yǐn 尹引饮隐瘾 yìn 荫饮印
	bīn 宾滨濒 bìn 摈鬓
jūn 军君均钧菌 jùn 俊郡峻骏竣	jīn 巾今斤金津矜筋襟禁 jǐn 仅紧谨锦尽 jìn 尽劲近进晋浸烬禁靳噤
	līn 拎 lín 邻林临淋琳嶙霖磷鳞 lìn 吝赁躏
	mín 民 mǐn 皿抿泯闽悯敏
	nín 您
	pīn 拼 pín 贫频 pǐn 品 pìn 聘
qún 裙群	qīn 亲侵钦 qín 秦琴禽勤噙擒 qǐn 寝 qìn 沁
xūn 勋熏薰 xún 寻巡旬询峋循 xùn 驯训讯汛迅逊	xīn 心芯辛欣锌新薪馨 xìn 信衅

附录三 普通话水平测试用字韵序字表

说明：本字表先按照韵母排序，然后按照声母及声调排序，其余情况与声母排序相同。

韵母序号：①a；②o；③e；④i；⑤u；⑥ü；⑦er；⑧-i［前］；⑨-i［后］；⑩ai ⑪ao；⑫ei；⑬ou；⑭iao；⑮iou；⑯uai；⑰uei；⑱ia；⑲ie；⑳ua；㉑uo；㉒üe；㉓an；㉔en；㉕in；㉖ün；㉗ian；㉘uan；㉙uen；㉚üan；㉛ang；㉜eng；㉝ing；㉞iong；㉟ong；㊱iang；㊲uang；㊳ueng[①]

① a

ā 阿

bā 八巴扒吧芭疤叭笆 bá 拔跋 bǎ 把靶 bà 把坝爸罢霸耙

① 在普通话水平测试词语里面没有 ê 音节字。

pā 趴 pá 扒爬耙琶 pà 帕怕
mā 妈抹 má 麻蟆 mǎ 马玛码蚂 mà 骂 ma 嘛
fā 发 fá 乏伐罚阀筏 fǎ 法 fà 发
dā 耷搭答 dá 达答打瘩 dǎ 打 dà 大 da
tā 她他它塌 tǎ 塔獭 tà 榻踏蹋拓
ná 拿 nǎ 哪 nà 那纳娜钠捺
lā 拉 lá 拉 lǎ 喇 là 腊蜡辣落
kā 咖 kǎ 卡咯
hā 哈 há 蛤
zā 咂扎 zá 杂砸
cā 擦
sā 仨撒 sǎ 撒洒 sà 卅萨
zhā 渣楂扎 zhá 轧闸铡炸 zhǎ 眨 zhà 乍诈栅炸蚱榨
chā 叉杈插差 chá 查茬茶察 chǎ 叉 chà 杈岔诧差刹
shā 杀沙纱刹砂煞杉 shǎ 傻 shà 煞霎厦

② o

bō 拨波玻剥钵菠播 bó 脖伯驳帛泊勃铂舶博搏箔膊薄礴 bǒ 跛簸 bò 薄簸
pō 泊坡泼颇 pó 婆 pò 迫破粕魄
mō 摸抹 mó 摹模膜摩磨蘑魔 mǒ 抹 mò 没磨抹末沫陌莫寞漠蓦墨默
fó 佛

③ e

ē 阿 é 俄峨鹅蛾额 è 厄扼恶饿鄂愕萼遏腭
me 么
dé 得德
tè 特
lè 乐勒
gē 戈疙哥胳鸽割搁歌 gé 阁革格葛隔膈骼 gě 葛 gè 个各
kē 苛柯科棵稞颗瞌磕蝌 ké 壳咳 kě 坷可渴 kè 克刻客恪课
hē 呵喝 hé 禾合何劾和河阂核荷涸盒颌 hè 喝和荷贺褐赫鹤壑吓
zé 则择泽责啧 zè 仄
cè 册侧厕测策
sè 塞色涩啬瑟
zhē 遮折 zhé 蜇折哲辄辙 zhě 者褶 zhè 这浙蔗

chē 车 chě 扯 chè 彻掣撤澈

shē 奢 shé 舌蛇折 shě 舍 shè 舍设社射涉赦摄麝

rě 惹 rè 热

④ i

yī 一伊衣医依漪 yí 仪夷宜怡姨贻胰移遗疑 yǐ 乙已以矣蚁倚椅 yì 义亿忆艺议亦屹异呓役抑译邑易绎诣驿疫益谊翌逸意溢裔蜴毅熠翼臆

bī 逼 bí 鼻 bǐ 匕比彼笔鄙 bì 币必毕闭庇陛毙婢敝痹辟弊碧蔽壁避臂璧

pī 批坯披劈霹 pí 皮毗疲啤琵脾 pǐ 劈匹痞癖 pì 辟屁媲僻譬

mī 眯 mí 弥迷猕谜糜 mǐ 靡米 mì 泌觅秘密幂谧蜜

dī 低堤滴提 dí 的迪敌涤笛嫡 dǐ 诋底抵 dì 的地弟帝递第谛缔蒂

tī 剔梯踢 tí 啼提题蹄 tǐ 体 tì 屉剃涕惕替嚏

ní 呢尼泥倪霓 nǐ 你拟 nì 泥昵逆溺腻

lí 厘梨离犁漓璃黎篱狸 lǐ 礼李里理锂鲤 lì 力历厉立吏丽利励沥例隶俐荔栗砾笠粒蛎痢雳

jī 讥击饥机肌鸡姬积基畸稽激羁几箕 jí 及吉汲级即极急疾棘集嫉辑瘠籍 jǐ 给几己挤脊戟麂纪济 jì 迹绩计记伎纪妓忌技际剂季既济继寂寄悸祭暨冀髻系

qī 七沏妻凄栖戚期欺漆 qí 齐其奇歧祈崎畦骑棋旗鳍 qǐ 乞企岂启起绮 qì 气迄弃汽泣契砌器

xī 夕兮汐西吸希昔析唏奚息牺悉惜晰犀稀溪皙锡熄蜥嬉膝曦 xí 习席袭媳 xǐ 洗铣喜 xì 戏系细隙

⑤ u

wū 乌污呜巫屋诬 wú 无毋吴吾芜梧 wǔ 五午伍武侮捂鹉舞 wù 恶勿务物误悟晤雾

bǔ 卜补哺捕 bù 不布步怖部埠簿

pū 仆扑铺 pú 脯仆匍菩葡蒲 pǔ 朴圃浦普谱 pù 堡铺瀑

mú 模 mǔ 母亩牡姆拇 mù 木目沐牧募墓幕睦慕暮穆

fū 夫肤孵敷 fú 佛弗伏扶芙拂服俘氟浮匐符幅福辐袱 fǔ 抚甫府斧俯辅腑腐 fù 服父付妇负附咐复赴副富赋缚腹覆傅

dū 都嘟督 dú 毒读渎犊独 dǔ 笃堵赌睹肚 dù 妒杜肚度渡镀

tū 凸秃突 tú 图徒涂途屠 tǔ 土吐 tù 吐兔

nú 奴 nǔ 努 nù 怒

lú 卢芦炉颅 lǔ 卤虏掳鲁 lù 露陆录赂鹿禄碌路戮麓绿

gū 估姑孤辜菇 gǔ 古谷股骨鼓贾 gù 固故顾梏雇锢

kū 枯哭窟 kǔ 苦 kù 库裤酷

hū 乎呼忽惚 hú 和核弧狐胡壶湖瑚糊蝴 hǔ 虎唬 hù 互户护沪

zū 租 zú 足卒族 zǔ 诅阻组祖

cū 粗 cù 促醋簇

sū 苏酥稣 sú 俗 sù 诉肃素速宿粟塑溯

zhū 朱诛株珠诸猪蛛 zhú 竹烛逐 zhǔ 主拄属煮嘱瞩 zhù 伫住助注贮驻柱祝著蛀筑铸

chū 出初 chú 刍除厨锄蜍雏橱躇 chǔ 础储楚处 chù 处搐触矗畜

shū 书抒叔枢倏殊梳疏舒输蔬 shú 孰赎塾熟 shǔ 暑署鼠蜀薯曙数属 shù 术束述树竖恕庶数墅

rú 如儒蠕 rǔ 汝乳辱 rù 入褥

⑥ ü

yū 迂淤 yú 于予余臾鱼俞娱渔隅愉腴逾愚榆虞舆 yǔ 予与宇屿羽雨禹语 yù 与玉驭吁育郁狱浴预域欲谕喻寓御裕遇愈誉豫

nǚ 女

lú 驴榈 lǚ 吕侣旅铝屡缕履捋 lǜ 滤律虑率绿氯

jū 车居拘驹鞠 jú 局菊橘 jǔ 咀沮举矩 jù 句巨拒具炬俱剧惧据距锯聚踞遽

qū 区曲岖驱屈祛蛆躯趋 qú 渠 qǔ 曲取娶 qù 去趣

xū 戌须虚嘘需 xú 徐 xǔ 许 xù 旭序叙畜绪续絮蓄婿

⑦ er

ér 儿而 ěr 尔耳饵 èr 二

⑧ -i［前］

zī 兹咨姿资滋 zǐ 仔籽子姊紫滓 zì 字自渍

cí 词祠瓷慈辞磁雌 cǐ 此 cì 次刺赐

sī 丝司私思斯厮嘶撕 sǐ 死 sì 四寺伺似祀饲俟嗣肆

⑨ -i［后］

zhī 之支汁芝枝知织肢脂只 zhí 执侄直值职植殖 zhǐ 止只旨址纸指趾 zhì 至志制帜治炙质峙挚桎秩致掷窒智滞稚置

chī 吃嗤痴 chí 池驰迟持 chǐ 尺侈齿耻 chì 斥赤炽翅啻

shī 尸失师虱诗施狮湿 shí 十什石时识实拾蚀食 shǐ 史矢使始驶屎 shì 士氏世仕市示式事侍势视试饰室恃拭是柿适舐逝释嗜誓噬螫似 shi 匙

rì 日

⑩ ai

āi 哀埃挨 ái 挨皑癌 ǎi 矮蔼 ài 艾爱隘碍
bāi 掰 bái 白 bǎi 百柏摆 bài 败拜
pāi 拍 pái 排牌 pài 派
mái 埋霾 mǎi 买 mài 迈麦卖脉
dāi 呆待 dǎi 歹逮 dài 大代带待怠玳贷袋逮戴
tāi 胎苔 tái 台抬苔 tài 太汰态钛泰
nǎi 乃奶氖 nài 奈耐
lái 来徕 lài 睐赖癞
gāi 该 gǎi 改 gài 丐钙盖溉概
kāi 开揩 kǎi 凯慨楷
hái 孩还 hǎi 海 hài 骇害氦
zāi 灾哉栽 zǎi 宰载崽仔 zài 载再在
cāi 猜 cái 才材财裁 cǎi 采彩睬踩 cài 菜蔡
sāi 塞腮鳃 sài 塞赛
zhāi 斋摘 zhái 择宅 zhǎi 窄 zhài 债寨
chāi 差拆 chái 柴
shāi 筛 shǎi 色 shài 晒

⑪ ao

āo 凹熬 áo 遨熬翱螯 ǎo 袄 ào 坳拗傲奥澳懊
bāo 包孢苞胞褒剥炮 báo 雹薄 bǎo 宝饱保堡 bào 报抱豹鲍暴爆刨
pāo 抛泡 páo 刨咆狍炮袍 pǎo 跑 pào 炮泡
māo 猫 máo 毛矛茅锚髦 mǎo 卯铆 mào 茂冒贸袤帽瑁貌
dāo 刀叨 dáo 叨 dǎo 导岛倒捣祷蹈 dào 倒到悼盗道稻
tāo 涛绦掏滔 táo 逃桃陶啕淘萄 tǎo 讨 tào 套
náo 挠 nǎo 恼脑瑙 nào 闹
lāo 捞 láo 劳牢 lǎo 老姥 lào 涝烙落
gāo 羔高膏篙糕 gǎo 搞稿镐 gào 膏告
kǎo 考烤 kào 铐靠
háo 毫豪嚎壕号 hǎo 好郝 hào 好号浩耗
zāo 遭糟 záo 凿 zǎo 早枣澡藻 zào 灶皂造噪燥躁 zao 蚤
cāo 操糙 cáo 曹嘈槽 cǎo 草
sāo 搔骚缫臊 sǎo 扫嫂 sào 臊扫

zhāo 朝招昭着 zháo 着 zhǎo 找沼爪 zhào 召兆诏赵照罩肇
chāo 抄钞超剿 cháo 巢朝嘲潮 chǎo 吵炒
shāo 捎梢烧稍 sháo 勺 shǎo 少 shào 少绍哨
ráo 饶 rǎo 扰 rào 绕

⑫ ei

bēi 卑杯悲碑背 běi 北 bèi 贝狈备背钡倍被惫辈
pēi 胚 péi 陪培赔裴 pèi 沛佩配
méi 没枚玫眉莓梅媒煤酶霉 měi 每美镁 mèi 妹昧媚寐魅
fēi 飞妃非啡绯 féi 肥 fěi 匪诽翡 fèi 吠废沸肺费
děi 得
něi 馁 nèi 内
lēi 勒 léi 雷镭累擂 lěi 垒蕾儡累 lèi 肋泪类累擂
gěi 给
hēi 黑
zéi 贼
shéi 谁

⑬ ou

ōu 讴欧殴鸥 ǒu 呕偶藕
pōu 剖
móu 眸谋 mǒu 某
fǒu 否
dōu 都兜 dǒu 斗抖陡蚪 dòu 斗豆逗痘窦
tōu 偷 tóu 头投 tòu 透
lōu 搂 lóu 楼 lǒu 搂篓 lòu 陋漏露
gōu 勾沟钩篝 gǒu 狗苟 gòu 勾构购垢够
kōu 抠 kǒu 口 kòu 叩扣寇
hóu 侯喉猴 hǒu 吼 hòu 侯后厚候
zǒu 走 zòu 奏揍
còu 凑
sōu 搜艘 sǒu 擞 sòu 嗽
zhōu 州舟周洲粥 zhóu 轴 zhǒu 肘帚 zhòu 咒宙昼皱骤
chōu 抽 chóu 仇惆绸畴愁稠筹酬踌 chǒu 丑 chòu 臭
shōu 收 shóu 熟 shǒu 手守首 shòu 寿受狩兽售授瘦

róu 柔揉蹂 ròu 肉

⑭ iao

yāo 夭吆妖腰邀要约 yáo 尧肴姚窑谣徭摇遥瑶 yǎo 咬窈舀 yào 药要耀钥
biāo 标膘 biǎo 表
piāo 漂飘 piáo 瓢 piǎo 漂瞟 piào 漂票
miáo 苗描瞄 miǎo 秒渺藐 miào 妙庙
diāo 刁叼貂碉雕 diào 吊钓调掉
tiāo 挑 tiáo 调条 tiǎo 挑窕 tiào 眺跳
niǎo 鸟袅 niào 尿
liāo 撩 liáo 潦辽疗聊僚嘹撩缭燎 liǎo 燎了 liào 廖料撂瞭
jiāo 交郊娇浇骄胶椒焦跤蕉礁教 jiáo 嚼 jiǎo 角狡绞饺皎矫脚搅剿缴 jiào 叫轿较教窖酵觉校
qiāo 悄跷敲锹 qiáo 乔侨桥瞧翘 qiǎo 悄巧 qiào 壳俏峭窍翘撬鞘
xiāo 削宵消逍萧硝销潇箫嚣肖 xiáo 淆 xiǎo 小晓 xiào 孝肖哮效校笑啸

⑮ iou

yōu 优忧幽悠 yóu 尤由犹邮油铀游 yǒu 友有酉黝 yòu 柚又右幼佑诱釉
miù 谬
diū 丢
niú 牛 niǔ 扭纽钮 niù 拗
liū 溜蹓 liú 刘浏流留琉硫馏榴瘤 liǔ 柳绺 liù 溜六蹓陆
jiū 纠究揪 jiǔ 九久灸韭酒 jiù 旧臼疚厩救就舅
qiū 丘邱秋鳅 qiú 仇囚求酋球裘
xiū 休修羞 xiǔ 宿朽 xiù 臭宿秀绣袖锈嗅

⑯ uai

wāi 歪 wài 外
guāi 乖 guǎi 拐 guài 怪
kuài 会块快脍筷
huái 怀淮槐 huài 坏
zhuài 拽
chuāi 揣 chuǎi 揣 chuài 揣踹
shuāi 衰摔 shuǎi 甩 shuài 率帅

⑰ uei

wēi 危威偎微巍 wéi 为韦围违桅唯帷惟维 wěi 伟伪尾纬苇委萎 wèi 为卫未

位味畏胃谓喂蔚慰魏猬

duī 堆 duì 队对兑

tuī 推 tuí 颓 tuǐ 腿 tuì 退蜕褪

guī 归龟规皈闺硅瑰 guǐ 轨诡鬼 guì 柜贵桂跪

kuī 亏盔窥 kuí 奎葵魁傀 kuì 匮愧溃馈

huī 灰诙恢挥辉徽 huí 回洄蛔 huǐ 悔毁 huì 卉汇会讳绘荟诲贿彗晦秽喙惠慧

zuǐ 嘴 zuì 最罪醉

cuī 崔催摧 cuǐ 璀 cuì 脆啐淬萃瘁粹翠

suī 虽 suí 绥隋随遂 suǐ 髓 suì 岁祟遂碎隧穗邃

zhuī 追椎锥 zhuì 坠缀赘

chuī 吹炊 chuí 垂陲捶锤槌

shuí 谁 shuǐ 水 shuì 税睡

ruǐ 蕊 ruì 锐瑞

⑱ ia

yā 丫压押鸦鸭 yá 牙芽蚜崖涯衙 yǎ 哑雅 yà 亚讶轧

liǎ 俩

jiā 加夹佳枷浃家嘉茄 jiá 夹荚颊 jiǎ 甲胛贾钾假 jià 价驾架假嫁稼

qiā 掐 qiǎ 卡 qià 恰洽

xiā 虾瞎 xiá 匣峡狭遐暇辖霞 xià 下吓夏

⑲ ie

yē 椰噎耶掖 yé 爷 yě 也冶野 yè 咽业叶曳页夜掖液腋

biē 憋鳖 bié 别 biě 瘪 biè 别

piē 撇瞥 piě 撇

miè 灭蔑篾

diē 爹跌 dié 迭谍叠碟蝶

tiē 贴帖 tiě 铁帖 tiè 帖

niē 捏 niè 涅聂啮镊镍孽蘖

liě 咧 liè 列劣烈猎裂

jiē 阶皆接秸揭街结 jié 节劫杰洁结捷睫截竭 jiě 姐解 jiè 解介戒届界诫借藉

qiē 切 qié 茄 qiě 且 qiè 切妾怯窃惬

xiē 些楔歇 xié 协邪胁挟偕斜谐携鞋 xiě 写血 xiè 解泄泻卸屑械亵谢懈蟹

⑳ ua

wā 挖洼蛙 wá 娃 wǎ 瓦 wà 袜

guā 瓜刮 guǎ 寡 guà 卦挂褂
kuā 夸 kuǎ 垮 kuà 挎跨
huā 花 huá 华哗滑猾划 huà 华化划画话桦
zhuā 抓 zhuǎ 爪
shuā 刷 shuǎ 耍

㉑ uo

wō 涡窝蜗 wǒ 我 wò 沃卧握
duō 多掇 duó 度夺踱 duǒ 朵垛躲 duò 垛剁堕舵惰跺
tuō 托拖脱 tuó 驮陀驼 tuǒ 妥椭 tuò 拓唾
nuó 挪 nuò 诺懦糯
luō 捋 luó 罗萝逻锣箩骡螺 luǒ 裸 luò 洛络骆落摞
guō 埚郭锅 guó 国 guǒ 果裹 guò 过
kuò 扩括阔廓
huō 豁 huó 和活 huǒ 火伙 huò 和豁或货获祸惑霍
zuō 作 zuó 琢昨 zuǒ 撮左佐 zuò 作坐座做
cuō 搓磋撮 cuò 挫措锉错
suō 唆梭蓑缩 suǒ 所索唢锁
zhuō 拙捉桌 zhuó 卓灼茁浊酌啄着琢
chuō 戳 chuò 啜绰
shuō 说 shuò 烁硕
ruò 若弱

㉒ üe

yuē 曰约 yuè 乐月岳悦阅跃粤越
nüè 疟虐
lüè 掠略
juē 撅 jué 角决诀抉绝觉倔崛掘厥獗蕨爵嚼攫 juè 倔
quē 缺 qué 瘸 què 却雀确阙鹊榷
xuē 削靴薛 xué 穴学 xuě 雪 xuè 血谑

㉓ an

ān 安氨庵 àn 岸按案暗黯
bān 扳班般颁斑搬 bǎn 板版 bàn 办半伴扮拌绊瓣
pān 潘攀 pán 盘磐 pàn 判叛盼畔
mán 蛮馒瞒鳗 mǎn 满螨 màn 曼谩幔慢漫蔓

fān 帆番翻藩 fán 凡矾烦繁 fǎn 反返 fàn 犯泛饭范贩梵
dān 丹单担耽掸 dǎn 胆疸掸 dàn 担旦但诞弹惮淡蛋氮石掸
tān 坍贪摊滩瘫 tán 弹坛谈痰谭潭 tǎn 坦毯 tàn 叹炭探碳
nán 男南难 nàn 难
lán 兰拦栏婪蓝澜斓篮 lǎn 览揽缆榄懒 làn 烂滥
gān 干甘杆肝坩柑竿 gǎn 杆秆赶敢感橄擀 gàn 干赣
kān 刊勘龛堪看 kǎn 槛坎砍 kàn 看瞰
hān 蚶酣憨鼾 hán 含函涵寒韩 hǎn 罕喊 hàn 汉汗旱悍捍焊憾撼
zán 咱 zǎn 攒 zàn 暂赞 zan 咱
cān 参餐 cán 残蚕惭 cǎn 惨 càn 灿璨
sān 三 sǎn 伞散 sàn 散
zhān 沾毡粘瞻占 zhǎn 斩展盏崭辗 zhàn 颤占战站绽湛蘸
chān 掺搀 chán 禅馋缠蝉潺蟾 chǎn 产铲阐 chàn 忏颤
shān 山杉衫珊煽扇 shǎn 闪陕 shàn 禅单讪扇善缮擅膳赡
rán 然燃 rǎn 冉染

㉔ en

ēn 恩
bēn 奔 běn 本苯 bèn 奔笨
pēn 喷 pén 盆
mēn 闷 mén 们门 mèn 闷 men 们
fēn 分纷芬氛酚 fén 坟焚 fěn 粉 fèn 分份奋愤粪
nèn 嫩
gēn 根跟 gèn 亘
kěn 肯垦恳啃
hén 痕 hěn 很狠 hèn 恨
zěn 怎
sēn 森
zhēn 贞针侦珍真砧斟臻 zhěn 诊枕疹 zhèn 阵振朕镇震
chēn 抻 chén 尘臣忱沉辰陈晨 chèn 衬称趁
shēn 参申伸身呻绅娠砷深 shén 神什 shěn 沈审婶 shèn 肾甚渗慎蜃
rén 人仁任 rěn 忍 rèn 刃认任纫妊韧饪

㉕ in

yīn 因阴姻音殷荫 yín 吟垠寅淫银龈 yǐn 尹引饮隐瘾 yìn 荫饮印

bīn 宾滨濒 bìn 摈鬓

pīn 拼 pín 贫频 pǐn 品 pìn 聘

mín 民 mǐn 皿抿泯闽悯敏

nín 您

līn 拎 lín 邻林临淋琳嶙霖磷鳞 lìn 吝赁躏

jīn 巾今斤金津矜筋襟禁 jǐn 仅紧谨锦尽 jìn 尽劲近进晋浸烬禁靳噤

qīn 亲侵钦 qín 秦琴禽勤噙擒 qǐn 寝 qìn 沁

xīn 心芯辛欣锌新薪馨 xìn 信衅

㉖ ün

yūn 晕 yún 云匀纭耘 yǔn 允陨 yùn 孕运晕酝韵蕴

jūn 军君均钧菌 jùn 俊郡峻骏竣

qún 裙群

xūn 勋熏薰 xún 寻巡旬询峋循 xùn 驯训讯汛迅逊

㉗ ian

yān 咽烟胭淹焉湮腌燕殷 yán 延严言岩沿炎研盐阎筵颜檐 yǎn 俨衍掩眼演 yàn 咽厌砚宴艳验谚堰焰雁燕

biān 边编鞭 biǎn 贬扁匾 biàn 便变遍辨辩辫

piān 片偏篇 pián 便 piàn 片骗

mián 眠绵棉 miǎn 免勉娩缅 miàn 面

diān 掂滇颠巅 diǎn 典点碘 diàn 电佃店垫惦淀奠殿

tiān 天添 tián 田恬甜填 tiǎn 舔

niān 拈蔫 nián 年黏 niǎn 捻撵碾 niàn 廿念

lián 连帘怜涟莲联廉镰 liǎn 敛脸 liàn 练炼恋链

jiān 奸尖坚歼间肩艰兼监缄煎 jiǎn 拣俭柬茧捡减剪检睑简碱 jiàn 间监见件建剑荐贱健涧舰渐谏毽溅腱践鉴键箭

qiān 千扦迁牵铅谦签 qián 前虔钱钳乾潜黔 qiǎn 浅遣谴 qiàn 欠嵌歉纤

xiān 仙先纤掀锨鲜 xián 闲弦贤咸涎娴舷衔嫌 xiǎn 鲜显险 xiàn 县现线限宪陷馅羡献腺霰

㉘ uan

wān 弯剜湾 wán 丸完玩顽 wǎn 宛挽晚婉惋皖碗 wàn 蔓万腕

duān 端 duǎn 短 duàn 段断缎煅锻

tuān 湍 tuán 团

nuǎn 暖

luán 孪峦 luǎn 卵 luàn 乱
guān 关观官冠 guǎn 馆管 guàn 观冠贯惯灌罐
kuān 宽 kuǎn 款
huān 欢 huán 还环 huǎn 缓 huàn 幻宦唤换涣患焕痪豢
zuān 钻 zuǎn 纂 zuàn 钻攥
cuān 蹿 cuán 攒 cuàn 窜篡
suān 酸 suàn 蒜算
zhuān 专砖 zhuǎn 转 zhuàn 传转赚撰篆
chuān 川穿 chuán 传船 chuǎn 喘 chuàn 串
shuān 拴栓 shuàn 涮
ruǎn 软

㉙ uen

wēn 温瘟 wén 文纹闻蚊 wěn 吻紊稳 wèn 问
dūn 吨敦墩蹲 dǔn 盹 dùn 囤沌炖盾钝顿
tūn 吞 tún 囤屯豚臀
lūn 抡 lún 伦沦纶轮 lùn 论
gǔn 滚 gùn 棍
kūn 坤昆 kǔn 捆 kùn 困
hūn 昏荤婚 hún 浑魂混 hùn 混
zūn 尊遵
cūn 村皴 cún 存 cǔn 忖 cùn 寸
sūn 孙 sǔn 损笋
zhǔn 准
chūn 春 chún 纯唇淳醇 chǔn 蠢
shǔn 吮 shùn 顺舜瞬
rùn 闰润

㉚ üan

yuān 冤鸳渊 yuán 元员园垣原圆袁援缘源猿 yuǎn 远 yuàn 苑怨院愿
juān 捐鹃圈 juǎn 卷 juàn 卷倦绢眷圈
quān 圈 quán 全权泉拳痊蜷 quǎn 犬 quàn 劝券
xuān 宣喧暄 xuán 玄悬旋 xuǎn 选癣 xuàn 旋炫绚眩渲

㉛ ang

áng 昂 àng 盎

bāng 邦帮梆 bǎng 绑榜膀 bàng 蚌傍棒谤磅镑
pāng 膀乓 páng 膀磅庞旁 pàng 胖
máng 忙芒盲茫氓 mǎng 莽蟒
fāng 方坊芳 fáng 坊防妨房肪 fǎng 仿访纺 fàng 放
dāng 当裆 dǎng 挡党 dàng 当荡档
tāng 汤 táng 唐堂棠塘搪膛糖螳 tǎng 倘淌躺 tàng 烫趟
nāng 囊囔 náng 囊
láng 郎狼廊琅螂 lǎng 朗 làng 浪
gāng 刚岗纲肛缸钢 gǎng 岗港 gàng 杠
kāng 康慷糠 káng 扛 kàng 亢抗炕
háng 杭航行 hàng 巷
zāng 脏 zàng 藏脏葬
cāng 仓沧苍舱 cáng 藏
sāng 桑丧 sǎng 嗓 sàng 丧
zhāng 张章彰樟 zhǎng 长涨掌 zhàng 涨丈仗帐杖胀账障
chāng 昌娼猖 cháng 长肠尝偿常场 chǎng 厂场敞 chàng 怅畅倡唱
shāng 伤商 shǎng 晌赏上 shàng 上尚 shang 裳
rāng 嚷 rǎng 嚷壤 ràng 让

㉜ eng

bēng 崩绷 běng 绷 bèng 绷泵迸蹦
pēng 抨烹 péng 朋彭棚硼蓬篷膨 pěng 捧 pèng 碰
mēng 蒙 méng 萌盟蒙 měng 猛蒙锰蜢 mèng 孟梦
fēng 丰风枫封疯峰烽锋蜂 féng 冯逢缝 fěng 讽 fèng 缝凤奉
dēng 灯登蹬 děng 等 dèng 澄邓凳瞪蹬
téng 疼腾滕藤
néng 能
léng 棱 lěng 冷 lèng 愣
gēng 更庚耕羹 gěng 哽埂耿梗颈 gèng 更
kēng 吭坑铿
héng 恒横衡 hèng 横
zēng 曾增憎 zèng 赠
céng 层曾 cèng 蹭
sēng 僧
zhēng 争征挣睁蒸正症筝 zhěng 拯整 zhèng 挣正证郑政症

chēng 称撑 chéng 丞成呈承诚城乘惩程澄橙盛 chěng 逞骋 chèng 秤
shēng 升生声牲笙 shéng 绳 shěng 省 shèng 胜圣盛剩
rēng 扔 réng 仍

㉝ ing

yīng 应英莺婴樱鹦膺鹰 yíng 迎盈荧莹萤营萦蝇赢 yǐng 颖影 yìng 应映硬
bīng 冰兵 bǐng 丙柄饼禀屏 bìng 并病摒
pīng 乒 píng 平评凭坪苹屏瓶萍
míng 名明鸣冥铭 mìng 命
dīng 丁叮盯钉 dǐng 顶鼎 dìng 钉订定锭
tīng 厅听 tíng 廷亭庭停蜓 tǐng 挺艇
níng 宁咛拧狞凝 nǐng 拧 nìng 宁拧泞
líng 伶灵玲凌铃陵绫羚翎聆菱零龄令 lǐng 岭领令 lìng 令另
jīng 京经茎荆惊晶睛精鲸 jǐng 井阱颈景憬警 jìng 劲净径胫竞竟敬境静镜
qīng 青氢轻倾卿清蜻 qíng 情晴擎 qǐng 顷请 qìng 亲庆磬
xīng 兴星猩腥 xíng 刑行邢形型 xǐng 省醒 xìng 兴杏姓幸性

㉞ iong

yōng 佣拥痈庸壅臃 yǒng 永甬咏泳勇涌恿蛹踊 yòng 佣用
jiǒng 炯窘
qióng 穷穹琼
xiōng 凶兄匈汹胸 xióng 雄熊

㉟ ong

dōng 东冬 dǒng 董懂 dòng 动冻栋洞
tōng 通 tóng 同佟桐铜童瞳 tǒng 统捅桶筒 tòng 通同痛
nóng 农浓脓 nòng 弄
lóng 龙咙珑笼聋隆窿 lǒng 笼陇垄拢
gōng 工弓公功攻供宫恭躬龚 gǒng 巩汞拱 gòng 供共贡
kōng 空 kǒng 孔恐 kòng 空控
hōng 轰哄烘 hóng 弘红宏洪虹鸿 hǒng 哄 hòng 哄
zōng 宗综棕踪鬃 zǒng 总 zòng 纵粽
cōng 囱匆葱聪 cóng 从丛
sōng 松 sǒng 怂悚耸 sòng 讼宋诵送颂
zhōng 中忠终盅钟衷 zhǒng 肿种冢 zhòng 中种仲众重
chōng 充冲舂憧 chóng 虫崇重 chǒng 宠 chòng 冲

róng 绒荣容溶蓉熔融冗

㊱ iang

yāng 央殃秧鸯 yáng 扬羊阳杨佯疡洋 yǎng 仰养氧痒 yàng 样漾
niáng 娘 niàng 酿
liáng 良凉梁粱粮量 liǎng 俩两 liàng 凉踉亮谅辆晾量
jiāng 江姜将浆僵缰疆 jiǎng 讲奖桨蒋 jiàng 将匠降绛酱犟强
qiāng 呛枪腔锵 qiáng 强墙 qiǎng 强抢 qiàng 呛跄
xiāng 乡相香厢湘箱镶 xiáng 降详祥翔 xiǎng 享响饷想 xiàng 相向巷项象像橡

㊲ uang

wāng 汪 wáng 亡王 wǎng 网往枉惘 wàng 妄忘旺望
guāng 光胱 guǎng 广犷 guàng 逛
kuāng 筐 kuáng 狂 kuàng 况旷矿框眶
huāng 荒慌 huáng 皇凰黄惶煌潢蝗磺簧 huǎng 恍晃谎幌 huàng 晃
zhuāng 妆庄桩装 zhuàng 壮状幢撞
chuāng 疮窗创 chuáng 床幢 chuǎng 闯 chuàng 创
shuāng 双霜 shuǎng 爽

㊳ ueng

wēng 翁 wèng 瓮

第三单元　普通话声调训练

一、声调概述

（一）声调

声调又叫做字调，是音节中具有区别意义作用的音高变化。音高有两种，即绝对音高和相对音高。绝对音高是指没有区别意义作用的音高，也就是发音学上讲的音高。例如“肉”，用低音 5 度读它和用高音 5 度读它意义都不会发生变化。相对音高是指具有区别意义作用的音高。例如“妈”“麻”“马”“骂”，声母、韵母都相同，在绝对音高相同的条件下，人们还是能够明显感觉到它们的音高变化，这种音高变化造成了意义的差异。声调中的音高是指相对音高。

（二）调值

汉语的声调可以用调值来描写。调值是音节高低升降、曲直长短的变化形式，也就是声调的实际读法。调值一般用五度标记法表示。

五度标记法是指用五度竖线标记相对音高的一种方法。具体方法是，把一条竖线分成四段五度，表示声调的相对音高。普通话四个声调的调值为：阴平（55），阳平（35），上声（214），去声（51）。①

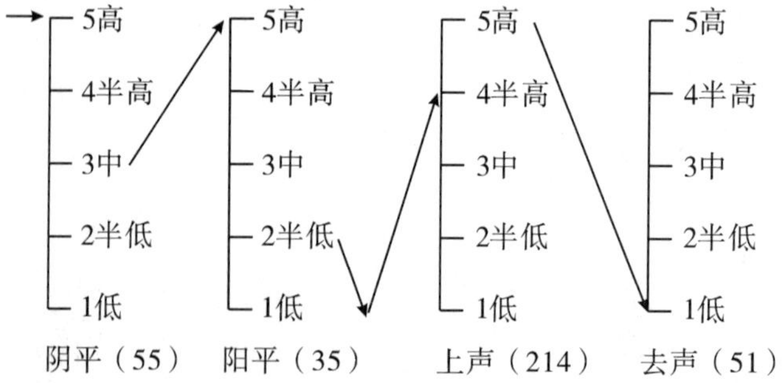

图 3－1　普通话四声五度标记图

① 需要说明的是，五度标记法中的 1、2、3、4、5 与乐谱中的 1、2、3、4、5 性质不同，五度标记法中的 1、2、3、4、5 表示的是相对音高，乐谱中的 1、2、3、4、5 表示的是绝对音高。

（三）调类

调类是声调的种类，也就是把调值相同的字归纳在一起所建立的种类。有几种基本调值，就有几种调类。普通话分为阴平、阳平、上声、去声 4 个调类，统称为四声。汉语方言中，调类最少的有 3 个，如河北滦县方言，最多的有 10 个，如广西博白方言。

古汉语有 4 个调类，即平声、上声、去声、入声。普通话和各方言的调类都是从古汉语调类演化而来的，各方言演化到现在结果不尽相同，如广州话有 9 类声调，客家话有 6 类声调。古今声调的调值，特别是各方言的调值差异较大。调类相同，调值不一定相同。如“方”，普通话和各方言的调类都是阴平，普通话调值是 55，而济南话的调值是 213，浙江绍兴话的调值是 41。所以，不能认为调类相同，调值就一定相同。

（四）调号

调号是调类的标记符号。普通话的调号是把五度标记法中的竖线去掉，将表示相对音高的起止变化动向的线条规范化后形成的，普通话的调号为，阴平：ˉ，阳平：ˊ，上声：ˇ，去声：ˋ。《汉语拼音方案》标调法规定，普通话的调号标写在韵腹头上，不能标写在韵腹头上的 ui、iu，可以标写在末尾的音素头上，不能标写在韵腹头上的 un，可以标写在 u 头上，可见，不管是哪种情况都要标写在音素的头上。

二、声调发音

（一）声调的发音特点

普通话的声调发音有鲜明的特点，阴平、阳平、上声和去声调形区别明显：一平、二升、三曲、四降。

从发音长短看，上声发音持续的时间最长，其次是阳平，去声发音持续的时间最短，其次是阴平。

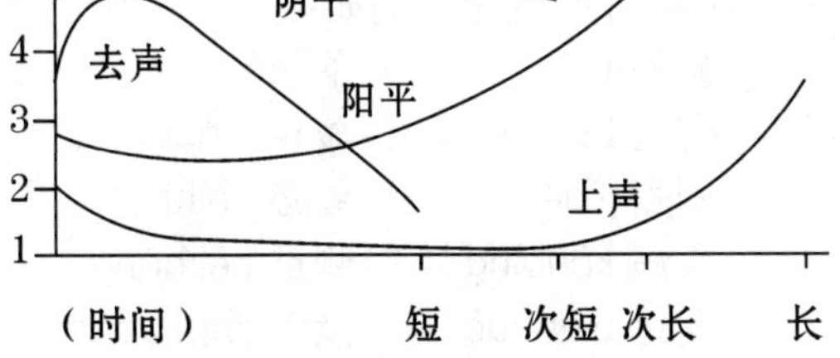

图 3－2　普通话四声调值时长图[①]

① 徐世荣．普通话语音常识．北京：语文出版社，1999. 98

（二）声调发音

1. 阴平

阴平又叫做高平调，俗称一声，调值是55，也称55调。发音时，调值从5度到5度，声音比较高，基本上没有升降的变化。例如：

巴 bā	坡 pō	芳 fāng	滩 tān
低微 dīwēi	吃亏 chīkuī	交叉 jiāochā	嚣张 xiāozhāng
供需 gōngxū	摔跤 shuāijiāo	军官 jūnguān	拖车 tuōchē
宣称 xuānchēng	专车 zhuānchē	公关 gōngguān	新居 xīnjū
诗篇 shīpiān	高深 gāoshēn	开刀 kāidāo	扎根 zhāgēn

2. 阳平

阳平又叫做高升调，俗称二声，调值是35，也称35调。发音时，调值从3度升到5度，有较大升幅变化。例如：

萌 méng	龙 lóng	痕 hén	墙 qiáng
闸门 zhámén	航程 hángchéng	神灵 shénlíng	尤为 yóuwéi
顽强 wánqiáng	抉择 juézé	黄连 huánglián	从而 cóng’ér
杂文 záwén	合营 héyíng	提名 tímíng	闲暇 xiánxiá
停泊 tíngbó	怀疑 huáiyí	循环 xúnhuán	随同 suítóng

3. 上声

上声又叫做降升调，俗称三声，调值是214，也称214调。发音时，调值从2度降到1度，再从2度升到4度，有明显的降升特点。例如：

党 dǎng	展 zhǎn	简 jiǎn	款 kuǎn
法典 fǎdiǎn	好转 hǎozhuǎn	领主 lǐngzhǔ	打趣 dǎqù
旅馆 lǚguǎn	口语 kǒuyǔ	勉强 miǎnqiǎng	奶粉 nǎifěn
靶场 bǎchǎng	笔法 bǐfǎ	首尾 shǒuwěi	许可 xǔkě
水井 shuǐjǐng	有理 yǒulǐ	指导 zhǐdǎo	买主 mǎizhǔ

4. 去声

去声又叫做全降调，俗称四声，调值是51，也称51调。发音时，调值从5度降到1度，有比较大的降幅变化。例如：

去 qù	树 shù	下 xià	座 zuò
正派 zhèngpài	变动 biàndòng	械斗 xièdòu	救济 jiùjì
树立 shùlì	剧烈 jùliè	势必 shìbì	驾驭 jiàyù
那样 nàyàng	看病 kànbìng	侧重 cèzhòng	地貌 dìmào
次序 cìxù	变化 biànhuà	镜框 jìngkuàng	跨越 kuàyuè

三、声调辨正

（一）阴平、阳平、上声、去声

对方言区的人而言，发四声时的问题主要有：第一，阴平相对音高不够高；第二，阳平上升的高度不够；第三，上声降升不明显；第四，去声降幅不够大。相对而言，普通话四声中去声容易发好，其次是阴平、阳平，上声不太容易发好。对发不好的声调可以利用其他声调来辅助发音，如以去声发阳平，以去声发上声，以阳平发阴平等（参见后面的训练部分）。

（二）入声

入声是古代汉语的一种调类，入声的读音比较短促。语音发展到今天，普通话和一些方言已经没有入声了，入声字归到其他声调里面去了：有的全部归到阳平，如成都话；有的分归阴平、阳平，如西安话；普通话分归四声。有的方言还保留了入声，如南京话保留了 1 个入声；客家话保留了 2 个入声，分阴入和阳入；广州话保留了 3 个入声，分阴入、中入和阳入。有入声的方言要将入声改读为与普通话相应的声调，没有入声的方言，因为入声的分合与普通话有差异，也需要将分合不同的入声改读为与普通话相应的声调。

有入声的方言只要掌握好入声短促的发音特点，就能够识别出哪些字是入声字，没有入声的方言则需要识记哪些字是入声字。据统计，入声字归读普通话去声的约占 40%，归读阳平的约占 31%，归读阴平的约占 21%，归读上声的约占 8%。另外，跟 l、m、n、c、s、ch、r、k、q 声母相拼的入声字以及 e、i、u、ü、iao、ie、ua、uo、üe 等自成音节的入声字基本上读去声；跟 f、d、z、zh、j、h 相拼的入声字绝大多数归入阳平。

四、声调训练

（一）单音节字词训练

1. 不同声调训练

刀 dāo	义 yì	毛 máo	写 xiě	叫 jiào
用 yòng	印 yìn	多 duō	汤 tāng	西 xī
负 fù	阳 yáng	坏 huài	肝 gān	花 huā
芽 yá	怪 guài	抽 chōu	服 fú	泡 pāo
环 huán	软 ruǎn	亮 liàng	城 chéng	战 zhàn
派 pài	种 zhǒng	药 yào	重 zhòng	调 tiáo
饿 è	绿 lǜ	强 qiǎng	曾 zēng	集 jí
摸 mō	数 shǔ	路 lù	雾 wù	碱 jiǎn

舞 wǔ	躺 tǎng	丸 wán	予 yú	币 bì
爪 zhuǎ	瓦 wǎ	巨 jù	亚 yà	兴 xīng
医 yī	卤 lǔ	否 fǒu	吮 shǔn	坎 kǎn
抠 kōu	沈 shěn	违 wéi	闷 mēn	麦 mài
刹 chà	卒 zú	规 guī	垦 kěn	奎 kuí
威 wēi	拼 pīn	挥 huī	栏 lán	郡 jùn
恋 liàn	租 zū	耿 gěng	脏 zāng	酌 zhuó
勒 lēi	曼 màn	渠 qú	窑 yáo	躯 qū
酚 fēn	凿 záo	堰 yàn	惹 rě	揽 lǎn
暂 zàn	禽 qín	翘 qiào	街 jiē	赏 shǎng
煎 jiān	筹 chóu	漂 piǎo	瘟 wēn	膈 gé
碾 niǎn	篓 lǒu	霉 méi	臀 tún	鬃 zōng

2. 上声训练

显 xiǎn	柄 bǐng	柏 bǎi	柬 jiǎn	柳 liǔ
洒 sǎ	狠 hěn	眨 zhǎ	矩 jǔ	砍 kǎn
祖 zǔ	禹 yǔ	籽 zǐ	绑 bǎng	绞 jiǎo
统 tǒng	耍 shuǎ	胆 dǎn	尺 chǐ	引 yǐn
手 shǒu	斗 dǒu	比 bǐ	水 shuǐ	火 huǒ
长 zhǎng	且 qiě	主 zhǔ	令 lǐng	以 yǐ
北 běi	古 gǔ	只 zhǐ	可 kě	史 shǐ
处 chǔ	左 zuǒ	打 dǎ	本 běn	母 mǔ
底 dǐ	往 wǎng	所 suǒ	抹 mǒ	板 bǎn
果 guǒ	浅 qiǎn	狗 gǒu	组 zǔ	者 zhě
虎 hǔ	表 biǎo	转 zhuǎn	采 cǎi	雨 yǔ
顶 dǐng	举 jǔ	保 bǎo	养 yǎng	咬 yǎo
品 pǐn	响 xiǎng	哪 nǎ	很 hěn	总 zǒng
指 zhǐ	挑 tiǎo	挤 jǐ	挺 tǐng	某 mǒu
洗 xǐ	点 diǎn	省 shěng	省 xǐng	种 zhǒng
秒 miǎo	草 cǎo	语 yǔ	选 xuǎn	首 shǒu
鬼 guǐ	倒 dǎo	党 dǎng	准 zhǔn	晚 wǎn
氧 yǎng	海 hǎi	笔 bǐ	粉 fěn	紧 jǐn
脑 nǎo	请 qǐng	赶 gǎn	起 qǐ	酒 jiǔ
铁 tiě	假 jiǎ	得 děi	敢 gǎn	猛 měng

（二）双音节词语训练

法师 fǎshī	从小 cóngxiǎo	假如 jiǎrú	风趣 fēngqù
腹腔 fùqiāng	更换 gēnghuàn	勾引 gōuyǐn	国难 guónàn

黑板 hēibǎn	换取 huànqǔ	浓度 nóngdù	雌蕊 círuǐ
膨胀 péngzhàng	当即 dāngjí	强调 qiángdiào	靠山 kàoshān
杀害 shāhài	劲旅 jìnglǚ	声调 shēngdiào	绝缘 juéyuán
输送 shūsòng	苦战 kǔzhàn	老式 lǎoshì	脸红 liǎnhóng
逃荒 táohuāng	忙乱 mángluàn	新颖 xīnyǐng	血泊 xuèpō
依然 yīrán	盈利 yínglì	平稳 píngwěn	起哄 qǐhòng
正规 zhèngguī	斜面 xiémiàn	尊严 zūnyán	中外 zhōngwài
生计 shēngjì	失守 shīshǒu	药品 yàopǐn	斯文 sīwén
有趣 yǒuqù	投影 tóuyǐng	温饱 wēnbǎo	先导 xiāndǎo
信托 xìntuō	行径 xíngjìng	脂粉 zhīfěn	青铜 qīngtóng
油脂 yóuzhī	原著 yuánzhù		

（三）声调辨正训练

bā bá bǎ bà	bō bó bǒ bò	bī bí bǐ bì	bū bú bǔ bù
pā pá pǎ pà	pō pó pǒ pò	pī pí pǐ pì	pū pú pǔ pù
mā má mǎ mà	mō mó mǒ mò	mī mí mǐ mì	mū mú mǔ mù
出名 chūmíng	熏陶 xūntáo	居然 jūrán	归侨 guīqiáo
花圃 huāpǔ	缺点 quēdiǎn	脱口 tuōkǒu	推倒 tuīdǎo
方式 fāngshì	商议 shāngyì	批量 pīliàng	亲昵 qīnnì
援兵 yuánbīng	同乡 tóngxiāng	前锋 qiánfēng	逃荒 táohuāng
白薯 báishǔ	核准 hézhǔn	条理 tiáolǐ	巡警 xúnjǐng
答案 dá’àn	陈述 chénshù	直径 zhíjìng	求证 qiúzhèng
打开 dǎkāi	恐慌 kǒnghuāng	女方 nǚfāng	顶峰 dǐngfēng
远航 yuǎnháng	表情 biǎoqíng	耳鸣 ěrmíng	海拔 hǎibá
改造 gǎizào	沼气 zhǎoqì	体味 tǐwèi	手臂 shǒubì
半空 bànkōng	递增 dìzēng	并肩 bìngjiān	最初 zuìchū
鉴别 jiànbié	故国 gùguó	血红 xuèhóng	拒绝 jùjué
运转 yùnzhuǎn	固体 gùtǐ	变种 biànzhǒng	费解 fèijiě

（四）四字词语训练

鞠躬尽瘁 jūgōngjìncuì	根深蒂固 gēnshēndìgù
司空见惯 sīkōngjiànguàn	安居乐业 ānjūlèyè
天经地义 tiānjīngdìyì	标新立异 biāoxīnlìyì
非同小可 fēitóngxiǎokě	诸如此类 zhūrúcǐlèi
风驰电掣 fēngchídiànchè	出人意料 chūrényìliào
包罗万象 bāoluówànxiàng	新陈代谢 xīnchéndàixiè
胸有成竹 xiōngyǒuchéngzhú	风起云涌 fēngqǐyúnyǒng
精益求精 jīngyìqiújīng	心旷神怡 xīnkuàngshényí

出类拔萃 chūlèibácuì
梦寐以求 mèngmèiyǐqiú
举足轻重 jǔzúqīngzhòng
理直气壮 lǐzhíqìzhuàng
此起彼伏 cǐqǐbǐfú
无可奈何 wúkěnàihé
啼笑皆非 tíxiàojiēfēi
目不转睛 mùbùzhuǎnjīng
奋不顾身 fènbùgùshēn
了如指掌 liǎorúzhǐzhǎng
矫揉造作 jiǎoróuzàozuò
岂有此理 qǐyǒucǐlǐ
名副其实 míngfùqíshí
畅所欲言 chàngsuǒyùyán

（五）声调标志训练

非洲真是一个色彩斑斓的世界啊！

蓝天、骄阳、绿树、红土、鲜花，以及皮肤油黑发亮的黑人兄弟，构成了七彩的非洲！

作为彩色之源的赤道骄阳，是那么炽热、那么明亮。金灿灿的阳光，映照得天空格外的蓝，好似透明的蓝宝石。到了旱季，蓝天之上没有一丝云彩，浩瀚的天穹显得并不十分高远。蔚蓝的天和湛蓝的海，在地平线上交汇，你会觉得非洲的蓝天似乎离我们更近些了。

充沛的阳光和雨水，使得除了沙漠之外的非洲大地，繁花似锦，绿海荡波，满眼是绿色，处处是花海。无论是乡村、市郊还是城里，到处开放着五颜六色的花，不过大多是野花，比我们栽在盆里的花还要硕大，还要茂盛，还要鲜艳。非洲的花之所以多，是因为那里的花开花，草开花，灌木开花，许多树也开花。芒果树开的是星星点点的白花，仙人树开的是金灿灿的黄花，玉兰树高擎着白色或白里透青的玉杯，火炬树绽开的花朵比绿叶还多，一棵似一团火，一排似一片霞。到了开花季节，一条条街道，都成了彩色的长河。人在街上行走，像置身于花海深处。还有一种叫做花树的树，更是妙不可言，远远望去，树上像是开满五彩缤纷的花，非常壮观。走近一看，却是满树的彩叶，紫的、黄的、绿的、红的，好似含情脉脉的少女，向人们频频点头。

非洲不仅植物世界是彩色的，动物世界也是彩色的。在扎伊尔维龙加天然动物园里，有七彩的巨蟒、黑白相间的斑马，有数不清的红羽鸟、各种颜色交织的五彩鸟，有美丽温顺的梅花鹿，更有非洲雄狮、河马、金钱豹和象群。也许你会说，这些动物在我国的动物园大都会看到。可是多达一万四千多种的非洲蝴蝶，只有在非洲才能大饱眼福。仅仅是被人称为蝴蝶王国的刚果，蝴蝶就有几千种，单单在一家大宾馆我们就看到几百种蝴蝶。那些蝴蝶经过防腐处理，制成了精美的工艺品，其颜色不仅有赤橙黄绿青蓝紫，而且在不断地变幻着、交织着、渗透着、辉映着，令你目不暇接，不住地发出赞叹。这还是凝固的色彩呢。你若到盛产蝴蝶的刚果奥旺多省，置身于五彩缤纷的蝴蝶世界，细细聆听这彩色小天使飞翔的轻微音韵，简直如同步入仙境。

《彩色的非洲》（节选）彭仁

（六）短文朗读训练

参见60篇朗读作品。

附录　普通话水平测试用字入声字表

bā 八 bá 拔跋 bái 白 bǎi 百柏 bāo 剥 báo 雹薄 běi 北 bī 逼 bí 鼻 bǐ 笔 bì 必毕辟碧壁璧 biē 憋鳖 bié 别 biě 瘪 biè 别 bō 拨剥钵 bó 伯驳帛泊勃舶博搏箔膊薄 bò 薄 bo 卜 bǔ 卜 bù 不
pāi 拍 pī 劈霹 pǐ 匹劈癖 pì 辟僻 Piáo 朴 piē 撇瞥 piě 撇 pō 泊泼 pò 迫粕魄 pū 仆扑 pú 仆 pǔ 朴 pù 瀑
mā 抹 mài 麦脉 méi 没 mì 觅密蜜 miè 灭蔑篾 mō 摸 mó 膜 mǒ 抹 mò 末没抹沫陌莫寞漠墨默 mù 木目沐牧幕睦穆
fā 发 fá 乏伐罚阀筏 fǎ 法 fà 发 fó 佛 fú 弗伏佛拂服幅福辐 fù 服复腹覆

dā 搭 dá 达答

dàn 石

dé 得德

děi 得

dī 滴 dí 的迪敌涤笛嫡 dì 的

diē 跌 dié 迭谍叠碟蝶

dū 督 dú 毒独读渎犊 dǔ 笃

duó 夺度踱

---

tā 塌 tǎ 塔獭 tà 拓榻踏

tè 特

tī 剔踢 tì 惕

tiē 贴帖 tiě 帖铁 tiè 帖

tū 凸秃突

tuō 托脱 tuò 拓

---

nà 纳捺

nì 昵逆溺

niē 捏 niè 聂镍孽

nuò 诺

nüè 疟虐

---

là 腊落蜡辣

lào 烙落

lè 勒

lēi 勒 lèi 肋

lǐ 鲤 lì 力历立沥栗砾笠粒雳

liè 列劣烈猎裂

liù 六陆

lù 陆录绿鹿禄碌戮麓

luō 捋 luò 洛络骆落

lǚ 捋 lǜ 律率绿氯

lüè 掠略

gē 疙胳鸽割搁 gé 阁革格葛隔膈 gě 葛 gè 各
gěi 给
gǔ 谷骨 gù 梏
guā 刮
guō 郭 guó 国

kē 瞌磕 ké 壳咳 kě 渴 kè 克刻客
kū 哭窟 kù 酷
kuò 扩括阔廓

há 蛤
hǎo 郝
hē 喝 hé 合阂核涸盒颌 hè 吓喝褐赫鹤壑
hēi 黑
hū 忽惚 hú 核
huá 划滑猾 huà 划
huō 豁 huó 活 huò 或获惑霍豁

jī 击积激 jí 及吉汲级即极急疾棘集嫉瘠籍 jǐ 给脊戟 jì 迹寂绩
jiā 夹浃 jiá 夹荚颊 jiǎ 甲胛钾
jiáo 嚼 jiǎo 角脚 jiào 觉
jiē 结接揭 jié 节劫杰洁结捷睫截竭 jiè 藉
jū 鞠 jú 局菊 jù 剧
juē 撅 jué 决诀抉角绝觉倔崛掘厥獗爵嚼攫 juè 倔

qī 七戚漆 qǐ 乞 qì 迄泣
qiā 掐 qià 恰洽
qiào 壳
qiē 切 qiè 切妾怯窃惬
qū 曲屈 qǔ 曲
quē 缺 què 却雀确鹊

xī 夕汐吸昔析息悉惜晰锡熄蜥膝 xí 习席袭媳 xì 隙
xiā 瞎 xiá 匣峡狭辖 xià 吓
xiē 楔歇 xié 协胁挟 xiè 泄屑亵
xiǔ 宿 xiù 宿

xū 戌 xù 旭畜续蓄 xuē 削 xué 穴学 xuě 雪 xuè 血
zā 咂 zá 杂砸 záo 凿 zé 则择泽责 zè 仄 zéi 贼 zú 足卒族 zuō 作 zuó 昨琢 zuǒ 撮 zuò 作
cā 擦 cè 册侧厕测策 cù 促簇 cuō 撮
sā 撒 sǎ 撒 sà 卅萨 sāi 塞 sài 塞 sè 涩啬塞瑟 sú 俗 sù 肃速宿粟 suō 缩 suǒ 索
zhā 扎 zhá 闸铡 zhǎ 眨 zhà 栅 zhāi 摘 zhái 宅择 zhǎi 窄 zhāo 着 zháo 着 zhē 折 zhé 折哲辄蜇辙 zhě 褶 zhè 这浙 zhī 只汁织 zhí 执侄直值职植殖 zhǐ 只 zhì 炙质秩掷窒 zhōu 粥 zhóu 轴 zhū 朱 zhú 竹烛逐 zhǔ 属嘱 zhù 祝筑 zhuō 拙捉桌 zhuó 灼卓茁酌啄着琢
chā 插 chá 察 chà 刹 chāi 拆 chè 彻撤澈 chī 吃 chǐ 尺 chì 斥赤 chū 出 chù 畜触矗 chuō 戳 chuò 啜绰

shā 杀刹煞 shà 煞 shǎi 色 sháo 勺 shé 舌折 shè 设涉摄 shén 什 shī 失虱湿 shí 十什石识实拾蚀食 shì 式饰室拭适释 shóu 熟 shū 叔 shú 孰赎塾熟 shǔ 属蜀 shù 术束述 shuā 刷 shuài 率 shuō 说 shuò 烁硕
rè 热 rì 日 ròu 肉 rǔ 辱 rù 入褥 ruò 若弱
é 额 è 厄扼恶鄂愕萼遏腭
wū 屋 wù 勿物恶 wā 挖 wà 袜 wò 沃握
yī 一 yǐ 乙 yì 亿亦屹役抑译邑易绎驿疫益逸溢蜴翼臆 yā 压押鸭 yà 轧 yào 药钥 yē 掖噎 yè 业叶页掖液腋 yòu 柚 yù 玉育郁狱浴域欲 yuē 曰约 yuè 月乐岳悦阅跃粤越

第四单元 普通话音变训练

一、轻重音

普通话词语存在轻重音的差异，由于声调调形发音明显，词语轻重音的差异方言区的人不容易察觉和体会。词语轻重音影响的是普通话的纯正度，只有练好它，普通话说出来才自然、纯正。轻重音可以分为四个等级：重音、次重音、次轻音、轻音。[①] 重音，重读的音，词语末尾的音节大都读重音。例如：早年、世面、天花板、电磁波、千方百计。次重音，既不重读，也不轻读的音。例如：落后、恒温、起家、恰巧。次轻音，介于次重音和轻音之间的音，调形有些模糊，但是，基本特征没有改变。例如：费用、家具、瞧一瞧、看不看、下来。轻音，轻读的音，也就是一般讲的轻声，其调形发生明显变化，原调形的基本特征已经改变，形成新的调形。例如：福气、麻利、热闹。次轻音、轻音音节不会出现在多音节词语的第一个音节。普通话轻重音格式主要有以下四种：

（一）单音节字词

单音节字词轻重音格式有三种：①重音；②次轻音；③轻音。单音节字词绝大部分都重读，用在名词或代词后面的方位名词或语素和用在动词后面的趋向动词读次轻音，结构助词、动态助词和语气词一般读轻音。例如：

柴 chái	饭 fàn	她 tā	谭 tán
底下 dǐ · xia	地下 dì · xià	心里 xīn · lǐ	那里 nà · lǐ
后边 hòu · bian	里边 lǐ · bian	前面 qián · miàn	下面 xià · miàn
进来 jìn · lái	上来 shàng · lái	回去 huí · qù	进去 jìn · qù
我的 wǒde	睡着 shuìzhe	走吧 zǒuba	来吗 láima

（二）双音节词语

双音节词语轻重音格式有三种：①次重音＋重音；②重音＋次轻音；③重音＋轻音。双音节词语绝大多数属于第一种格式。例如：

照片 zhàopiàn	舒展 shūzhǎn	眼窝 yǎnwō	敌国 díguó

① 大纲分为重音、中音、次轻音、轻音，中音就是次重音，为了便于理解，我们称中音为次重音。

毛病 máo · bìng　摆布 bǎi · bù　排场 pái · chǎng　晓得 xiǎo · dé
模糊 móhu　厚道 hòudao　学问 xuéwen　提防 dīfang

（三）三音节词语

三音节词语轻重音格式有五种：①次重音＋次轻音＋重音；②次重音＋重音＋轻音；③重音＋轻音＋轻音；④次重音＋重音＋次轻音；⑤重音＋次轻音＋次轻音。三音节词语绝大多数属于第一种格式。例如：

吃不消 chī · bùxiāo　机器人 jī · qìrén　禁不住 jīn · bùzhù
不在乎 bùzàihu　老太太 lǎotàitai　一辈子 yībèizi
学生们 xuéshengmen　先生们 xiānshengmen
朋友们 péngyoumen
打交道 dǎjiāo · dào　不见得 bùjiàn · dé
舍不得 shě · bù · dé　老人家 lǎo · rén · jiā

（四）四音节词语

四音节词语轻重音格式有两种：①次重音＋次轻音＋次重音＋重音；②次重音＋次轻音＋重音＋轻音。四音节词语绝大多数属于第一种格式。例如：

明明白白 míng · míngbáibái　嘻嘻哈哈 xī · xīhāhā
糊里糊涂 hú · lǐhútu　如意算盘 rú · yìsuànpan

五个以上的音节可以划分成两个音节、三个音节等，然后参照以上格式处理。

二、轻声

（一）轻声概述

轻声是一种又短又轻的调子，是轻重音中的轻音格式。在某种语言条件下，由于长期轻读某些字的声调而失去了原来的调值，变读轻声，如“豆腐、萝卜”等。

绝大多数轻声词读轻声和不读轻声意义上没有区别，只是习惯上要求读轻声，如“大夫”。只有少数轻声词有区分词义和词性的作用。有的既区分词义，又区分词性。例如“精神”：①jīngshén，人的意识等，名词；②jīngshen，有朝气，形容词。有的只区分词义，不区分词性。例如“地方”：①dìfāng，与中央相对的概念，地方政府；②dìfang，地点，到某地方买东西。

轻声发音时主要受到音高和音长的影响，音高从原来的声调音高类型转变为轻声的音高类型，音长也比原来的音节发音时间短，轻短模糊是轻声明显的发音特点。轻声调值受其前一个字声调的制约，该字的声调调值决定轻声的调值。普通话阴平、阳平、上声、去声后面的轻声的发音可以归为两大类：上声是一类，可以看成是一个轻短的阴平，调值是 $\underline{44}$；阴平、阳平、去声是一类，可以看成是一个轻短的去声，调值是 $\underline{31}$。[①]

（二）轻声发音

第1组：阴平／阳平／去声 ＋ 轻声

阴平、阳平、去声后面的轻声的调值是 $\underline{31}$，发音时，可以发成一个轻短的去声。例如：

乡下 xiāngxia	多么 duōme	东家 dōngjia	铺盖 pūgai
合同 hétong	石匠 shíjiang	名字 míngzi	麻烦 máfan
笑话 xiàohua	应酬 yìngchou	簸箕 bòji	岁数 suìshu

第2组：上声 ＋ 轻声

上声后面的轻声的调值是 $\underline{44}$，发音时，可以发成一个轻短的阴平。当轻声字原来的声调是阴平时，轻声必须轻短一些，否则容易与阴平混淆，甚至发成阴平。例如：

老实 lǎoshi	委屈 wěiqu	扁担 biǎndan	脑袋 nǎodai
指甲 zhǐjia	铁匠 tiějiang	寡妇 guǎfu	首饰 shǒushi
嘴巴 zuǐba	喜欢 xǐhuan	眼睛 yǎnjing	打听 dǎting

（三）轻声词

哪些是轻声词？我们在学会轻声的发音后还需要掌握一些比较常用的轻声词。轻声词有两类：一类是没有规律的习惯读轻声的词，这类轻声词比较多；另一类是有一定规律的轻声词，在普通话里下列词语常常要求读轻声：

（1）结构助词“的、地、得”，动态助词“着、了、过”和语气词“吗、吧、啊、呢、嘛”等。[②] 例如：

迅速地 xùnsùde	卖菜的 màicàide	睡得香 shuìdexiāng
望着 wàngzhe	去了 qùle	来过 láiguo
回家吗 huíjiāma	上来吧 shàngláiba	很好嘛 hěnhǎoma

（2）一些叠音名词和重叠式名词、动词。例如：

猩猩 xīngxing	姥姥 lǎolao	舅舅 jiùjiu	哥哥 gēge
娃娃 wáwa	爸爸 bàba	妹妹 mèimei	奶奶 nǎinai
谢谢 xièxie	看看 kànkan	坐坐 zuòzuo	听听 tīngting

---

① $\underline{44}$、$\underline{31}$ 中的下划线表示音长比普通的 44、31 调值短。

② 参见“啊”的音变部分。

(3) 词末的虚语素“子、头”和表示复数的“们”等。[①] 例如：

夹子 jiāzi　宅子 zháizi　扣子 kòuzi　曲子 qǔzi
舌头 shétou　里头 lǐtou　念头 niàntou　跟头 gēntou
人们 rénmen　你们 nǐmen　我们 wǒmen　咱们 zánmen

三、儿化

(一) 儿化概述

儿化是指带后缀“儿”的词的韵母带上卷舌音色彩的一种音变现象。被儿化了的韵母叫做儿化韵。例如，“垫底儿”，这个“儿”不单独发音，不表示音节，它提示在发“底”音节时，该音节要带上卷舌音色彩。儿化的规范标志，汉字用“儿”表示，[②] 汉语拼音用“r”表示。例如，“雨点儿”“yǔdiǎnr”。因此，一般来讲，儿化词没有必要刻意去识记。但是，词尾“儿”字不完全都是儿化词的标志。儿化词中的“儿”没有实在的词汇意义，只是起到提示儿化的作用。非儿化词中的“儿”有实在的词汇意义，例如，“婴儿”中的“儿”有实在的词汇意义，表示小孩子的意思。

儿化具有区分词义和词性的作用。有的区分词义，例如，“面”和“面儿”，二者都是名词，“面”的意思是粮食磨成的粉，如玉米面；“面儿”的意思是粉末，如胡椒面儿。有的既区分词义，又区分词性，例如，“画”，动词，表示动作行为，如画一棵树；“画儿”，名词，是一种物品，如买画儿。另外，儿化还表示细小的意义，例如，“钢镚儿”。儿化还可以表示亲切、喜爱的感情色彩，例如，“小刘儿”。

(二) 儿化发音

(1) 韵母是 a、o、e、u 和韵母末尾是 a、o、e、ê、u[③] 的，儿化时韵母直接卷舌。这类韵母共有 13 个，即 a、o、e、u、ia、ua、uo、ie、üe、ao、iao、ou、iou。例如：

大伙儿 dàhuǒr　灯泡儿 dēngpàor　年头儿 niántóur
笑话儿 xiàohuar　旦角儿 dànjuér　豆芽儿 dòuyár
面条儿 miàntiáor　逗乐儿 dòulèr　粉末儿 fěnmòr

---

① 虚语素是指没有实在意义的语素，若是实语素，有实在意义，则不读轻声。例如：莲子、船头。

② 照理儿化词都应该带上“儿”缀，但是，人们对儿化词不太熟悉，一些儿化词并没有带上“儿”缀，这给我们识别儿化词带来难度，不过，普通话考试中双音节的儿化词都带有“儿”缀。

③ 包括 ao、iao 中的 o。后面同类情况与此相同，不再注明。

抓阄儿 zhuājiūr　　小鞋儿 xiǎoxiér　　核儿 húr

（2）韵尾是 i、n 的韵母（in、ün 除外），儿化时丢掉韵尾 i、n，主要元音卷舌。这类韵母共有 10 个，即 ai、uai、ei、uei、an、ian、uan、üan、en、uen。例如：

一会儿 yīhuìr　　一块儿 yīkuàir　　茶馆儿 cháguǎnr
老伴儿 lǎobànr　　没准儿 méizhǔnr　　差点儿 chàdiǎnr
大婶儿 dàshěnr　　手绢儿 shǒujuànr　　刀背儿 dāobèir

（3）韵母是 in、ün，儿化时丢掉韵尾 n，直接加 er。例如：

脚印儿 jiǎoyìnr　　合群儿 héqúnr

（4）韵母是 i、ü，儿化时直接加 er，例如：

玩意儿 wányìr　　小曲儿 xiǎoqǔr

（5）韵母是-i［前］、-i［后］，儿化时韵母都变成 er，例如：

石子儿 shízǐr　　墨汁儿 mòzhīr

（6）韵尾是 ng（ing、iong 除外），儿化时丢掉韵尾 ng，韵腹带鼻化音[①]，并卷舌，这类韵母共有 6 个，即 ang、iang、uang、eng、ueng、ong。例如：

胡同儿 hútòngr　　脖颈儿 bógěngr　　小瓮儿 xiǎowèngr
花样儿 huāyàngr　　蛋黄儿 dànhuángr　　瓜瓤儿 guārángr

（7）韵母是 ing、iong，儿化时丢掉韵尾 ng，并直接加鼻化的 er。例如：

人影儿 rényǐngr　　小熊儿 xiǎoxióngr

四、变调

变调是指语流中某个声调受到相邻字音声调的影响而出现的声调变读现象。例如“小组”中“小”和“组”的调值都是 214，单独念读的时候，都要读完 214 调值，而合在一起时，“小”受到后面“组”的影响，变读 35 调。变调是一种比较常见的音变现象，阴平、阳平、上声、去声在语流中都存在不同程度的变调，只是有的变化比较明显，有的变化不太明显。

常见的比较明显的变调有上声的变调、“一”的变调、“不”的变调、形容词的变调。

（一）上声的变调

上声只有在单念或处在词句末尾时才可能读原调，[②] 其他情况一般都要变

① 鼻化音，即发音时鼻腔、口腔同时共鸣形成的音。

② 也可以不读原调，但是，在普通话考试中，单音节字词题中的上声和双音节词语题中词语末的上声都必须读原调。

调。上声的变调有以下三种情况：

（1）上声＋阴平/阳平/去声/轻声，上声变读半上，调值从214变成21。例如：

响声 xiǎngshēng　美观 měiguān　崭新 zhǎnxīn　整编 zhěngbiān
写实 xiěshí　选集 xuǎnjí　奶油 nǎiyóu　眼前 yǎnqián
野性 yěxìng　倚靠 yǐkào　走动 zǒudòng　诅咒 zǔzhòu
养活 yǎnghuo　使唤 shǐhuan　哑巴 yǎba　寡妇 guǎfu

注意：如果轻声由上声构成，前面的上声有两种变调形式：

上声＋轻声（由上声变为轻声），变读半上，调值21。例如：

马虎 mǎhu　姐姐 jiějie　嫂子 sǎozi　奶奶 nǎinai

上声＋轻声（由上声变为轻声），变读阳平，调值35。例如：

讲讲 jiǎngjiang　等等 děngdeng　想想 xiǎngxiang　走走 zǒuzou

（2）上声^1＋上声^2，"上声^1"变读阳平，调值从214变成35。例如：

海港 hǎigǎng　舞蹈 wǔdǎo　阻挡 zǔdǎng　稳产 wěnchǎn
守法 shǒufǎ　粉笔 fěnbǐ　把柄 bǎbǐng　诋毁 dǐhuǐ

（3）上声^1＋上声^2＋上声^3，如果"上声^1＋上声^2"是整体，则"上声^1、上声^2"都变读阳平，调值从214变成35。例如：

胆小鬼 dǎnxiǎoguǐ　手写体 shǒuxiětǐ　展览馆 zhǎnlǎnguǎn
洗染组 xǐrǎnzǔ　水彩笔 shuǐcǎibǐ　选举法 xuǎnjǔfǎ

如果"上声^2＋上声^3"是整体，则"上声^1"变读半上，调值从214变成21。"上声^2"变读阳平，调值从214变成35。例如：

纸老虎 zhǐlǎohǔ　小两口 xiǎoliǎngkǒu　小拇指 xiǎomǔzhǐ
海产品 hǎichǎnpǐn　懂管理 dǒngguǎnlǐ　好导演 hǎodǎoyǎn

（二）"一"的变调①

"一"的原调是阴平，调值是55，调值不变的情况有：第一，单独念读的时候，如"一、二、三"。第二，处在词语末尾，如"统一""万一"。第三，处在词语前表示序数的时候，如"一班"。"一"的变调有下列三种情况：

（1）"一"＋去声，"一"变读阳平，调值从55变成35。例如：

一半 yíbàn　一带 yídài　一旦 yídàn　一律 yílǜ
一致 yízhì　一线 yíxiàn　一向 yíxiàng　一度 yídù

① "七""八"现在已经趋于不变调。另外，此处"一""不"标写变调，其余处标写原调。

(2)“一” + 阴平/阳平/上声，“一”变读去声，调值从55变成51。例如：

一般 yìbān	一边 yìbiān	一心 yìxīn	一瞥 yìpiē
一齐 yìqí	一时 yìshí	一直 yìzhí	一同 yìtóng
一举 yìjǔ	一体 yìtǐ	一早 yìzǎo	一起 yìqǐ

(3)“一”嵌在重叠动词中间，“一”变读次轻音。例如：

听一听 tīng · yītīng　　写一写 xiě · yīxiě　　瞧一瞧 qiáo · yīqiáo

(三)“不”的变调

“不”的原调是去声，调值是51，调值不变的情况有：第一，单独念读的时候，如“不”。第二，处在词语末尾，如“偏不”“何不”。第三，“不”在阴平、阳平、上声的前面，如“不吃”“不来”“不管”。“不”的变调有下列两种情况：

(1)“不” + 去声，“不”变读阳平，调值从51变成35。例如：

不幸 búxìng	不孝 búxiào	不料 búliào	不善 búshàn
不利 búlì	不要 búyào	不必 búbì	不便 búbiàn

(2)“不”嵌在重叠动词或形容词中间，或夹在动词与补语的中间，“不”变读次轻音①。例如：

卖不卖 mài · bùmài　　红不红 hóng · bùhóng　　看不见 kàn · bùjiàn

(四)形容词的变调

形容词的变调有下列三种情况：

(1)单音节形容词重叠构成的词语，记为：$A^1 + A^2$。若声调是阳平、上声、去声时，A^2可以变读阴平，调值为55。② 但是，A^2儿化时，一般都变读阴平。例如：

红红的 hónghōngde	饱饱的 bǎobāode	大大的 dàdāde
平平儿的 píngpīngrde	好好儿的 hǎohāorde	慢慢儿的 mànmānrde

(2)单音节形容词加上叠音后缀构成的词语，记为：$A + B^1 + B^2$、B^1、B^2。当叠音后缀声调是阳平、上声、去声时大多变读阴平，调值是55。③ 例如：

懒洋洋 lǎnyāngyāng　　明晃晃 mínghuānghuāng　　黑洞洞 hēidōngdōng

(3)双音节形容词重叠构成的词语，记为：$A^1 + A^2 + B^1 + B^2$，A^2变读次

① 若“一”“不”的音量加强，则在去声前读阳平，非去声前读去声。

② 若重在描写时，也可以不变调。

③ 慢读时也可以不变调。

轻音，当 B^1、B^2 声调是阳平、上声、去声时大多变读阴平，调值是 55。①例如：

老老实实 lǎo · lǎoshīshī　　吞吞吐吐 tūn · tūntūtū

干干净净 gān · gānjīngjīng

五、“啊”的音变

在语流中语气词“啊”受前一字读音的影响，其规范的读音和写法都有所不同。具体说明如下：

（1）前一字韵腹或韵尾是 a、o、e、i、ü 的，加 a 音，读 ya，规范写作“呀”。这类韵母共有 14 个，即 a、o、e、i、ü、ia、ua、uo、ie、üe、ai、uai、ei、uei。例如：

快爬呀 kuàipáya　　大哥呀 dàgēya　　吃鱼呀 chīyúya

回家呀 huíjiāya　　好黑呀 hǎohēiya　　好怪呀 hǎoguàiya

（2）前一字韵腹或韵尾是 u 的，加 a 音，读 wa，规范写作“哇”。这类韵母共有 5 个，即 u、ou、iou、ao、iao。例如：

好苦哇 hǎokǔwa　　大嫂哇 dàsǎowa　　买药哇 mǎiyàowa

快走哇 kuàizǒuwa　　喝酒哇 hējiǔwa　　别叫哇 biéjiàowa

（3）前一字韵尾是 n 的，加 a 音，读 na，规范写作“哪”。这类韵母共有 8 个，即 an、ian、uan、üan、en、uen、in、ün。例如：

多蓝哪 duōlánna　　老天哪 lǎotiānna　　太圆哪 tàiyuánna

好笨哪 hǎobènna　　快问哪 kuàiwènna　　好晕哪 hǎoyūnna

（4）前一字韵尾是 ng 的，加 a 音，读 nga，规范写作“啊”。这类韵母共有 8 个，即 ang、iang、uang、eng、ueng、ing、ong、iong。例如：

党啊 dǎngnga　　这样啊 zhèyàngnga　　好冷啊 hǎolěngnga

真行啊 zhēnxíngnga　　别动啊 biédòngnga　　好穷啊 hǎoqióngnga

（5）前一字韵母是 -i［前］的，加 a 音，读［zA］，规范写作“啊”。例如：

写字啊 xiězì［zA］　　下次啊 xiàcì［zA］　　老四啊 lǎosì［zA］

（6）前一字韵母是 -i［后］、er 的，加 a 音，读 ra，规范写作“啊”。例如：

就是啊 jiùshìra　　小二啊 xiǎo’èrra　　快吃啊 kuàichīra

① 慢读时也可以不变调。

六、音变训练

（一）轻重音[①]

边陲 biānchuí	粗俗 cūsú	羔皮 gāopí	金鱼 jīnyú
生活 shēnghuó	乌贼 wūzéi	要求 yāoqiú	编导 biāndǎo
逼近 bījìn	肤色 fūsè	击败 jībài	野地 yědì
提拔 tí · bá	荷包 hé · bāo	褒贬 bāo · biǎn	前边 qián · biān
上边 shàng · biān	宽敞 kuān · chǎng	早晨 zǎo · chén	报酬 bào · chóu
长处 cháng · chù	牌坊 pái · fāng	花费 huā · fèi	成分 chéng · fèn
知识 zhīshi	差事 chāishi	咳嗽 késou	石榴 shíliu
畜生 chùsheng	队伍 duìwu	木匠 mùjiang	凑合 còuhe
自在 zìzai	钥匙 yàoshi	吓唬 xiàhu	嫁妆 jiàzhuang

靠不住 kào · bùzhù	大不了 dà · bùliǎo	对不起 duì · bùqǐ
看不起 kàn · bùqǐ	差不多 chà · bùduō	了不起 liǎo · bùqǐ
了不得 liǎo · bùdé	冷不防 lěng · bùfáng	来不及 lái · bùjí
葡萄酒 pú · táojiǔ	葡萄糖 pú · táotáng	

（二）轻声

单子 dānzi	拍子 pāizi	杯子 bēizi	虱子 shīzi
挑子 tiāozi	狮子 shīzi	疯子 fēngzi	钩子 gōuzi
绳子 shéngzi	绸子 chóuzi	翎子 língzi	蚊子 wénzi
钳子 qiánzi	盒子 hézi	盘子 pánzi	笛子 dízi
袖子 xiùzi	袜子 wàzi	被子 bèizi	调子 diàozi
贩子 fànzi	带子 dàizi	架子 jiàzi	柚子 yòuzi
饼子 bǐngzi	鬼子 guǐzi	脑子 nǎozi	剪子 jiǎnzi
婶子 shěnzi	领子 lǐngzi	嫂子 sǎozi	椅子 yǐzi
功夫 gōngfu	窗户 chuānghu	称呼 chēnghu	官司 guānsi
兄弟 xiōngdi	周报 zhōubao	机灵 jīling	关系 guānxi
奴才 núcai	衙门 yámen	难为 nánwei	眉毛 méimao
苗条 miáotiao	白净 báijing	便宜 piányi	和尚 héshang
壮实 zhuàngshi	扫帚 sàozhou	记性 jìxing	世故 shìgu
栅栏 zhàlan	快活 kuàihuo	跳蚤 tiàozao	月饼 yuèbing

① 词语的轻重音格式目前还不是很统一，练习仅限制在大纲范围内。

爽快 shuǎngkuai	打扮 dǎban	本事 běnshi	买卖 mǎimai
女婿 nǚxu	打量 dǎliang	主意 zhǔyi	火候 huǒhou
嘴巴 zuǐba	点心 diǎnxin	比方 bǐfang	姐夫 jiěfu
打发 dǎfa	祖宗 zǔzong	耳朵 ěrduo	喇叭 lǎba
姐姐 jiějie	姑姑 gūgu	叔叔 shūshu	弟弟 dìdi
爷爷 yéye	妈妈 māma	公公 gōnggong	星星 xīngxing

（三）儿化

火锅儿 huǒguōr	棉球儿 miánqiúr	小偷儿 xiǎotōur
火苗儿 huǒmiáor	手套儿 shǒutàor	抽空儿 chōukòngr
没谱儿 méipǔr	打嗝儿 dǎgér	痰盂儿 tányúr
眼镜儿 yǎnjìngr	送信儿 sòngxìnr	肚脐儿 dùqír
挑刺儿 tiāocìr	冰棍儿 bīnggùnr	跑腿儿 pǎotuǐr
半截儿 bànjiér	夹缝儿 jiāfèngr	走神儿 zǒushénr
摸黑儿 mōhēir	杂院儿 záyuànr	天窗儿 tiānchuāngr
落款儿 luòkuǎnr	牙刷儿 yáshuār	透亮儿 tòuliàngr
拉链儿 lāliànr	掉价儿 diàojiàr	香肠儿 xiāngchángr
快板儿 kuàibǎnr	加塞儿 jiāsāir	板擦儿 bǎncār
模特儿 mótèr	小说儿 xiǎoshuōr	老头儿 lǎotóur
包干儿 bāogānr	把门儿 bǎménr	打盹儿 dǎdǔnr
饭馆儿 fànguǎnr	哥们儿 gēmenr	好玩儿 hǎowánr
聊天儿 liáotiānr	门洞儿 méndòngr	纳闷儿 nàmènr
嗓门儿 sǎngménr	心眼儿 xīnyǎnr	一点儿 yīdiǎnr
份儿 fènr	哪儿 nǎr	这儿 zhèr
馅儿 xiànr	杏儿 xìngr	那儿 nàr

（四）变调

本科 běnkē	捕捞 bǔlāo	导师 dǎoshī	股东 gǔdōng
领先 lǐngxiān	往昔 wǎngxī	远征 yuǎnzhēng	起家 qǐjiā
百合 bǎihé	版图 bǎntú	场合 chǎnghé	底层 dǐcéng
宝藏 bǎozàng	党务 dǎngwù	哽咽 gěngyè	简便 jiǎnbiàn
老少 lǎoshào	拟订 nǐdìng	手帕 shǒupà	冶炼 yěliàn
火柴 huǒchái	礼品 lǐpǐn	使节 shǐjié	以及 yǐjí
版本 bǎnběn	彩礼 cǎilǐ	耻辱 chǐrǔ	典礼 diǎnlǐ
稿纸 gǎozhǐ	检举 jiǎnjǔ	卤水 lǔshuǐ	谱写 pǔxiě
手法 shǒufǎ	往返 wǎngfǎn	引导 yǐndǎo	整理 zhěnglǐ

主管 zhǔguǎn	水塔 shuǐtǎ	起码 qǐmǎ	赶紧 gǎnjǐn
一端 yīduān	一连 yīlián	一流 yīliú	一旁 yīpáng
一再 yīzài	一面 yīmiàn	一瞬 yīshùn	一概 yīgài
不安 bù’ān	不一 bùyī	不依 bùyī	不甘 bùgān
不光 bùguāng	不禁 bùjīn	不堪 bùkān	不屈 bùqū
不符 bùfú	不合 bùhé	不及 bùjí	不良 bùliáng
不平 bùpíng	不然 bùrán	不时 bùshí	不详 bùxiáng
不久 bùjiǔ	不可 bùkě	不满 bùmǎn	不许 bùxǔ
不止 bùzhǐ	不已 bùyǐ	不等 bùděng	不法 bùfǎ
不用 bùyòng	不定 bùdìng	不啻 bùchì	不但 bùdàn
不妙 bùmiào	不怕 bùpà	不配 bùpèi	不错 bùcuò

（五）“啊”的音变（注意写法和读法）

再从家乡放到祖国最需要的地方去啊！

然而，火光啊……毕竟……

心底轻声呼喊：家乡的桥啊，我梦中的桥！

它便敞开美丽的歌喉，唱啊唱，嘤嘤有韵，宛如春水淙淙。

是啊，我们有自己的祖国，小鸟也有它的归宿，人和动物都是一样啊。

在它看来，这狗是多么庞大的怪物啊！

说明你很正直善良，且有批评不良行为的勇气，应该奖励你啊！

我砸的不是坏人，而是自己的同学啊。

女友一个温馨的字条……这都是千金难买的幸福啊。

天啊，我竟忘了你的勇气。

（六）音变标志训练

盼望着，盼望着，东风来了，春天的脚步近了。

一切都像刚睡醒的样子，欣欣然张开了眼。山朗润起来了，水涨起来了，太阳的脸红起来了。

小草偷偷地从土里钻出来，嫩嫩的，绿绿的。园子里，田野里，瞧去，一大片一大片满是的。坐着，躺着，打两个滚，踢几脚球，赛几趟跑，捉几回迷藏。风轻悄悄的，草绵软软的。

桃树、杏树、梨树，你不让我，我不让你，都开满了花赶趟儿。红的像火，粉的像霞，白的像雪。花里带着甜味儿，闭了眼，树上仿佛已经满是桃儿、杏儿、梨儿。花下成千成百的蜜蜂嗡嗡地闹着，大小的蝴蝶飞来飞去。野花遍地都是：杂样儿，有名字的，没名字的，散在草丛里，像眼睛，像星星，还眨呀眨的。

“吹面不寒杨柳风”，不错的，像母亲的手抚摸着你。风里带来些新翻的泥土的气息，混着青草味儿，还有各种花的香，都在微微润湿的空气里酝酿。鸟儿将巢安在繁花嫩叶当中，高兴起来了，呼朋引伴地卖弄清脆的喉咙，唱出宛转的曲子，与轻风流水应和着。牛背上牧童的短笛，这时候也成天嘹亮地响着。

雨是最寻常的，一下就是三两天。可别恼。看，像牛毛，像花针，像细丝，密密地斜织着，人家屋顶上全笼着一层薄烟。树叶儿却绿得发亮，小草儿也青得逼你的眼。傍晚时候，上灯了，一点点黄晕的光，烘托出一片安静而和平的夜。在乡下，小路上，石桥边，有撑起伞慢慢走着的人，地里还有工作的农民，披着蓑戴着笠。他们的草屋，稀稀疏疏的，在雨里静默着。

天上风筝渐渐多了，地上孩子也多了。城里乡下，家家户户，老老小小，也赶趟儿似的，一个个都出来了。舒活舒活筋骨，抖擞抖擞精神，各做各的一份儿事去。“一年之计在于春”，刚起头儿，有的是工夫，有的是希望。

春天像刚落地的娃娃，从头到脚都是新的，它生长着。

春天像小姑娘，花枝招展的，笑着，走着。

春天像健壮的青年，有铁一般的胳膊和腰脚，他领着我们上前去。

《春》朱自清

（七）短文朗读训练

参见60篇朗读作品。

附录一　普通话水平测试用必读轻声词语表[①]

爱人	àiren	班子	bānzi	包袱	bāofu
案子	ànzi	板子	bǎnzi	包涵	bāohan
巴掌	bāzhang	帮手	bāngshou	包子	bāozi
把子	bǎzi	梆子	bāngzi	豹子	bàozi
把子	bàzi	膀子	bǎngzi	杯子	bēizi
爸爸	bàba	棒槌	bàngchui	被子	bèizi
白净	báijing	棒子	bàngzi	本事	běnshi

① 收自《普通话水平测试实施纲要》（2006年重印本）中《普通话水平测试用必读轻声词语表》，共计546个。与2004年版相比，增加了“晌午、凳子、废物”，删掉了“镇子、困难”，其中“困难”调整为次轻音。

（续上表）

本子	běnzi	除了	chúle	灯笼	dēnglong
鼻子	bízi	锄头	chútou	凳子	dèngzi
比方	bǐfang	畜生	chùsheng	提防	dīfang
鞭子	biānzi	窗户	chuānghu	笛子	dízi
扁担	biǎndan	窗子	chuāngzi	底子	dǐzi
辫子	biànzi	锤子	chuízi	地道	dìdao
别扭	bièniu	刺猬	cìwei	地方	dìfang
饼子	bǐngzi	凑合	còuhe	弟弟	dìdi
拨弄	bōnong	村子	cūnzi	弟兄	dìxiong
脖子	bózi	耷拉	dāla	点心	diǎnxin
簸箕	bòji	答应	dāying	调子	diàozi
补丁	bǔding	打扮	dǎban	钉子	dīngzi
不由得	bùyóude	打点	dǎdian	东家	dōngjia
不在乎	bùzàihu	打发	dǎfa	东西	dōngxi
步子	bùzi	打量	dǎliang	动静	dòngjing
部分	bùfen	打算	dǎsuan	动弹	dòngtan
财主	cáizhu	打听	dǎting	豆腐	dòufu
裁缝	cáifeng	大方	dàfang	豆子	dòuzi
苍蝇	cāngying	大爷	dàye	嘟囔	dūnang
差事	chāishi	大夫	dàifu	肚子	dǔzi
柴火	cháihuo	带子	dàizi	肚子	dùzi
肠子	chángzi	袋子	dàizi	缎子	duànzi
厂子	chǎngzi	单子	dānzi	队伍	duìwu
场子	chǎngzi	耽搁	dānge	对付	duìfu
车子	chēzi	耽误	dānwu	对头	duìtou
称呼	chēnghu	胆子	dǎnzi	多么	duōme
池子	chízi	担子	dànzi	蛾子	ézi
尺子	chǐzi	刀子	dāozi	儿子	érzi
虫子	chóngzi	道士	dàoshi	耳朵	ěrduo
绸子	chóuzi	稻子	dàozi	贩子	fànzi

（续上表）

房子	fángzi	姑姑	gūgu	后头	hòutou
废物	fèiwu	姑娘	gūniang	厚道	hòudao
份子	fènzi	谷子	gǔzi	狐狸	húli
风筝	fēngzheng	骨头	gǔtou	胡萝卜	húluóbo
疯子	fēngzi	故事	gùshi	胡琴	húqin
福气	fúqi	寡妇	guǎfu	糊涂	hútu
斧子	fǔzi	褂子	guàzi	护士	hùshi
盖子	gàizi	怪物	guàiwu	皇上	huángshang
甘蔗	gānzhe	关系	guānxi	幌子	huǎngzi
杆子	gānzi	官司	guānsi	活泼	huópo
杆子	gǎnzi	罐头	guàntou	火候	huǒhou
干事	gànshi	罐子	guànzi	伙计	huǒji
杠子	gàngzi	规矩	guīju	机灵	jīling
高粱	gāoliang	闺女	guīnü	脊梁	jǐliang
膏药	gāoyao	鬼子	guǐzi	记号	jìhao
稿子	gǎozi	柜子	guìzi	记性	jìxing
告诉	gàosu	棍子	gùnzi	夹子	jiāzi
疙瘩	gēda	锅子	guōzi	家伙	jiāhuo
哥哥	gēge	果子	guǒzi	架势	jiàshi
胳膊	gēbo	蛤蟆	háma	架子	jiàzi
鸽子	gēzi	孩子	háizi	嫁妆	jiàzhuang
格子	gézi	含糊	hánhu	尖子	jiānzi
个子	gèzi	汉子	hànzi	茧子	jiǎnzi
根子	gēnzi	行当	hángdang	剪子	jiǎnzi
跟头	gēntou	合同	hétong	见识	jiànshi
工夫	gōngfu	和尚	héshang	毽子	jiànzi
弓子	gōngzi	核桃	hétao	将就	jiāngjiu
公公	gōnggong	盒子	hézi	交情	jiāoqing
功夫	gōngfu	红火	hónghuo	饺子	jiǎozi
钩子	gōuzi	猴子	hóuzi	叫唤	jiàohuan

（续上表）

轿子	jiàozi	老婆	lǎopo	路子	lùzi
结实	jiēshi	老实	lǎoshi	轮子	lúnzi
街坊	jiēfang	老太太	lǎotàitai	萝卜	luóbo
姐夫	jiěfu	老头子	lǎotóuzi	骡子	luózi
姐姐	jiějie	老爷	lǎoye	骆驼	luòtuo
戒指	jièzhi	老子	lǎozi	妈妈	māma
金子	jīnzi	姥姥	lǎolao	麻烦	máfan
精神	jīngshen	累赘	léizhui	麻利	máli
镜子	jìngzi	篱笆	líba	麻子	mázi
舅舅	jiùjiu	里头	lǐtou	马虎	mǎhu
橘子	júzi	力气	lìqi	码头	mǎtou
句子	jùzi	厉害	lìhai	买卖	mǎimai
卷子	juànzi	利落	lìluo	麦子	màizi
咳嗽	késou	利索	lìsuo	馒头	mántou
客气	kèqi	例子	lìzi	忙活	mánghuo
空子	kòngzi	栗子	lìzi	冒失	màoshi
口袋	kǒudai	痢疾	lìji	帽子	màozi
口子	kǒuzi	连累	liánlei	眉毛	méimao
扣子	kòuzi	帘子	liánzi	媒人	méiren
窟窿	kūlong	凉快	liángkuai	妹妹	mèimei
裤子	kùzi	粮食	liángshi	门道	méndao
快活	kuàihuo	两口子	liǎngkǒuzi	眯缝	mīfeng
筷子	kuàizi	料子	liàozi	迷糊	míhu
框子	kuàngzi	林子	línzi	面子	miànzi
阔气	kuòqi	翎子	língzi	苗条	miáotiao
喇叭	lǎba	领子	lǐngzi	苗头	miáotou
喇嘛	lǎma	溜达	liūda	名堂	míngtang
篮子	lánzi	聋子	lóngzi	名字	míngzi
懒得	lǎnde	笼子	lóngzi	明白	míngbai
浪头	làngtou	炉子	lúzi	模糊	móhu

（续上表）

蘑菇	mógu	屁股	pìgu	嫂子	sǎozi
木匠	mùjiang	片子	piānzi	扫帚	sàozhou
木头	mùtou	便宜	piányi	沙子	shāzi
那么	nàme	骗子	piànzi	傻子	shǎzi
奶奶	nǎinai	票子	piàozi	扇子	shànzi
难为	nánwei	漂亮	piàoliang	商量	shāngliang
脑袋	nǎodai	瓶子	píngzi	晌午	shǎngwu
脑子	nǎozi	婆家	pójia	上司	shàngsi
能耐	néngnai	婆婆	pópo	上头	shàngtou
你们	nǐmen	铺盖	pūgai	烧饼	shāobing
念叨	niàndao	欺负	qīfu	勺子	sháozi
念头	niàntou	旗子	qízi	少爷	shàoye
娘家	niángjia	前头	qiántou	哨子	shàozi
镊子	nièzi	钳子	qiánzi	舌头	shétou
奴才	núcai	茄子	qiézi	身子	shēnzi
女婿	nǚxu	亲戚	qīnqi	什么	shénme
暖和	nuǎnhuo	勤快	qínkuai	婶子	shěnzi
疟疾	nüèji	清楚	qīngchu	生意	shēngyi
拍子	pāizi	亲家	qìngjia	牲口	shēngkou
牌楼	páilou	曲子	qǔzi	绳子	shéngzi
牌子	páizi	圈子	quānzi	师父	shīfu
盘算	pánsuan	拳头	quántou	师傅	shīfu
盘子	pánzi	裙子	qúnzi	虱子	shīzi
胖子	pàngzi	热闹	rènao	狮子	shīzi
狍子	páozi	人家	rénjia	石匠	shíjiang
盆子	pénzi	人们	rénmen	石榴	shíliu
朋友	péngyou	认识	rènshi	石头	shítou
棚子	péngzi	日子	rìzi	时候	shíhou
脾气	píqi	褥子	rùzi	实在	shízai
皮子	pízi	塞子	sāizi	拾掇	shíduo
痞子	pǐzi	嗓子	sǎngzi	使唤	shǐhuan

（续上表）

世故	shìgu	条子	tiáozi	乡下	xiāngxia
似的	shìde	跳蚤	tiàozao	箱子	xiāngzi
事情	shìqing	铁匠	tiějiang	相声	xiàngsheng
柿子	shìzi	亭子	tíngzi	消息	xiāoxi
收成	shōucheng	头发	tóufa	小伙子	xiǎohuǒzi
收拾	shōushi	头子	tóuzi	小气	xiǎoqi
首饰	shǒushi	兔子	tùzi	小子	xiǎozi
叔叔	shūshu	妥当	tuǒdang	笑话	xiàohua
梳子	shūzi	唾沫	tuòmo	谢谢	xièxie
舒服	shūfu	挖苦	wāku	心思	xīnsi
舒坦	shūtan	娃娃	wáwa	星星	xīngxing
疏忽	shūhu	袜子	wàzi	猩猩	xīngxing
爽快	shuǎngkuai	晚上	wǎnshang	行李	xíngli
思量	sīliang	尾巴	wěiba	性子	xìngzi
算计	suànji	委屈	wěiqu	兄弟	xiōngdi
岁数	suìshu	为了	wèile	休息	xiūxi
孙子	sūnzi	位置	wèizhi	秀才	xiùcai
他们	tāmen	位子	wèizi	秀气	xiùqi
它们	tāmen	蚊子	wénzi	袖子	xiùzi
她们	tāmen	稳当	wěndang	靴子	xuēzi
台子	táizi	我们	wǒmen	学生	xuésheng
太太	tàitai	屋子	wūzi	学问	xuéwen
摊子	tānzi	稀罕	xīhan	丫头	yātou
坛子	tánzi	席子	xízi	鸭子	yāzi
毯子	tǎnzi	媳妇	xífu	衙门	yámen
桃子	táozi	喜欢	xǐhuan	哑巴	yǎba
特务	tèwu	瞎子	xiāzi	胭脂	yānzhi
梯子	tīzi	匣子	xiázi	烟筒	yāntong
蹄子	tízi	下巴	xiàba	眼睛	yǎnjing
挑剔	tiāoti	吓唬	xiàhu	燕子	yànzi
挑子	tiāozi	先生	xiānsheng	秧歌	yāngge

（续上表）

养活	yǎnghuo	在乎	zàihu	指甲	zhǐjia（zhījia）
样子	yàngzi	咱们	zánmen	指头	zhǐtou（zhítou）
吆喝	yāohe	早上	zǎoshang	种子	zhǒngzi
妖精	yāojing	怎么	zěnme	珠子	zhūzi
钥匙	yàoshi	扎实	zhāshi	竹子	zhúzi
椰子	yēzi	眨巴	zhǎba	主意	zhǔyi（zhúyi）
爷爷	yéye	栅栏	zhàlan	主子	zhǔzi
叶子	yèzi	宅子	zháizi	柱子	zhùzi
一辈子	yībèizi	寨子	zhàizi	爪子	zhuǎzi
衣服	yīfu	张罗	zhāngluo	转悠	zhuànyou
衣裳	yīshang	丈夫	zhàngfu	庄稼	zhuāngjia
椅子	yǐzi	帐篷	zhàngpeng	庄子	zhuāngzi
意思	yìsi	丈人	zhàngren	壮实	zhuàngshi
银子	yínzi	帐子	zhàngzi	状元	zhuàngyuan
影子	yǐngzi	招呼	zhāohu	锥子	zhuīzi
应酬	yìngchou	招牌	zhāopai	桌子	zhuōzi
柚子	yòuzi	折腾	zhēteng	字号	zìhao
冤枉	yuānwang	这个	zhège	自在	zìzai
院子	yuànzi	这么	zhème	粽子	zòngzi
月饼	yuèbing	枕头	zhěntou	祖宗	zǔzong
月亮	yuèliang	芝麻	zhīma	嘴巴	zuǐba
云彩	yúncai	知识	zhīshi	作坊	zuōfang
运气	yùnqi	侄子	zhízi	琢磨	zuómo

附录二　普通话水平测试用儿化词表

刀把儿	dāobàr	打杂儿	dǎzár	小孩儿	xiǎoháir
号码儿	hàomǎr	板擦儿	bǎncār	加塞儿	jiāsāir
戏法儿	xìfǎr	名牌儿	míngpáir	快板儿	kuàibǎnr
在哪儿	zàinǎr	鞋带儿	xiédàir	老伴儿	lǎobànr
找茬儿	zhǎochár	壶盖儿	húgàir	蒜瓣儿	suànbànr

（续上表）

脸盘儿	liǎnpánr	脑瓜儿	nǎoguār	哥们儿	gēmenr
脸蛋儿	liǎndànr	大褂儿	dàguàr	纳闷儿	nàmènr
收摊儿	shōutānr	麻花儿	máhuār	后跟儿	hòugēnr
栅栏儿	zhàlánr	笑话儿	xiàohuar	高跟儿鞋	gāogēnrxié
包干儿	bāogānr	牙刷儿	yáshuār	别针儿	biézhēnr
笔杆儿	bǐgǎnr	一块儿	yīkuàir	一阵儿	yīzhènr
门槛儿	ménkǎnr	茶馆儿	cháguǎnr	走神儿	zǒushénr
药方儿	yàofāngr	饭馆儿	fànguǎnr	大婶儿	dàshěnr
赶趟儿	gǎntàngr	火罐儿	huǒguànr	小人儿书	xiǎorénrshū
香肠儿	xiāngchángr	落款儿	luòkuǎnr	杏仁儿	xìngrénr
瓜瓤儿	guārángr	打转儿	dǎzhuànr	刀刃儿	dāorènr
掉价儿	diàojiàr	拐弯儿	guǎiwānr	钢镚儿	gāngbèngr
一下儿	yīxiàr	好玩儿	hǎowánr	夹缝儿	jiāfèngr
豆芽儿	dòuyár	大腕儿	dàwànr	脖颈儿	bógěngr
小辫儿	xiǎobiànr	蛋黄儿	dànhuángr	提成儿	tíchéngr
照片儿	zhàopiānr	打晃儿	dǎhuàngr	半截儿	bànjiér
扇面儿	shànmiànr	天窗儿	tiānchuāngr	小鞋儿	xiǎoxiér
差点儿	chàdiǎnr	烟卷儿	yānjuǎnr	旦角儿	dànjuér
一点儿	yīdiǎnr	手绢儿	shǒujuànr	主角儿	zhǔjuér
雨点儿	yǔdiǎnr	出圈儿	chūquānr	跑腿儿	pǎotuǐr
聊天儿	liáotiānr	包圆儿	bāoyuánr	一会儿	yīhuìr
拉链儿	lāliànr	人缘儿	rényuánr	耳垂儿	ěrchuír
冒尖儿	màojiānr	绕远儿	ràoyuǎnr	墨水儿	mòshuǐr
坎肩儿	kǎnjiānr	杂院儿	záyuànr	围嘴儿	wéizuǐr
牙签儿	yáqiānr	刀背儿	dāobèir	走味儿	zǒuwèir
露馅儿	lòuxiànr	摸黑儿	mōhēir	打盹儿	dǎdǔnr
心眼儿	xīnyǎnr	老本儿	lǎoběnr	胖墩儿	pàngdūnr
鼻梁儿	bíliángr	花盆儿	huāpénr	砂轮儿	shālúnr
透亮儿	tòuliàngr	嗓门儿	sǎngménr	冰棍儿	bīnggùnr
花样儿	huāyàngr	把门儿	bǎménr	没准儿	méizhǔnr

（续上表）

开春儿	kāichūnr	模特儿	mótèr	口哨儿	kǒushàor
小瓮儿	xiǎowèngr	逗乐儿	dòulèr	蜜枣儿	mìzǎor
瓜子儿	guāzǐr	唱歌儿	chànggēr	鱼漂儿	yúpiāor
石子儿	shízǐr	挨个儿	āigèr	火苗儿	huǒmiáor
没词儿	méicír	打嗝儿	dǎgér	跑调儿	pǎodiàor
挑刺儿	tiāocìr	饭盒儿	fànhér	面条儿	miàntiáor
墨汁儿	mòzhīr	在这儿	zàizhèr	豆角儿	dòujiǎor
锯齿儿	jùchǐr	碎步儿	suìbùr	开窍儿	kāiqiàor
记事儿	jìshìr	没谱儿	méipǔr	衣兜儿	yīdōur
针鼻儿	zhēnbír	儿媳妇儿	érxífur	老头儿	lǎotóur
垫底儿	diàndǐr	梨核儿	líhúr	年头儿	niántóur
肚脐儿	dùqír	泪珠儿	lèizhūr	小偷儿	xiǎotōur
玩意儿	wányìr	有数儿	yǒushùr	门口儿	ménkǒur
有劲儿	yǒujìnr	果冻儿	guǒdòngr	纽扣儿	niǔkòur
送信儿	sòngxìnr	门洞儿	méndòngr	线轴儿	xiànzhóur
脚印儿	jiǎoyìnr	胡同儿	hútòngr	小丑儿	xiǎochǒur
花瓶儿	huāpíngr	抽空儿	chōukòngr	加油儿	jiāyóur
打鸣儿	dǎmíngr	酒盅儿	jiǔzhōngr	顶牛儿	dǐngniúr
图钉儿	túdīngr	小葱儿	xiǎocōngr	抓阄儿	zhuājiūr
门铃儿	ménlíngr	小熊儿	xiǎoxióngr	棉球儿	miánqiúr
眼镜儿	yǎnjìngr	红包儿	hóngbāor	火锅儿	huǒguōr
蛋清儿	dànqīngr	灯泡儿	dēngpàor	做活儿	zuòhuór
火星儿	huǒxīngr	半道儿	bàndàor	大伙儿	dàhuǒr
人影儿	rényǐngr	手套儿	shǒutàor	邮戳儿	yóuchuōr
毛驴儿	máolǘr	跳高儿	tiàogāor	小说儿	xiǎoshuōr
小曲儿	xiǎoqǔr	叫好儿	jiàohǎor	被窝儿	bèiwōr
痰盂儿	tányúr	口罩儿	kǒuzhàor	耳膜儿	ěrmór
合群儿	héqúnr	绝着儿	juézhāor	粉末儿	fěnmòr

附录三　普通话水平测试用次轻音词表

表一		感激	gǎn · jī	来不及	lái · bùjí
白天	bái · tiān	跟前	gēn · qián	老人家	lǎo · rén · jiā
报酬	bào · chóu	工人	gōng · rén	老鼠	lǎo · shǔ
报复	bào · fù	公平	gōng · píng	里边	lǐ · biān
别人	bié · rén	固执	gù · zhí	里面	lǐ · miàn
玻璃	bō · li	过来	guò · lái	力量	lì · liàng
差不多	chà · bùduō	过去	guò · qù	了不起	liǎo · bùqǐ
长处	cháng · chù	好处	hǎo · chù	邻居	lín · jū
成分	chéng · fèn	喉咙	hóu · lóng	逻辑	luó · jí
诚实	chéng · shí	后边	hòu · biān	毛病	máo · bìng
出来	chū · lái	后面	hòu · miàn	没有	méi · yǒu
出去	chū · qù	花费	huā · fèi	棉花	mián · huā
刺激	cì · jī	回来	huí · lái	摸索	mō · suǒ
聪明	cōng · míng	回去	huí · qù	母亲	mǔ · qīn
错误	cuò · wù	活动	huó · dòng	哪里	nǎ · lǐ
答复	dá · fù	机会	jī · huì	那里	nà · lǐ
大人	dà · rén	机器	jī · qì	佩服	pèi · fú
道理	dào · lǐ	机器人	jī · qìrén	菩萨	pú · sà
底下	dǐ · xià	记得	jì · dé	葡萄	pú · táo
地下	dì · xià	家具	jiā · jù	葡萄糖	pú · táotáng
懂得	dǒng · dé	价钱	jià · qián	妻子	qī · zǐ
对不起	duì · bùqǐ	讲究	jiǎng · jiū	起来	qǐ · lái
多少	duō · shǎo	进来	jìn · lái	气氛	qì · fēn
反正	fǎn · zhèng	进去	jìn · qù	前边	qián · biān
费用	fèi · yòng	觉得	jué · dé	前面	qián · miàn
分量	fèn · liàng	看见	kàn · jiàn	情形	qíng · xíng
夫人	fū · rén	客人	kè · rén	情绪	qíng · xù
父亲	fù · qīn	会计	kuài · jì	任务	rèn · wù
干净	gān · jìng	困难	kùn · nán	容易	róng · yì

（续上表）

上边	shàng · biān	烟囱	yān · cōng	残疾	cán · jí
上来	shàng · lái	摇晃	yáo · huàng	吃不消	chī · bùxiāo
上面	shàng · miàn	夜里	yè · lǐ	尺寸	chǐ · cùn
上去	shàng · qù	已经	yǐ · jīng	抽屉	chōu · tì
舍不得	shě · bù · dé	意见	yì · jiàn	搭讪	dā · shàn
身份	shēn · fèn	意识	yì · shí	大不了	dà · bùliǎo
神气	shén · qì	因为	yīn · wèi	当铺	dàng · pù
使得	shǐ · dé	应付	yìng · fù	得罪	dé · zuì
势力	shì · lì	右边	yòu · biān	底细	dǐ · xì
书记	shū · jì	遇见	yù · jiàn	点缀	diǎn · zhuì
熟悉	shú · xī	愿意	yuàn · yì	惦记	diàn · jì
说法	shuō · fǎ	早晨	zǎo · chén	东边	dōng · biān
太阳	tài · yáng	照顾	zhào · gù	短处	duǎn · chù
态度	tài · dù	折磨	zhé · mó	翻腾	fān · téng
听见	tīng · jiàn	这里	zhè · lǐ	分寸	fēn · cùn
痛快	tòng · kuài	知道	zhī · dào	风水	fēng · shuǐ
外边	wài · biān	值得	zhí · dé	凤凰	fèng · huáng
外面	wài · miàn	主人	zhǔ · rén	扶手	fú · shǒu
味道	wèi · dào	嘱咐	zhǔ · fù	服侍	fú · shì
西瓜	xī · guā	**表二**		斧头	fǔ · tóu
下边	xià · biān	把手	bǎ · shǒu	干粮	gān · liáng
下来	xià · lái	摆布	bǎi · bù	告示	gào · shì
下面	xià · miàn	摆弄	bǎi · nòng	格式	gé · shì
下去	xià · qù	摆设	bǎi · shè	工钱	gōng · qián
显得	xiǎn · dé	褒贬	bāo · biǎn	公道	gōng · dào
想法	xiǎng · fǎ	报应	bào · yìng	功劳	gōng · láo
小姐	xiǎo · jiě	抱怨	bào · yuàn	恭维	gōng · wéi
小心	xiǎo · xīn	北边	běi · biān	勾当	gòu · dàng
晓得	xiǎo · dé	本钱	běn · qián	估量	gū · liáng
心里	xīn · lǐ	鼻涕	bí · tì	害处	hài · chù
新鲜	xīn · xiān	别致	bié · zhì	行家	háng · jiā

（续上表）

和气	hé · qì	眉目	méi · mù	算盘	suàn · pán
荷包	hé · bāo	门面	mén · miàn	孙女	sūn · nǚ
滑稽	huá · jī	免得	miǎn · dé	提拔	tí · bá
荒唐	huāng · táng	牡丹	mǔ · dān	体谅	tǐ · liàng
黄瓜	huáng · guā	南边	nán · biān	体面	tǐ · miàn
恍惚	huǎng · hū	南瓜	nán · guā	替换	tì · huàn
晦气	huì · qì	南面	nán · miàn	通融	tōng · róng
火气	huǒ · qì	难处	nán · chù	透亮	tòu · liàng
伙食	huǒ · shí	泥鳅	ní · qiū	徒弟	tú · dì
祸害	huò · hài	挪动	nuó · dòng	喜鹊	xǐ · què
忌讳	jì · huì	排场	pái · chǎng	薪水	xīn · shuǐ
缰绳	jiāng · shéng	牌坊	pái · fāng	修行	xiū · xíng
禁不住	jīn · bùzhù	喷嚏	pēn · tì	妖怪	yāo · guài
近视	jìn · shì	碰见	pèng · jiàn	义气	yì · qì
看不起	kàn · bùqǐ	琵琶	pí · pá	益处	yì · chù
考究	kǎo · jiū	篇幅	piān · fú	樱桃	yīng · táo
靠不住	kào · bùzhù	撇开	piē · kāi	右面	yòu · miàn
苦头	kǔ · tóu	泼辣	pō · là	鸳鸯	yuān · yāng
宽敞	kuān · chǎng	破绽	pò · zhàn	月季	yuè · jì
魁梧	kuí · wú	魄力	pò · lì	匀称	yún · chèn
拉拢	lā · lǒng	葡萄酒	pú · táojiǔ	糟蹋	zāo · tà
牢骚	láo · sāo	敲打	qiāo · dǎ	渣滓	zhā · zǐ
冷不防	lěng · bùfáng	瞧见	qiáo · jiàn	照应	zhào · yìng
冷清	lěng · qīng	俏皮	qiào · pí	阵势	zhèn · shì
理事	lǐ · shì	亲事	qīn · shì	证人	zhèng · rén
了不得	liǎo · bù · dé	轻巧	qīng · qiǎo	侄女	zhí · nǚ
伶俐	líng · lì	去处	qù · chù	指头	zhǐ · tou
琉璃	liú · lí	洒脱	sǎ · tuō	志气	zhì · qì
露水	lù · shuǐ	神仙	shén · xiān	周到	zhōu · dào
埋伏	mái · fú	生日	shēng · rì	住处	zhù · chù
卖弄	mài · nòng	尸首	shī · shǒu	左面	zuǒ · miàn
玫瑰	méi · guī	手巾	shǒu · jīn		

第五单元　综合训练

一、测试模拟训练

第一套

（一）读单音节字词。（限时 3.5 分钟）

帮	仁	腹	汁	洲	财	凉	约	捧	琼
思	凤	虞	甲	珍	拖	圃	越	梭	税
急	凶	触	训	盅	杯	桑	观	淮	装
挑	扎	魂	丢	砖	波	脓	兵	猛	趁
挠	乏	瑶	休	秒	环	航	更	盖	跑
挪	仙	誓	兴	结	祈	载	权	搔	数
某	冬	撤	如	背	临	通	材	搜	满
柔	冯	磕	当	贴	厘	造	沟	最	煞
残	尔	踹	戍	郡	品	乾	纲	朝	猿
泉	帅	糠	灯	倪	峦	做	角	然	窥

（二）读多音节词语。（限时 2.5 分钟）

编纂	杆菌	麻雀	造福	口袋
裁军	难过	帮凶	牙签儿	平等
怅惘	会员	破灭	喷泉	女皇
慈祥	激活	前辈	热血	猛烈
担心	那些	包袱	叫好儿	歌颂
说笑	氧化	阴雨	利用	表明
洞察	抗争	胎儿	责怪	告诉
额角	开凿	吞没	衰老	可观
飞速	后跟儿	外科	提纯	当天
否认	流逝	为难	聪慧	哑剧

（三）朗读短文：请朗读第 50 号短文。（限时 4 分钟）

（四）命题说话：请按照话题“我的家乡（或熟悉的地方）”或“我的成长之路”说一段话。（限时 3 分钟）

第二套

（一）读单音节字词。（限时 3.5 分钟）

狂	晕	列	惨	也	妞	政	驰	雪	怪
御	醉	亦	笋	可	摔	钻	梢	邢	群
邵	顿	雁	钱	位	穹	逗	镍	邹	抢
怒	俩	跌	瞒	循	乱	贫	喜	双	然
氧	碑	相	捻	翁	臣	楼	瓦	夸	拽
弱	挂	卷	洗	笙	雄	鸟	筛	消	句
啃	绝	药	粟	琢	宣	则	白	完	炕
乐	望	童	卧	淌	司	钓	宋	制	饵
是	铐	退	努	泡	娘	妙	凡	枕	引
坏	掐	蓄	弄	坡	广	溅	赢	慌	崖

（二）读多音节词语。（限时 2.5 分钟）

单词	液化	文学	成果	坎肩儿
口语	大量	羞耻	字母	够劲儿
智能	丰收	利落	黄油	馅儿饼
窘迫	来信	特地	稳固	快板儿
钢笔	错误	失盗	零碎	丘陵
责任	雄伟	调查	壮美	窃听
磨损	从此	赤脚	商业	顺当
长途	阻碍	集子	男人	所有
慈爱	发动	没辙	悔改	创造
香味	不安	一旁	回忆	少数

（三）朗读短文：请朗读第 40 号短文。（限时 4 分钟）

（四）命题说话：请按照话题“我喜欢的季节（或天气）”或“谈谈对环境保护的认识”说一段话。（限时 3 分钟）

第三套

（一）读单音节字词[①]。（限时 3.5 分钟）

镇	痣	杨	申	嘭	嘣	旬	犬	供（供给）	胜
秦	习	砣	索	私	恰	操	润	曾（曾孙）	晃（晃动）
餐	乳	铝	莫	涮	甩	鸥	并（合并）	色（色彩）	否（否定）
虐	惹	密	涌	能	框	乖	画（油画）	朝（朝代）	六（六月）

① 注意：带括号的字只需读出该字在括号里的读音，不要音变，也不要把括号里的内容读出。

浆　刁　俊　频　自　啊　灾　圈（猪圈）　挑（挑战）　俩（咱俩）
日　刘　近　荫　渠　幅　不　刺（讽刺）　撇（撇开）　闷（苦闷）
额　贵　庄　挎　街　尝　舜　屯　委（委派）　石（石板）
翻　二　猜　熔　斩　腻　防　降（降伏）　那（姓）　撒（撒播）
瓶　胸　池　关　舔　跃　口　叶（叶片）　咳（咳，真怪!）得（得去）
聊　亏　段　握　拨　面　零　嘿(嘿嘿一笑)　拗(拗不过)　扎（扎裤脚）

（二）读多音节词语。（限时 2.5 分钟）

小曲儿	罚款	漂亮	脾气	血渍
知遇	婆婆	搅扰	群体	没错
亚军	强度	死亡	动员	因而
舅舅	劳驾	稳定	障碍	刮脸
匪首	安全	陶瓷	冲刷	搜查
中间儿	分蘖	仍然	拐弯	竹笋
下午	凶狠	特别	回头	广博
修女	赞成	尺寸	课本	侵略
随时	快乐	打嗝儿	穷人	帮忙
民用	奶水	恒星	牧活儿	命运

（三）朗读短文：请朗读第 30 号短文。（限时 4 分钟）

（四）命题说话：请按照话题“我的朋友”或“谈谈社会公德（或职业道德）”说一段话。（限时 3 分钟）

第四套

（一）读单音节字词。（限时 3.5 分钟）

逛　坟　劝　修　到　绒　闩　印　法　臂（上臂）
蚕　儒　按　军　费　免　浊　疟　隋　苔（舌苔）
紫　旅　晴　钮　破　蝉　瞬　钦　教（教书）　区（姓）
锣　越　玻　条　绕　古　瞥　旺　冲（味儿很冲）　尺（尺寸）
铡　翔　稳　郑　黄　晋　杂　配　磅（磅秤）　揣（怀揣）
婶　聂　使　错　诊　千　跨　低　更（更加）　褪（褪色）
瓷　填　溺　圣　治　渺　滑　赏　藏（躲藏）　可（可爱）
霞　荀　病　宽　洋　拐　灭　咏　仇（仇敌）　恶（恶毒）
另　缩　组　闰　江　恨　熊　默　开　逮（逮老鼠）
孙　倦　艘　女　丝　聘　黑　贰　曾（曾经）　溜（溜冰）

（二）读多音节词语。（限时 2.5 分钟）

小辫儿	恰巧	英雄	抓紧	运动（运动健将）
纽扣	专门	维持	铜子儿	老婆（妻子）
画报	沙漠	状况	坏人	构成
群众	被窝儿	然而	平方	私囊
蠢蠢	夏季	韭菜	信用	伺候
热烈	干脆	质量	奶瓶	日记
蛐蛐儿	炮弹	省略	总得	坚定
相声	结婚	落选	玩耍	早霜
风俗	殡葬	软席	穷苦	决策
洒脱	恩爱	明确	幅员	妖怪

（三）朗读短文：请朗读第 20 号短文。（限时 4 分钟）

（四）命题说话：请按照话题“我的愿望（或理想）”或“我喜爱的动物（或植物）”说一段话。（限时 3 分钟）

第五套

（一）读单音节字词。（限时 3.5 分钟）

纺	贰	帅	袄	憋	吞	搓	鹰	鸣	肺
穷	厚	花	膜	软	收	群	木	快	拔
质	疮	事	所	子	晾	此	掐	霉	涝
翁	拒	须	匀	绝	犬	颇	兄	瓜	聋
砍	瓶	夏	醋	逛	愁	丢	讲	留	您
灯	王	捅	托	走	暖	伞	阴	坐	由
秒	风	亩	忍	隔	望	滚	拿	输	袋
稗	耿	蝙	吝	飘	脓	钱	聂	犊	涛
瑰	郑	愧	甄	赫	驯	酵	癣	俊	迄
茬	粤	嫦	按	赦	穗	涮	豺	褥	孽

（二）读多音节词语。（限时 2.5 分钟）

军种	改变	葡萄	瓜分	帐篷
蒙受	奇怪	狂风	予以	旦角儿
叵测	优美	笔直	孪生	洽谈
骚乱	筷子	柔软	寻找	拔尖儿
黑枣	值得	履行	帮工	粮食
费劲	采取	汹涌	吵嘴	别处
着想	说明	锻炼	混纺	风景

滚动	花色	纽扣	司机	标准化
假定	小麦	那么	格言	而且
劝告	词素	勇敢	决斗	因地制宜

（三）朗读短文：请朗读第10号短文。（限时4分钟）

（四）命题说话：请按照话题“我的学习生活”或“童年的记忆”说一段话。（限时3分钟）

二、诗文朗读训练

送孟浩然之广陵

李　白

故人西辞黄鹤楼，烟花三月下扬州。
孤帆远影碧空尽，唯见长江天际流。

送杜少府之任蜀州

王　勃

城阙辅三秦，风烟望五津。与君离别意，同是宦游人。
海内存知己，天涯若比邻。无为在歧路，儿女共沾巾。

无　题

李商隐

相见时难别亦难，东风无力百花残。
春蚕到死丝方尽，蜡炬成灰泪始干。
晓镜但愁云鬓改，夜吟应觉月光寒。
蓬山此去无多路，青鸟殷勤为探看。

江南逢李龟年

杜　甫

岐王宅里寻常见，崔九堂前几度闻。
正是江南好风景，落花时节又逢君。

石壕吏

杜　甫

暮投石壕村，有吏夜捉人。老翁逾墙走，老妇出门看。吏呼一何怒！妇啼一何苦！

听妇前致词：三男邺城戍。一男附书至，二男新战死。存者且偷生，死者长已矣。室中更无人，惟有乳下孙。有孙母未去，出入无完裙。老妪力虽衰，请从吏夜归。急应河阳役，犹得备晨炊。

夜久语声绝，如闻泣幽咽。天明登前途，独与老翁别。

青玉案·元夕

辛弃疾

东风夜放花千树，更吹落、星如雨。宝马雕车香满路。凤箫声动，玉壶光转，一夜鱼龙舞。　　蛾儿雪柳黄金缕，笑语盈盈暗香去。众里寻他千百度，蓦然回首，那人却在，灯火阑珊处。

天净沙·秋思

马致远

枯藤老树昏鸦，小桥流水人家，古道西风瘦马。夕阳西下，断肠人在天涯。

再别康桥

徐志摩

轻轻的我走了，
正如我轻轻的来；
我轻轻的招手，
作别西天的云彩。

那河畔的金柳，
是夕阳中的新娘；
波光里的艳影，
在我的心头荡漾。

软泥上的青荇，
油油的在水底招摇；
在康河的柔波里，
我甘心做一条水草！

那榆荫下的一潭，
不是清泉，是天上虹；
揉碎在浮藻间，
沉淀着彩虹似的梦。

寻梦？撑一支长篙，
向青草更青处漫溯；
满载一船星辉，
在星辉斑斓里放歌。

但我不能放歌，
悄悄是别离的笙萧；
夏虫也为我沉默，
沉默是今晚的康桥！

悄悄的我走了，
正如我悄悄的来；
我挥一挥衣袖，
不带走一片云彩。

雨　巷

戴望舒

撑着油纸伞，独自
彷徨在悠长，悠长，
又寂寥的雨巷，
我希望逢着
一个丁香一样地
结着愁怨的姑娘。
她是有
丁香一样的颜色，
丁香一样的芬芳，
丁香一样的忧愁，
在雨中哀怨，
哀怨又彷徨；

她彷徨在这寂寥的雨巷，
撑着油纸伞
像我一样，
像我一样地
默默彳亍着，
冷漠，凄清，又惆怅。

她静默地走近
走近，又投出
太息一般的眼光，
她飘过
像梦一般地，
像梦一般地凄婉迷茫。

像梦中飘过
一枝丁香地，
我身旁飘过这女郎；
她静默地远了，远了，
到了颓圮的篱墙，
走尽这雨巷。

在雨的哀曲里，
消了她的颜色，
散了她的芬芳，
消散了，甚至她的
太息般的眼光，
丁香般的惆怅。

撑着油纸伞，独自
彷徨在悠长，悠长
又寂寥的雨巷，
我希望飘过
一个丁香一样地
结着愁怨的姑娘。

致橡树

舒　婷

我如果爱你——
绝不像攀援的凌霄花，
借你的高枝炫耀自己：
我如果爱你——
绝不学痴情的鸟儿，
为绿荫重复单调的歌曲；
也不止像泉源，
常年送来清凉的慰藉；
也不止像险峰，
增加你的高度，衬托你的威仪。

甚至日光。
甚至春雨。
不，这些都还不够！
我必须是你近旁的一株木棉，
做为树的形象和你站在一起。
根，紧握在地下，
叶，相触在云里。
每一阵风过，
我们都互相致意，
但没有人
听懂我们的言语。
你有你的铜枝铁干，
像刀，像剑，
也像戟，
我有我的红硕花朵，
像沉重的叹息，
又像英勇的火炬，
我们分担寒潮、风雷、霹雳；
我们共享雾霭流岚、虹霓，
仿佛永远分离，
却又终身相依，
这才是伟大的爱情，
坚贞就在这里：
不仅爱你伟岸的身躯，
也爱你坚持的位置，脚下的土地。

乡 愁

余光中

小时候
乡愁是一枚小小的邮票
我在这头
母亲在那头

长大后
乡愁是一张窄窄的船票
我在这头
新娘在那头

后来啊
乡愁是一方矮矮的坟墓
我在外头
母亲在里头

而现在
乡愁是一湾浅浅的海峡
我在这头
大陆在那头

回 答

北 岛

卑鄙是卑鄙者的通行证，
高尚是高尚者的墓志铭。
看吧，在那镀金的天空中，
飘满了死者弯曲的倒影。

冰川纪过去了，
为什么到处都是冰凌？
好望角发现了，
为什么死海里千帆相竞？

我来到这个世界上，
只带着纸、绳索和身影，
为了在审判之前，
宣读那被判决了的声音。

告诉你吧，世界，
我——不——相——信！
纵使你脚下有一千名挑战者，
那就把我算作第一千零一名。

我不相信天是蓝的，
我不相信雷的回声，
我不相信梦是假的，
我不相信死无报应。

如果海洋注定要决堤，
就让所有的苦水都注入我心中；
如果陆地注定要上升，
就让人类重新选择生存的峰顶。

新的转机和闪闪的星斗，
正在缀满没有遮拦的天空，
那是五千年的象形文字，
那是未来人们凝视的眼睛。

三、绕口令训练

吃葡萄

吃葡萄不吐葡萄皮儿，不吃葡萄倒吐葡萄皮儿。

牛郎和刘娘

牛郎年年恋刘娘，刘娘连连念牛郎。
牛郎恋刘娘，刘娘念牛郎，郎恋娘来娘念郎。

画凤凰

粉红墙上画凤凰，凤凰画在粉红墙。
红凤凰，粉凤凰，粉红凤凰，花凤凰。

六十六岁的刘老六

六十六岁的刘老六，
修了六十六座走马楼，
楼上摆了六十六瓶苏合油，
门前栽了六十六棵垂杨柳，
垂杨柳上拴了六十六匹大马猴。
忽然一阵狂风起，
吹倒了六十六座走马楼，
打翻了六十六瓶苏合油，
压倒了六十六棵垂杨柳，

跑掉了六十六匹大马猴，
气死了六十六岁的刘老六。

喇嘛和哑巴

打南边来了个喇嘛，
手里提拉着五斤鳎目，
打北边来了个哑巴，
腰里别着个喇叭。
南边提拉鳎目的喇嘛要拿鳎目换北边别喇叭的哑巴的喇叭，
哑巴不乐意拿喇叭换提拉鳎目的喇嘛的鳎目，
喇嘛非要拿鳎目换别喇叭的哑巴的喇叭。
喇嘛抡起鳎目抽了别喇叭的哑巴一鳎目，
哑巴摘下喇叭打了提拉鳎目的喇嘛一喇叭。
也不知提拉鳎目的喇嘛抽了别喇叭的哑巴一鳎目，
还是别喇叭的哑巴打了提拉鳎目的喇嘛一喇叭。
喇嘛炖鳎目，哑巴嘀嘀哒哒吹喇叭。

涩柿子与石狮子

山前有四十四个死涩柿子，山后有四十四个石狮子。山前的四十四个死涩柿子，涩死了山后的四十四个石狮子；山后的四十四个石狮子，咬死了山前的四十四个死涩柿子。不知是山前的四十四个死涩柿子涩死了山后的四十四个石狮子，还是山后的四十四个石狮子咬死了山前的四十四个死涩柿子。

真稀奇

稀奇稀奇真稀奇，麻雀踩死老母鸡，蚂蚁身长三尺七，七十岁的老头儿躺在摇篮里。

漆匠与锡匠

七巷一个漆匠，西巷一个锡匠。七巷的漆匠偷了西巷锡匠的锡，西巷的锡匠拿了七巷漆匠的漆。七巷的漆匠气西巷的锡匠拿了漆，西巷的锡匠讥七巷的漆匠拿了锡。请问漆匠和锡匠，谁拿谁的锡？谁偷谁的漆？

附录一　普通话水平测试用多音字表

阿 ā、ē	朝 cháo、zhāo	肚 dǔ、dù
挨 āi、ái	车 chē、jū	度 dù、duó
熬 āo、áo	称 chèn、chēng	囤 dùn、tún
拗 ào、niù	澄 chéng、dèng	垛 duǒ、duò
扒 bā、pá	冲 chōng、chòng	恶 ě、è、wū、wù
把 bǎ、bà	仇 chóu、Qiú	发 fā、fà
膀 bǎng、pāng、páng	臭 chòu、xiù	分 fēn、fèn
磅 bàng、páng	处 chǔ、chù	缝 féng、fèng
堡 bǎo、pù	揣 chuāi、chuǎi	佛 fó、fú
背 bēi、bèi	传 chuán、zhuàn	服 fú、fù
奔 bēn、bèn	创 chuāng、chuàng	干 gān、gàn
绷 bēng、běng、bèng	撮 cuō、zuǒ	杆 gān、gǎn
辟 bì、pì	答 dā、dá	岗 gāng、gǎng
便 biàn、pián	打 dá、dǎ	膏 gāo、gào
别 bié、biè	大 dà、dài	葛 gé、Gě
剥 bāo、bō	待 dāi、dài	给 gěi、jǐ
泊 bó、pō	逮 dǎi、dài	更 gēng、gèng
薄 báo、bó、bò	单 dān、Shàn	供 gōng、gòng
簸 bǒ、bò	担 dān、dàn	勾 gōu、gòu
参 cān、shēn	弹 dàn、tán	观 guān、guàn
藏 cáng、zàng	当 dāng、dàng	冠 guān、guàn
叉 chā、chǎ	倒 dǎo、dào	好 hǎo、hào
杈 chā、chà	得 de、dé、děi	号 háo、hào
差 chā、chà、chāi、cī	的 de、dí、dì	喝 hē、hè
禅 chán、shàn	调 diào、tiáo	和 hé、hè、hú、huó、huò
颤 chàn、zhàn	钉 dīng、dìng	核 hé、hú
长 cháng、zhǎng	都 dōu、dū	荷 hé、hè
场 cháng、chǎng	斗 dǒu、dòu	横 héng、hèng

（续上表）

哄 hōng、hǒng、hòng	倔 jué、juè	蒙 mēng、méng、Měng
侯 hóu、hòu	嚼 jiáo、jué	模 mó、mú
华 huá、Huà	卡 kǎ、qiǎ	磨 mó、mò
划 huá、huà	看 kān、kàn	抹 mā、mǒ、mò
还 hái、huán	壳 ké、qiào	难 nán、nàn
晃 huǎng、huàng	空 kōng、kòng	泥 ní、nì
会 huì、kuài	拉 lā、lá、lǎ、là	宁 níng、nìng
混 hún、hùn	乐 lè、yuè	拧 níng、nǐng、nìng
豁 huō、huò	勒 lè、lēi	耙 bà、pá
几 jī、jǐ	累 léi、lěi、lèi	刨 bào、páo
纪 Jǐ、jì	擂 léi、lèi	炮 bāo、páo、pào
济 Jǐ、jì	俩 liǎ、liǎng	泡 pāo、pào
夹 jiā、jiá	凉 liáng、liàng	劈 pī、pǐ
贾 gǔ、Jiǎ	量 liáng、liàng	片 piān、piàn
假 jiǎ、jià	撩 liāo、liáo	漂 piāo、piǎo、piào
间 jiān、jiàn	燎 liáo、liǎo	撇 piē、piě
监 jiān、jiàn	令 lǐng、lìng	屏 bǐng、píng
将 jiāng、jiàng	溜 liū、liù	仆 pū、pú
降 jiàng、xiáng	蹓 liū、liù	铺 pū、pù
角 jiǎo、jué	笼 lóng、lǒng	朴 Piáo、pǔ
剿 chāo、jiǎo	搂 lōu、lǒu	呛 qiāng、qiàng
教 jiāo、jiào	露 lòu、lù	强 jiàng、qiáng、qiǎng
结 jiē、jié	陆 liù、lù	悄 qiāo、qiǎo
解 jiě、jiè、xiè	率 lǜ、shuài	翘 qiáo、qiào
尽 jǐn、jìn	绿 lù、lǜ	切 qiē、qiè
劲 jìn、jìng	捋 luō、lǚ	茄 jiā、qié
禁 jīn、jìn	落 là、lào、luò	亲 qīn、qìng
颈 gěng、jǐng	蔓 màn、wàn	曲 qū、qǔ
卷 juǎn、juàn	没 méi、mò	圈 juān、juàn、quān
觉 jiào、jué	闷 mēn、mèn	任 rén、rèn

（续上表）

撒 sā、sǎ	同 tóng、tòng	晕 yūn、yùn
塞 sāi、sài、sè	吐 tǔ、tù	载 zǎi、zài
散 sǎn、sàn	拓 tà、tuò	攒 cuán、zǎn
丧 sāng、sàng	为 wéi、wèi	脏 zāng、zàng
臊 sāo、sào	系 jì、xì	择 zé、zhái
扫 sǎo、sào	吓 hè、xià	曾 céng、zēng
色 sè、shǎi	纤 qiàn、xiān	扎 zā、zhā
刹 chà、shā	鲜 xiān、xiǎn	轧 yà、zhá
煞 shā、shà	相 xiāng、xiàng	炸 zhá、zhà
杉 shā、shān	巷 hàng、xiàng	占 zhān、zhàn
扇 shān、shàn	削 Xiāo、xuē	涨 zhǎng、zhàng
上 shǎng、shàng	肖 xiāo、xiào	折 shé、zhē、zhé
少 shǎo、shào	校 jiào、xiào	挣 zhēng、zhèng
舍 shě、shè	兴 xīng、xìng	正 zhēng、zhèng
省 shěng、xǐng	行 háng、xíng	症 zhēng、zhèng
盛 chéng、shèng	畜 chù、xù	只 zhī、zhǐ
什 shén、shí	旋 xuán、xuàn	中 zhōng、zhòng
石 dàn、shí	血 xiě、xuè	种 zhǒng、zhòng
熟 shóu、shú	咽 yān、yàn、yè	重 Chóng、zhǒng、zhòng
数 shǔ、shù、shuò	燕 Yān、yàn	属 shǔ、zhǔ
谁 shéi、shuí	要 yāo、yào	爪 zhǎo、zhuǎ
似 shì、sì	掖 yē、yè	转 zhuǎn、zhuàn
宿 sù、xiǔ、xiù	殷 yān、Yīn	幢 chuáng、zhuàng
遂 suí、suì	饮 yǐn、yìn	着 zhāo、zháo、zhuó
苔 tāi、tái	应 yīng、yìng	琢 zhuó、zuó
提 dī、tí	佣 yōng、yòng	仔 zǎi、zī、zǐ
挑 tiāo、tiǎo	予 yú、yǔ	钻 zuān、zuàn
帖 tiē、tiě、tiè	与 yǔ、yù	作 zuō、zuò
通 tōng、tòng	约 yāo、yuē	

附录二　普通话水平测试用难读误读字词表

皑 ái	箔 bó	惮 dàn	垢 gòu	髻 jì
蔼 ǎi	埠 bù	裆 dāng	辜 gū	荚 jiá
隘 ài	璨 càn	悼 dào	梏 gù	拣 jiǎn
黯 àn	糙 cāo	嫡 dí	锢 gù	睑 jiǎn
盎 àng	蹭 cèng	貂 diāo	胱 guāng	毽 jiàn
凹 āo	蹿 cuān	窦 dòu	犷 guǎng	腱 jiàn
遨 áo	篡 cuàn	犊 dú	皈 guī	酱 jiàng
翱 áo	啐 cuì	笃 dǔ	埚 guō	犟 jiàng
鳌 áo	淬 cuì	盹 dǔn	蚶 hān	窖 jiào
坳 ào	皴 cūn	沌 dùn	鼾 hān	秸 jiē
拗 ào	搓 cuō	踱 duó	郝 hǎo	烬 jìn
拔 bá	茬 chá	剁 duò	劾 hé	噤 jìn
掰 bāi	潺 chán	掇 duō	阂 hé	茎 jīng
蚌 bàng	掣 chè	厄 è	褐 hè	胫 jìng
谤 bàng	嗤 chī	鄂 è	壑 hè	炯 jiǒng
孢 bāo	侈 chǐ	愕 è	豢 huàn	窘 jiǒng
鲍 bào	炽 chì	萼 è	恍 huǎng	揪 jiū
蹦 bèng	啻 chì	遏 è	洄 huí	灸 jiǔ
婢 bì	舂 chōng	梵 fàn	卉 huì	韭 jiǔ
痹 bì	刍 chú	吠 fèi	喙 huì	臼 jiù
膘 biāo	搐 chù	酚 fēn	畸 jī	厩 jiù
憋 biē	踹 chuài	焚 fén	羁 jī	驹 jū
鳖 biē	喘 chuǎn	孵 fū	汲 jí	橘 jú
瘪 biě	啜 chuò	匐 fú	棘 jí	咀 jǔ
摈 bìn	绰 chuò	擀 gǎn	辑 jí	沮 jǔ
鬓 bìn	耷 dā	赣 gàn	瘠 jí	遽 jù
禀 bǐng	怠 dài	镐 gǎo	戟 jǐ	眷 juàn
摒 bìng	玳 dài	羹 gēng	麂 jǐ	撅 juē
钵 bō	疸 dǎn	篝 gōu	暨 jì	厥 jué

（续上表）

獗 jué	赁 lìn	溺 nì	锹 qiāo	怂 sǒng
蕨 jué	躏 lìn	腻 nì	撬 qiào	悚 sǒng
攫 jué	伶 líng	蔫 niān	鞘 qiào	酥 sū
咯 kǎ	羚 líng	黏 nián	惬 qiè	稣 sū
龛 kān	翎 líng	捻 niǎn	沁 qìn	粟 sù
瞰 kàn	聆 líng	撵 niǎn	擎 qíng	绥 suí
扛 káng	绺 liǔ	碾 niǎn	磬 qìng	髓 suǐ
瞌 kē	咙 lóng	廿 niàn	穹 qióng	穗 suì
磕 kē	篓 lǒu	袅 niǎo	鳅 qiū	唆 suō
抠 kōu	戮 lù	啮 niè	酋 qiú	蓑 suō
脍 kuài	麓 lù	孽 niè	裘 qiú	霎 shà
筐 kuāng	榈 lǘ	蘖 niè	祛 qū	擅 shàn
框 kuàng	抡 lūn	磐 pán	蛆 qū	赡 shàn
眶 kuàng	捋 luō	毗 pí	蜷 quán	赦 shè
窥 kuī	摞 luò	媲 pì	瘸 qué	娠 shēn
魁 kuí	霾 mái	匍 pú	阙 què	渗 shèn
傀 kuí	鳗 mán	沏 qī	榷 què	蜃 shèn
匮 kuì	螨 mǎn	栖 qī	饶 ráo	虱 shī
坤 kūn	蟒 mǎng	戚 qī	绕 rào	侍 shì
徕 lái	髦 máo	歧 qí	刃 rèn	柿 shì
睐 lài	卯 mǎo	崎 qí	纫 rèn	嗜 shì
婪 lán	猕 mí	畦 qí	妊 rèn	噬 shì
斓 lán	谧 mì	鳍 qí	韧 rèn	螫 shì
儡 lěi	眠 mián	绮 qǐ	任 rèn	倏 shū
愣 lèng	缅 miǎn	砌 qì	蠕 rú	赎 shú
栗 lì	藐 miǎo	掐 qiā	褥 rù	庶 shù
砾 lì	谬 miù	虔 qián	蕊 ruǐ	吮 shǔn
蛎 lì	蓦 mò	钳 qián	瑟 sè	烁 shuò
踉 liàng	眸 móu	黔 qián	伺 sì	獭 tǎ
嘹 liáo	牡 mǔ	嵌 qiàn	祀 sì	榻 tà
撂 liào	氖 nǎi	锵 qiāng	俟 sì	踏 tà
咧 liě	馁 něi	跷 qiāo	嗣 sì	蹋 tà

（续上表）

坍 tān	锨 xiān	翌 yì	舆 yú	炙 zhì
绦 tāo	涎 xián	裔 yì	驭 yù	峙 zhì
萄 táo	衔 xián	熠 yì	垣 yuán	挚 zhì
滕 téng	羡 xiàn	湮 yān	苑 yuàn	桎 zhì
剔 tī	霰 xiàn	筵 yán	陨 yǔn	盅 zhōng
屉 tì	镶 xiāng	檐 yán	蕴 yùn	砧 zhēn
剃 tì	饷 xiǎng	俨 yǎn	崽 zǎi	斟 zhēn
嚏 tì	嚣 xiāo	衍 yǎn	蚤 zao	臻 zhēn
佟 tóng	啸 xiào	佯 yáng	啧 zé	诊 zhěn
筒 tǒng	楔 xiē	疡 yáng	仄 zè	冢 zhǒng
颓 tuí	屑 xiè	吆 yāo	姊 zǐ	仲 zhòng
蜕 tuì	亵 xiè	肴 yáo	渍 zì	肘 zhǒu
褪 tuì	蟹 xiè	舀 yǎo	鬃 zōng	咒 zhòu
豚 tún	馨 xīn	噎 yē	揍 zòu	皱 zhòu
唾 tuò	戌 xū	曳 yè	诅 zǔ	骤 zhòu
芜 wú	嘘 xū	垠 yín	攥 zuàn	瞩 zhǔ
梧 wú	絮 xù	龈 yín	渣 zhā	伫 zhù
剜 wān	暄 xuān	荫 yìn	楂 zhā	贮 zhù
宛 wǎn	炫 xuàn	壅 yōng	乍 zhà	蛀 zhù
惘 wǎng	绚 xuàn	臃 yōng	栅 zhà	拽 zhuài
桅 wéi	眩 xuàn	甬 yǒng	绽 zhàn	撰 zhuàn
苇 wěi	谑 xuè	酉 yǒu	蘸 zhàn	篆 zhuàn
紊 wěn	熏 xūn	黝 yǒu	沼 zhǎo	椎 zhuī
唏 xī	薰 xūn	柚 yòu	肇 zhào	锥 zhuī
犀 xī	峋 xún	釉 yòu	蜇 zhé	缀 zhuì
皙 xī	漪 yī	淤 yū	辄 zhé	赘 zhuì
曦 xī	倚 yǐ	臾 yú	辙 zhé	啄 zhuó
铣 xǐ	屹 yì	隅 yú	褶 zhě	
隙 xì	呓 yì	腴 yú	蔗 zhè	
暇 xiá	诣 yì	虞 yú	疹 zhěn	

附 录

一、汉语拼音方案

（一）字母表

格式：字母（名称）

Aa（ㄚ）	Bb（ㄅㄝ）	Cc（ㄘㄝ）	Dd（ㄉㄝ）	Ee（ㄜ）	Ff（ㄝㄈ）
Gg（ㄍㄝ）	Hh（ㄏㄚ）	Ii（丨）	Jj（ㄐ丨ㄝ）	Kk（ㄎㄝ）	Ll（ㄝㄌ）
Mm（ㄝㄇ）	Nn（ㄋㄝ）	Oo（ㄛ）	Pp（ㄆㄝ）	Qq（ㄑ丨ㄡ）	Rr（ㄚㄦ）
Ss（ㄝㄙ）	Tt（ㄊㄝ）	Uu（ㄨ）	Vv（ㄪㄝ）	Ww（ㄨㄚ）	Xx（ㄒ丨）
Yy（丨ㄚ）	Zz（ㄗㄝ）				

V 只用来拼写外来语、少数民族语言和方言。字母的手写体依照拉丁字母的一般书写习惯。

（二）声母表

格式：字母（注音符号/例字）

b（ㄅ玻）	p（ㄆ坡）	m（ㄇ摸）	f（ㄈ佛）	d（ㄉ得）	t（ㄊ特）
n（ㄋ讷）	l（ㄌ勒）	g（ㄍ哥）	k（ㄎ科）	h（ㄏ喝）	j（ㄐ基）
q（ㄑ欺）	x（ㄒ希）	zh（ㄓ知）	ch（ㄔ蚩）	sh（ㄕ诗）	r（ㄖ日）
z（ㄗ资）	c（ㄘ雌）	s（ㄙ思）			

在给汉字注音的时候，为了使拼式简短，zh、ch、sh 可以省作 ẑ、ĉ、ŝ。

（三）韵母表

	i（丨衣）	u（ㄨ乌）	ü（ㄩ迂）
a（ㄚ啊）	ia（丨ㄚ呀）	ua（ㄨㄚ蛙）	
o（ㄛ喔）		uo（ㄨㄛ窝）	
e（ㄜ鹅）	ie（丨ㄝ耶）		üe（ㄩㄝ约）
ai（ㄞ哀）		uai（ㄨㄞ歪）	
ei（ㄟ欸）		uei（ㄨㄟ威）	
ao（ㄠ熬）	iao（丨ㄠ腰）		
ou（ㄡ欧）	iou（丨ㄡ忧）		
an（ㄢ安）	ian（丨ㄢ烟）	uan（ㄨㄢ弯）	üan（ㄩㄢ冤）
en（ㄣ恩）	in（丨ㄣ因）	uen（ㄨㄣ温）	ün（ㄩㄣ晕）
ang（ㄤ昂）	iang（丨ㄤ央）	uang（ㄨㄤ汪）	
eng（ㄥ亨的韵母）	ing（丨ㄥ英）	ueng（ㄨㄥ翁）	
ong（ㄨㄥ轰的韵母）	iong（ㄩㄥ雍）		

（1）知、蚩、诗、日、资、雌、思7个音节的韵母用i，即知、蚩、诗、日、资、雌、思拼作zhi、chi、shi、ri、zi、ci、si。

（2）韵母“儿”写成er，用作韵尾的时候写成r。例如，“儿童”拼作ertong，“花儿”拼作huar。

（3）韵母“ㄝ”单用的时候写成ê。

（4）i行的韵母，前面没有声母的时候，写成yi（衣）、ya（呀）、ye（耶）、yao（腰）、you（忧）、yan（烟）、yin（因）、yang（央）、ying（英）、yong（雍）。

u行的韵母，前面没有声母的时候，写成wu（乌）、wa（蛙）、wo（窝）、wai（歪）、wei（威）、wan（弯）、wen（温）、wang（汪）、weng（翁）。

ü行的韵母，前面没有声母的时候，写成yu（迂）、yue（约）、yuan（冤）、yun（晕），ü上两点也省略。

ü行的韵母跟声母j、q、x拼的时候，写成ju（居）、qu（区）、xu（虚），ü上两点也省略，但是跟声母n、l拼的时候，仍然写成nü（女）、lü（吕）。

（5）iou、uei、uen前面加声母的时候，写成iu、ui、un，例如，niu（牛）、gui（归）、lun（论）。

（6）在给汉字注音的时候，为了使拼式简短，ng可以省作ŋ。

（四）声调符号

阴平（ˉ）　阳平（ˊ）　上声（ˇ）　去声（ˋ）

声调符号标在音节的主要母音上。轻声不标。例如：

妈mā（阴平）　麻má（阳平）　马mǎ（上声）　骂mà（去声）　吗ma（轻声）

（五）隔音符号

a、o、e开头的音节连接在其他音节后面的时候，如果音节的界限发生混淆，用隔音符号（’）隔开，例如：pi’ao（皮袄）。

二、汉语音节表

项目	开口呼								
	-i	a	o	e	ê	ai	ei	ao	ou
b		ba 巴	bo 波			bai 白	bei 杯	bao 包	
p		pa 趴	po 坡			pai 拍	pei 胚	pao 抛	pou 剖
m		ma 妈	mo 摸	me 么		mai 买	mei 眉	mao 猫	mou 某
f		fa 发	fo 佛				fei 非		fou 否
d		da 搭		de 德		dai 呆	dei 得	dao 刀	dou 兜
t		ta 他		te 特		tai 胎		tao 涛	tou 偷
n		na 那		ne 呢		nai 奶	nei 内	nao 闹	nou 耨
l		la 拉		le 勒		lai 来	lei 类	lao 捞	lou 楼
g		ga 嘎		ge 哥		gai 该	gei 给	gao 高	gou 沟
k		ka 咖		ke 科		kai 开	kei 剋	kao 靠	kou 扣
h		ha 哈		he 喝		hai 海	hei 黑	hao 好	hou 后
j									
q									
x									
z	zi 姿	za 杂		ze 则		zai 灾	zei 贼	zao 遭	zou 邹
c	ci 词	ca 擦		ce 侧		cai 才		cao 操	cou 凑
s	si 司	sa 撒		se 色		sai 腮		sao 骚	sou 艘
zh	zhi 知	zha 渣		zhe 遮		zhai 摘	zhei 这	zhao 招	zhou 周
ch	chi 吃	cha 插		che 车		chai 拆		chao 超	chou 抽
sh	shi 师	sha 杀		she 奢		shai 筛	shei 谁	shao 烧	shōu 收
r	ri 日			re 热				rao 绕	rou 肉
Ø		a 啊	o 哦	e 蛾	ê 欸	ai 哀	ei 欸	ao 凹	ou 欧

（续上表）

项目	开口呼					齐齿呼			
	an	en	ang	eng	er	i	ia	ie	iao
b	ban 班	ben 奔	bang 帮	beng 崩		bi 逼		bie 鳖	biao 标
p	pan 潘	pen 喷	pang 乓	peng 朋		pi 批		pie 瞥	piao 飘
m	man 慢	men 门	mang 忙	meng 梦		mi 米		mie 灭	miao 苗
f	fan 翻	fen 分	fang 芳	feng 风					
d	dan 丹	den 扽	dang 当	deng 灯		di 低		die 爹	diao 雕
t	tan 滩		tang 汤	teng 疼		ti 踢		tie 贴	tiao 挑
n	nan 男	nen 嫩	nang 囊	neng 能		ni 你		nie 捏	niao 鸟
l	lan 蓝		lang 狼	leng 冷		li 里	lia 俩	lie 列	liao 廖
g	gan 甘	gen 跟	gang 刚	geng 更					
k	kan 刊	ken 肯	kang 康	keng 坑					
h	han 汉	hen 很	hang 夯	heng 哼					
j						ji 鸡	jia 家	jie 街	jiao 交
q						qi 妻	qia 掐	qie 切	qiao 敲
x						xi 西	xia 虾	xie 些	xiao 肖
z	zan 赞	zen 怎	zang 脏	zeng 增					
c	can 参	cen 岑	cang 仓	ceng 层					
s	san 三	sen 森	sang 桑	seng 僧					
zh	zhan 沾	zhen 真	zhang 张	zheng 争					
ch	chan 掺	chen 沉	chang 昌	cheng 称					
sh	shan 山	shen 申	shang 商	sheng 生					
r	ran 然	ren 人	rang 让	reng 扔					
Ø	an 安	en 恩	ang 昂	eng 鞥	er 儿	yi 衣	ya 压	ye 爷	yao 妖

（续上表）

项目	齐齿呼					合口呼				
	iu	ian	in	iang	ing	u	ua	uo	uai	ui
b		bian 边	bin 彬		bing 兵	bu 布				
p		pian 偏	pin 拼		ping 平	pu 扑				
m	miu 谬	mian 面	min 民		ming 名	mu 木				
f						fu 夫				
d	diu 丢	dian 电			ding 丁	du 毒		duo 多		dui 堆
t		tian 天			ting 听	tu 凸		tuo 托		tui 推
n	niu 妞	nian 蔫	nin 您	niang 娘	ning 宁	nu 努		nuo 挪		
l	liu 蹓	lian 连	lin 林	liang 两	ling 令	lu 芦		luo 罗		
g						gu 孤	gua 瓜	guo 过	guai 乖	gui 闺
k						ku 哭	kua 夸	kuo 扩	kuai 快	kui 亏
h						hu 胡	hua 花	huo 货	huai 淮	hui 灰
j	jiu 纠	jian 尖	jin 金	jiang 江	jing 京					
q	qiu 秋	qian 千	qin 亲	qiang 枪	qing 青					
x	xiu 修	xian 先	xin 心	xiang 香	xing 星					
z						zu 租		zuo 昨		zui 最
c						cu 粗		cuo 搓		cui 崔
s						su 苏		suo 缩		sui 虽
zh						zhu 朱	zhua 抓	zhuo 桌	zhuai 拽	zhui 追
ch						chu 出	chua 欻	chuo 戳	chuai 揣	chui 吹
sh						shu 书	shua 刷	shuo 说	shuai 衰	shui 水
r						ru 如		ruo 若		rui 瑞
Ø	you 忧	yan 烟	yin 因	yang 央	ying 英	wu 乌	wa 洼	wo 卧	wai 歪	wei 威

（续上表）

项目	合口呼					撮口呼				
	uan	un	uang	ueng	ong	ü	üe	üan	ün	iong
b										
p										
m										
f										
d	duan 端	dun 敦			dong 东					
t	tuan 团	tun 吞			tong 通					
n	nuan 暖				nong 农	nü 女	nüe 虐			
l	luan 乱	lun 论			long 龙	lü 吕	lüe 略			
g	guan 官	gun 棍	guang 光		gong 工					
k	kuan 宽	kun 昆	kuang 筐		kong 空					
h	huan 欢	hun 婚	huang 慌		hong 轰					
j						ju 居	jue 绝	juan 娟	jun 军	jiong 窘
q						qu 区	que 却	quan 劝	qun 群	qiong 穷
x						xu 须	xue 学	xuan 宣	xun 寻	xiong 凶
z	zuan 钻	zun 尊			zong 综					
c	cuan 窜	cun 村			cong 聪					
s	suan 酸	sun 孙			song 松					
zh	zhuan 专	zhun 准	zhuang 装		zhong 中					
ch	chuan 川	chun 春	chuang 窗		chong 冲					
sh	shuan 闩	shun 顺	shuang 双							
r	ruan 软	run 润			rong 容					
Ø	wan 弯	wen 温	wang 汪	weng 翁		yu 鱼	yue 约	yuan 渊	yun 云	yong 拥

三、汉语拼音正词法基本规则（节选）

汉语拼音正词法基本规则（节选）[①]

本标准规定了用《汉语拼音方案》拼写现代汉语的规则。内容包括分词连写法、成语拼写法、外来词拼写法、人名地名拼写法、标调法、移行规则等。为了适应特殊的需要，同时提出一些可供技术处理的变通方式。本标准适用于文教、出版、信息处理及其他部门，作为《汉语拼音方案》拼写现代汉语的统一规范。制定原则：①以词为拼写单位，并适当考虑语音、语义等因素，同时考虑词形长短适度；②基本采取按语法词类分节叙述；③规则条目尽可能详简适中，便于掌握应用。

1. 总原则

（1）拼写普通话基本上以词为书写单位。

pǎo（跑） hǎo（好） hé（和） hěn（很） fúróng（芙蓉）

diànshìjī（电视机） túshūguǎn（图书馆）

（2）表示一个整体概念的双音节和三音节结构，连写。

quánguó（全国） zhòngtián（种田） duìbuqǐ（对不起）

zǒulái（走来） àiniǎozhōu（爱鸟周） chīdexiāo（吃得消）

（3）四音节以上表示一个整体概念的名称，按词（或语节）分开写，不能按词（或语节）划分的，全部连写。

Zhōnghuá Rénmín gònghéguó（中华人民共和国）

wúfèng gāngguǎn（无缝钢管） yánjiūshēngyuàn（研究生院）

（4）单音节词重叠，连写；双音节词重叠，分写。

rénrén（人人） niánnián（年年）

kànkan（看看） hónghóngde（红红的）

yánjiū yánjiū（研究研究） xuěbái xuěbái（雪白雪白）

重叠并列即 AABB 式结构，当中加短横。

láilai – wǎngwǎng（来来往往） shuōshuo – xiàoxiào（说说笑笑）

（5）为了便于阅读和理解，在某些场合可以用短横。

huán – bǎo（环保——环境保护） shíqī – bā suì（十七八岁）

---

① “汉语拼音正词法”举例较多，较为烦琐。本文选择一些典型例子，其余例子则删除。另外，对说明部分也作了删节。

lù – hǎi – kōngjūn（陆海空军）

2. 名词

（1）名词与单音节前加成分（副、总、非、反、超、老、阿、可、无等）和单音节后加成分（子、儿、头、性、者、员、家、手、化、们等），连写。

fùbùzhǎng（副部长） zǒnggōngchéngshī（总工程师）

zhuōzi（桌子） mùtou（木头） chéngwùyuán（乘务员）

（2）名词和后面的方位词，分写。

shù xià（树下） Huáng Hé yǐnán（黄河以南）

但已经成词的，连写，例如，“海外”不等于“海的外面”。

tiānshang（天上） dìxia（地下） kōngzhōng（空中）

（3）汉语人名按姓和名分写，姓和名的开头字母大写。笔名、别名等，按姓名写法处理。

Lǐ Huá（李华） Zhūgě Kǒngmíng（诸葛孔明）

Zhāng Sān（张三） Wáng Mázi（王麻子）

姓名和职务、称呼等分开写；职务、称呼等开头小写。

Wáng bùzhǎng（王部长） Lǐ xiānsheng（李先生）

“老”“小”“阿”等称呼开头大写。

Lǎo Qián（老钱） Dà Lǐ（大李）

已经专名化的称呼，连写，开头大写。

Kǒngzǐ（孔子） Bāogōng（包公） Mèngchángjūn（孟尝君）

（4）汉语地名按照中国地名委员会文件（84）中地字第17号《中国地名汉语拼音字母拼写规则（汉语地名部分）》的规定拼写。

汉语地名中的专名和通名分写，每一分写部分的第一个字母大写。

Běijīng Shì（北京市） Héběi Shěng（河北省）

Yālù Jiāng（鸭绿江） Tài Shān（泰山）

专名和通名的附加成分，单音节的与其相关部分连写。

Xīliáo Hé（西辽河） Jǐngshān Hòujiē（景山后街）

Cháoyángménnèi Nánxiǎojiē（朝阳门内南小街）

自然村镇名称和其他不需区分专名和通名的地名，各音节连写。

Wángcūn（王村） Jiǔxiānqiáo（酒仙桥）

（5）非汉语人名、地名本着“名从主人”的原则，按照罗马字母（拉丁字母）原文书写；非罗马字母文字的人名、地名，按照该文字的罗马字母转写法拼写。为了便于阅读，可以在原文后面注上汉字或汉字的拼音，在一定的场合也可以先用或仅用汉字的拼音。

Ulanhu（乌兰夫） Ngapoi Ngawang Jigme（阿沛·阿旺晋美）
Marx（马克思） Darwin（达尔文） Paris（巴黎）

汉语化的音译名词，按汉字译音拼写。

Fēizhōu（非洲） Déguó（德国） Dōngnányà（东南亚）

3. 动词

（1）动词和“着”“了”“过”连写。

kànzhe（看着） kànle（看了） kànguò（看过）

句末的“了”，分写。

Huǒchē dào le（火车到了）

（2）动词和宾词，分写。

kàn xìn（看信） kāi wánxiào（开玩笑） jiāoliú jīngyàn（交流经验）

动宾式合成词中间插入其他成分的，分写。

jūle yī gè gōng（鞠了一个躬）

（3）动词（或形容词）和补语，两者都是单音节的，连写；其余的情况，分写。

gǎohuài（搞坏） shútòu（熟透） huàwéi［化为（蒸气）］
zǒu jìnlái（走进来） zhěnglǐ hǎo（整理好）

4. 形容词

（1）单音节形容词和重叠的前加成分或后加成分，连写。

mēngmēngliàng（蒙蒙亮） liàngtángtáng（亮堂堂）

（2）形容词和后面的“些”“一些”“点儿”“一点儿”，分写。

dà xiē（大些） dà yīxiē（大一些） kuài diǎnr（快点儿）

5. 代词

（1）表示复数的“们”和前面的代词，连写。

wǒmen（我们） tāmen（他们）

（2）指示代词“这”“那”，疑问代词“哪”和名词或量词，分写。

zhè rén（这人） nǎ zhāng bàozhǐ（哪张报纸）

“这”“那”“哪”和“些”“么”“样”“般”“里”“边”“会儿”“个”，连写。

zhèxiē（这些） nàyàng（那样） zhèbān（这般）

（3）“各”“每”“某”“本”“该”“我”“你”等和后面的名词或量词，分写。

gè guó（各国） gè gè（各个） gè xuékē（各学科）
měi nián（每年） měi cì（每次） gāi kān（该刊）

gāi gōngsī（该公司）　wǒ xiào（我校）　nǐ dānwèi（你单位）

6. 数词和量词

（1）十一到九十九之间的整数，连写。

shíwǔ（十五）　sānshísān（三十三）　jiǔshíjiǔ（九十九）

（2）“百”“千”“万”“亿”与前面的个位数，连写；“万”“亿”与前面的十位以上的数，分写。

liùshísān yì qīqiān èrbǎi liùshíbā wàn sìqiān líng jiǔshíwǔ

（六十三亿七千二百六十八万四千零九十五）

（3）表示序数的“第”与后面的数词中间加短横。

dì－shísān（第十三）　dì－sānbǎi wǔshíliù（第三百五十六）

（4）数词和量词，分写。

liǎng gè rén（两个人）　yī dà wǎn fàn（一大碗饭）

表示约数的“多”“来”“几”和数词、量词分写。

yībǎi duō gè（一百多个）　shí lái wàn rén（十来万人）

“十几”“几十”连写。

shíjǐ gè rén（十几个人）　jǐshí gēn gāngguǎn（几十根钢管）

7. 虚词

虚词与其他词语分写。

（1）副词。

hěn hǎo（很好）　dōu lái（都来）　yīng bù yīnggāi（应不应该）

（2）介词。

zài qiánmiàn（在前面）　shēng yú 1940 nián（生于 1940 年）

（3）连词。

gongrén hé nóngmín（工人和农民）

bùdàn kuài érqiě hǎo（不但快而且好）

（4）结构助词“的”“地”“得”“之”。

dà dì de nǚ’ér（大地的女儿）

Tā zài dàjiē shàng mànman de zǒu（他在大街上慢慢地走）

xiě de bù hǎo（写得不好）　shàonián zhī jiā（少年之家）

注：“的”“地”“得”在技术处理上，根据需要可以分别写作 d、di、de。

（5）语气助词。

Nǐ zhīdao ma（你知道吗）　Kuài qù ba（快去吧）

（6）叹词。

A！Zhēn měi（啊！真美）　Hm，zǒuzhe qiáo ba（哼，走着瞧吧）

（7）拟声词。

pa（啪）　　huahua（哗哗）　　jiji – zhazha（叽叽喳喳）

8. 成语

（1）四言成语可以分为两个双音节来念的，中间加短横。

céngchū – bùqióng（层出不穷）　　fēngpíng – làngjìng（风平浪静）

yángyáng – dàguān（洋洋大观）　　píngfēn – qiūsè（平分秋色）

（2）不能按两段来念的四言成语、熟语等，全部连写。

bùyìlèhū（不亦乐乎）　　zǒng' éryánzhī（总而言之）

húlihútu（糊里糊涂）　　hēibuliūqiū（黑不溜秋）

9. 大写

（1）句子开头的字母和诗歌每行开头的字母大写。（举例略）

（2）专有名词的第一个字母大写。

Běijīng（北京）　　Chángchéng（长城）　　Qīngmíng（清明）

由几个词组成的专有名词，每个词的第一个字母大写。

Hépíng Bīnguǎn（和平宾馆）　　Guāngmíng Rìbào（光明日报）

（3）专有名词和普通名词连写在一起的，第一个字母要大写。

Zhōngguórén（中国人）　　Míngshǐ（明史）

已经转化为普通名词的，第一个字母小写。

guǎnggān（广柑）　　zhōngshānfú（中山服）　　zàngqīngguǒ（藏青果）

10. 移行

移行要按音节分开，在没有写完的地方加上短横。

…………………guāng –

míng（光明）

不能移作 gu – āngmíng。

11. 标调

声调一律标原调，不标变调。

yī jià（一架）　yī tóu（一头）　bù qù（不去）　bù duì（不对）

但在语音教学时可以根据需要按变调标写。

注：除了《汉语拼音方案》规定的符号法以外，在技术处理上，也可根据需要采用数字或字母作为临时变通标调法。

普通话水平测试附录

附录一　普通话水平测试用话题

1. 我的愿望（或理想）
2. 我的学习生活
3. 我尊敬的人
4. 我喜爱的动物（或植物）
5. 童年的记忆
6. 我喜爱的职业
7. 难忘的旅行
8. 我的朋友
9. 我喜爱的文学（或其他）艺术形式
10. 谈谈卫生与健康
11. 我的业余生活
12. 我喜欢的季节（或天气）
13. 学习普通话的体会
14. 谈谈服饰
15. 我的假日生活
16. 我的成长之路
17. 谈谈科技发展与社会生活
18. 我知道的风俗
19. 我和体育
20. 我的家乡（或熟悉的地方）
21. 谈谈美食
22. 我喜欢的节日
23. 我所在的集体（学校、机关、公司等）
24. 谈谈社会公德（或职业道德）
25. 谈谈个人修养
26. 我喜欢的明星（或其他知名人士）

27. 我喜爱的书刊
28. 谈谈对环境保护的认识
29. 我向往的地方
30. 购物（消费）的感受

附录二　普通话水平测试用朗读作品

Zuòpǐn Hào
作品1号

Nà shì lìzhēng shàngyóu de yī zhǒng shù bǐ zhí de gàn bǐ zhí de zhī Tā de
那是力争上游的一种树，笔直的干，笔直的枝。它的
gàn ne tōng cháng shì zhàng bǎ gāo xiàngshì jiā yǐ réngōng shìde yī zhàng yǐnèi
干呢，通常是丈把高，像是加以人工似的，一丈以内，
juéwú pángzhī tā suǒyǒu de yāzhī ne yī lǜ xiàngshàng érqiě jǐn jǐn kàolǒng yě
绝无旁枝；它所有的丫枝呢，一律向上，而且紧紧靠拢，也
xiàngshì jiāyǐ réngōng shìde chéngwéi yī shù juéwú héng xié yì chū tā de
像是加以人工似的，成为一束，绝无横斜逸出；它的
kuāndà de yèzi yě shì piànpiàn xiàngshàng jīhū méi·yǒu xié shēng de gèng bùyòng
宽大的叶子也是片片向上，几乎没有斜生的，更不用
shuō dàochuí le tā de pí guānghuá ér yǒu yínsè de yùnquān wēiwēi fànchū
说倒垂了；它的皮，光滑而有银色的晕圈，微微泛出
dànqīngsè Zhè shì suī zài běifāng de fēngxuě de yāpò xià què bǎochí zhe juéjiàng tǐnglì de
淡青色。这是虽在北方的风雪的压迫下却保持着倔强挺立的
yī zhǒng shù Nǎpà zhǐyǒu wǎn lái cūxì ba tā què nǔlì xiàng shàng fāzhǎn gāo
一种树！哪怕只有碗来粗细罢，它却努力向上发展，高
dào zhàng xǔ liǎng zhàng cāntiānsǒnglì bùzhé-bùnáo duìkàng zhe xīběifēng
到丈许，两丈，参天耸立，不折不挠，对抗着西北风。

Zhè jiù shì báiyángshù xīběi jí pǔtōng de yī zhǒng shù rán'ér jué bù shì píngfán
这就是白杨树，西北极普通的一种树，然而决不是平凡
de shù
的树！

Tā méi·yǒu pósuō de zī tài méi·yǒu qū qū pánxuán de qiúzhī yěxǔ nǐ yào
它没有婆娑的姿态，没有屈曲盘旋的虬枝，也许你要
shuō tā bù měilì rúguǒ měi shì zhuān zhǐ pósuō huò héng xié yì chū
说它不美丽，——如果美是专指"婆娑"或"横斜逸出"
zhīlèi ér yán nàme báiyángshù suàn·bù·dé shù zhōng de hǎo nǚzǐ dànshì tā què
之类而言，那么，白杨树算不得树中的好女子；但是它却

shì wěi' àn zhèngzhí pǔzhì yánsù yě bù quēfá wēnhé gèng bù yòng tí tā de jiānqiáng –
是伟岸，正直，朴质，严肃，也不缺乏温和，更不用提它的坚强
bùqū yǔ tǐngbá tā shì shù zhōng de wěi zhàngfū Dāng nǐ zài jīxuě chū róng de gāoyuán•shàng
不屈与挺拔，它是树中的伟丈夫！当你在积雪初融的高原上
zǒuguò kàn•jiàn píngtǎn de dàdì • shàng àorán tǐnglì zhème yī zhū huò yī pái báiyángshù
走过，看见平坦的大地上傲然挺立这么一株或一排白杨树，
nándào nǐ jiù zhǐ jué • dé shù zhǐshì shù nándào nǐ jiù bù xiǎngdào tā de pǔzhì yánsù
难道你就只觉得树只是树，难道你就不想到它的朴质，严肃，
jiānqiáng – bùqū zhìshǎo yě xiàngzhēng le běifāng de nóngmín nándào nǐ jìng yī diǎnr yě bù
坚强不屈，至少也象征了北方的农民；难道你竟一点儿也不
liánxiǎng dào zài díhòu de guǎngdà
联想到，在敌后的广大//土地上，到处有坚强不屈，就像这白杨树一样傲然挺立的守卫他们家乡的哨兵！难道你又不更远一点想到这样枝枝叶叶靠紧团结，力求上进的白杨树，宛然象征了今天在华北平原纵横决荡用血写出新中国历史的那种精神和意志。

节选自茅盾《白杨礼赞》

Zuòpǐn Hào
作品2号

Liǎng gè tónglíng de niánqīngrén tóngshí shòugù yú yī jiā diànpù bìngqiě ná tóngyàng
两个同龄的年轻人同时受雇于一家店铺，并且拿同样
de xīn • shuǐ
的薪水。

Kěshì yī duàn shíjiān hòu jiào Ānuòdé de nàge xiǎohuǒzi qīngyún zhíshàng ér
可是一段时间后，叫阿诺德的那个小伙子青云直上，而
nàge jiào Bùlǔnuò de xiǎohuǒzi què réng zài yuándì tàbù Bùlǔnuò hěn bù mǎnyì lǎobǎn
那个叫布鲁诺的小伙子却仍在原地踏步。布鲁诺很不满意老板
de bù gōngzhèng dàiyù Zhōngyú yǒu yī tiān tā dào lǎobǎn nàr fā láo • sāo le
的不公正待遇。终于有一天他到老板那儿发牢骚了。
Lǎobǎn yībiān nàixīn de tīng zhe tā de bào•yuàn yībiān zài xīn • lǐ pánsuan zhe zěnyàng
老板一边耐心地听着他的抱怨，一边在心里盘算着怎样
xiàng tā jiěshì qīngchu tā hé Ānuòdé zhījiān de chābié
向他解释清楚他和阿诺德之间的差别。

Bùlǔnuò xiānsheng Lǎobǎn kāikǒu shuōhuà le Nín xiànzài dào jíshì • shàng
“布鲁诺先生，”老板开口说话了，“您现在到集市上
qù yī xià kànkan jīntiān zǎoshang yǒu shénme mài de
去一下，看看今天早上有什么卖的。”

Bù lǔnuò cóng jíshì·shàng huí · lái xiàng lǎobǎn huìbào shuō jīn zǎo jíshì · shàng zhǐyǒu
布鲁诺 从 集市上 回 来 向 老板 汇报 说，今早 集市上 只有
yī gè nóngmín lā le yī chē tǔdòu zài mài
一个 农 民 拉了 一 车 土豆 在 卖。

Yǒu duō · shǎo Lǎobǎn wèn
“有 多 少？”老板 问。

Bù lǔnuò gǎnkuài dài · shàng màozi yòu pǎodào jí · shàng ránhòu huí·lái gàosu
布鲁诺 赶快 戴 上 帽子 又 跑到 集 上，然后 回来 告诉
lǎobǎn yīgòng sìshí dài tǔdòu
老板 一共 四十 袋 土豆。

Jiàgé shì duō · shǎo
“价格 是 多 少？”

Bù lǔnuò yòu dì-sān cì pǎodào jí · shàng wènlái le jiàgé
布鲁诺 又 第 三 次 跑到 集 上 问来 了 价格。

Hǎo ba Lǎobǎn duì tā shuō Xiànzài qǐng nín zuòdào zhè bǎ yǐzi · shàng yī jù huà
“好 吧，”老板 对 他 说，“现在 请 您 坐到 这 把 椅子 上 一句话
yě bùyào shuō kànkan Ānuòdé zěnme shuō
也不要 说，看看 阿诺德 怎么 说。”

Ānuòdé hěn kuài jiù cóng jíshì·shàng huí·lái le Xiàng lǎobǎn huìbào shuō dào xiànzài
阿诺德 很 快 就 从 集市上 回来 了。向 老板 汇报 说 到 现在
wéizhǐ zhǐyǒu yī gè nóngmín zài mài tǔdòu yīgòng sìshí kǒudai jiàgé shì duō · shǎo
为止 只有 一 个 农 民 在 卖 土豆，一共 四十 口袋，价格 是 多 少
duō · shǎo tǔdòu zhìliàng hěn bùcuò tā dài huí·lái yī gè ràng lǎobǎn kànkan Zhège
多 少；土豆 质量 很 不错，他 带 回来 一 个 让 老板 看看。这个
nóngmín yī gè zhōngtóu yǐhòu hái huì nònglái jǐ xiāng xīhóngshì jù tā kàn jiàgé fēicháng
农 民 一个 钟 头 以后 还 会 弄来 几 箱 西红 柿，据 他 看 价格 非 常
gōng · dào Zuótiān tāmen pùzi de xīhóngshì mài de hěn kuài kùcún yǐ · jīng bù
公 道。昨天 他们 铺子 的 西红 柿 卖 得 很 快，库存 已 经 不 // 多
了。他想这么便宜的西红柿，老板肯定会要进一些的，所以他不仅带回了一个西红柿做样品，而且把那个农民也带来了，他现在正在外面等回话呢。

此时老板转向了布鲁诺，说：“现在您肯定知道为什么阿诺德的薪水比您高了吧！”

节选自张健鹏，胡足青主编《故事时代》中《差别》

Zuòpǐn Hào
作品3号

Wǒ chángcháng yíhàn wǒ jiā mén qián nà kuài chǒu shí tā hēiyǒuyǒu① de wò zài
我常常遗憾我家门前那块丑石：它黑黝黝地卧在
nà · lǐ niú shìde múyàng shéi yě bù zhī · dào shì shénme shíhòu liú zài zhè · lǐ
那里，牛似的模样；谁也不知道是什么时候留在这里
de shéi yě bù qù lǐhuì tā Zhǐshì màishōu shíjié mén qián tānle màizi nǎinai
的，谁也不去理会它。只是麦收时节，门前摊了麦子，奶奶
zǒngshì shuō Zhè kuài chǒu shí duō zhàn dìmiàn ya chōukòng bǎ tā bānzǒu ba
总是说：这块丑石，多占地面呀，抽空把它搬走吧。

Tā bù xiàng hànbáiyù nàyàng de xìnì kěyǐ kèzì diāohuā yě bù xiàng dà
它不像汉白玉那样的细腻，可以刻字雕花，也不像大
qīngshí nàyàng de guānghuá kěyǐ gōng lái huànshā chuíbù Tā jìngjìng de wò zài
青石那样的光滑，可以供来浣纱捶布。它静静地卧在
nà · lǐ yuàn biān de huáiyīn méi · yǒu bìfù tā huā'er yě bùzài zài tā shēnbiān
那里，院边的槐阴没有庇覆它，花儿也不再在它身边
shēngzhǎng Huāngcǎo biàn fányǎn chū · lái zhīmàn shàngxià mànmàn de tā jìng
生长。荒草便繁衍出来，枝蔓上下，慢慢地，它竟
xiùshàngle lǜ tái hēibān Wǒmen zhèxiē zuò háizi de yě tǎoyàn · qǐ tā · lái céng
锈上了绿苔、黑斑。我们这些做孩子的，也讨厌起它来，曾
héhuǒ yào bānzǒu tā dàn lìqi yòu bùzú suī shíshí zhòumà tā xiánqì tā yě
合伙要搬走它，但力气又不足；虽时时咒骂它，嫌弃它，也
wúkě-nàihé zhǐhǎo rèn tā liú zài nà · lǐ le
无可奈何，只好任它留在那里了。

Zhōng yǒu yī rì cūnzi · lǐ láile yī gè tiānwénxuéjiā Tā zài wǒ jiā mén qián
终有一日，村子里来了一个天文学家。他在我家门前
lùguò tūrán fāxiànle zhè kuài shítou yǎnguāng lìjí jiù lāzhí le Tā zài méi · yǒu
路过，突然发现了这块石头，眼光立即就拉直了。他再没有
líkāi jiù zhùle xià · lái yǐhòu yòu láile hǎoxiē rén dōu shuō zhè shì yī kuài yǔnshí cóng
离开，就住了下来；以后又来了好些人，都说这是一块陨石，从
tiān · shàng luò xià · lái yǐ · jīng yǒu èr-sānbǎi nián le shì yī jiàn liǎo · buqǐ de dōngxi Bùjiǔ biàn
天上落下来已经有二三百年了，是一件了不起的东西。不久便
lái le chē xiǎoxīn-yìyì de jiāng tā yùnzǒu le
来了车，小心翼翼地将它运走了。

---

① 口语一般读 hēiyōuyōu。

Zhè shǐ wǒmen dōu hěn jīngqí Zhè yòu guài yòu chǒu de shítou yuánlái shì
这使我们都很惊奇！这又怪又丑的石头，原来是
tiān•shàng de a Tā bǔguo tiān zài tiān•shàng fāguo rè shǎnguo guāng wǒmen
天上的啊！它补过天，在天上发过热、闪过光，我们
de xiānzǔ huòxǔ yǎngwàngguo tā tā gěi le tāmen guāngmíng xiàngwǎng
的先祖或许仰望过它，它给了他们光明、向往、
chōngjǐng ér tā luò xià•lái le zài wūtǔ•lǐ huāngcǎo•lǐ yī tǎng jiù
憧憬；而它落下来了，在污土里，荒草里，一躺就//是几百年了！

我感到自己的无知，也感到了丑石的伟大，我甚至怨恨它这么多年竟会默默地忍受着这一切！而我又立即深深地感到它那种不屈于误解、寂寞的生存的伟大。

节选自贾平凹《丑石》

Zuòpǐn Hào
作品4号

Zài Dáruì bā suì de shíhou yǒu yī tiān tā xiǎng qù kàn diànyǐng Yīn•wèi méi•yǒu
在达瑞八岁的时候，有一天他想去看电影。因为没有
qián tā xiǎng shì xiàng bà mā yào qián háishì zìjǐ zhèngqián Zuìhòu tā xuǎnzé le
钱，他想是向爸妈要钱，还是自己挣钱。最后他选择了
hòuzhě Tā zìjǐ tiáozhì le yī zhǒng qìshuǐr xiàng guòlù de xíngrén chūshòu Kě nàshí
后者。他自己调制了一种汽水儿，向过路的行人出售。可那时
zhèngshì hánlěng de dōngtiān méi•yǒu rén mǎi zhǐyǒu liǎng gè rén lìwài tā de bàba hé
正是寒冷的冬天，没有人买，只有两个人例外——他的爸爸和
māma
妈妈。

Tā ǒurán yǒu yī gè hé fēicháng chénggōng de shāngrén tánhuà de jī•huì Dāng tā
他偶然有一个和非常成功的商人谈话的机会。当他
duì shāngrén jiǎngshùle zìjǐ de pòchǎnshǐ hòu shāngrén gěile tā liǎng gè
对商人讲述了自己的“破产史”后，商人给了他两个
zhòngyào de jiànyì yī shì chángshì wèi bié•rén jiějué yī gè nántí èr shì bǎ jīnglì
重要的建议：一是尝试为别人解决一个难题；二是把精力
jízhōng zài nǐ zhī•dào de nǐ huì de hé nǐ yōngyǒu de dōngxi•shàng
集中在你知道的、你会的和你拥有的东西上。

Zhè liǎng gè jiànyì hěn guānjiàn Yīn•wèi duìyú yī gè bā suì de háizi ér yán tā
这两个建议很关键。因为对于一个八岁的孩子而言，他

bù huì zuò de shìqing hěn duō Yúshì tā chuānguo dà jiē xiǎoxiàng bùtíng de sīkǎo
不会做的事情很多。于是他穿过大街小巷，不停地思考：
rénmen huì yǒu shénme nán tí tā yòu rúhé lìyòng zhège jī·huì
人们会有什么难题，他又如何利用这个机会？

Yī tiān chī zǎofàn shí fù·qīn ràng Dáruì qù qǔ bàozhǐ Měiguó de sòngbàoyuán
一天，吃早饭时父亲让达瑞去取报纸。美国的送报员
zǒngshì bǎ bàozhǐ cóng huāyuán lí ba de yī gè tèzhì de guǎnzi·lǐ sāi jìn·lái Jiǎrú nǐ
总是把报纸从花园篱笆的一个特制的管子里塞进来。假如你
xiǎng chuānzhe shuìyī shūshū-fúfú ① de chī zǎofàn hé kàn bàozhǐ jiù bìxū líkāi
想穿着睡衣舒舒服服地吃早饭和看报纸，就必须离开
wēnnuǎn de fángjiān màozhe hánfēng dào huāyuán qù qǔ Suīrán lù duǎn dàn
温暖的房间，冒着寒风，到花园去取。虽然路短，但
shífēn máfan
十分麻烦。

Dāng Dáruì wèi fù·qīn qǔ bàozhǐ de shíhou yī gè zhǔyi ② dànshēng le Dàngtiān
当达瑞为父亲取报纸的时候，一个主意诞生了。当天
tā jiù ànxiǎng lín·jū de ménlíng duì tāmen shuō měi gè yuè zhǐ xū fùgěi tā yī
他就按响邻居的门铃，对他们说，每个月只需付给他一
měiyuán tā jiù měi tiān zǎoshang bǎ bàozhǐ sāidào tāmen de fángmén dǐ·xià Dàduōshù
美元，他就每天早上把报纸塞到他们的房门底下。大多数
rén dōu tóngyì le hěn kuài tā yǒu
人都同意了，很快他有//了七十多个顾客。一个月后，当他拿到自己赚的钱时，觉得自己简直是飞上了天。

很快他又有了新的机会，他让他的顾客每天把垃圾袋放在门前，然后由他早上运到垃圾桶里，每个月加一美元。之后他还想出了许多孩子赚钱的办法，并把它集结成书，书名为《儿童挣钱的二百五十个主意》。为此，达瑞十二岁时就成了畅销书作家，十五岁有了自己的谈话节目，十七岁就拥有了几百万美元。

节选自［德］博多·舍费尔《达瑞的故事》，刘志译

Zuòpǐn Hào
作品5号

Zhè shì rùdōng yǐlái Jiāodōng Bàndǎo·shàng dì-yī cháng xuě
这是入冬以来，胶东半岛上第一场雪。

---

① 口语一般读 shūshu-fūfū。
② 口语一般读 zhúyi。

Xuě fēnfēn-yángyáng xià de hěn dà Kāishǐ hái bànzhe yī zhènr xiǎoyǔ bù jiǔ
雪纷纷扬扬，下得很大。开始还伴着一阵儿小雨，不久
jiù zhǐ jiàn dàpiàn dàpiàn de xuěhuā cóng tóngyún-mìbù de tiānkōng zhōng piāoluò xià • lái
就只见大片大片的雪花，从彤云密布的天空中飘落下来。
Dì miàn • shàng yī huìr jiù bái le Dōngtiān de shāncūn dào le yè • lǐ jiù wànlài- jùjì zhǐ tīng
地面上一会儿就白了。冬天的山村，到了夜里就万籁俱寂，只听
de xuěhuā sùsù de bùduàn wǎng xià luò shùmù de kūzhī bèi xuě yāduàn le ǒu'ěr gēzhī
得雪花簌簌地不断往下落，树木的枯枝被雪压断了，偶尔咯吱
yī shēngxiǎng
一声响。

Dàxuě zhěngzhěng xià le yī yè Jīntiān zǎo•chén tiān fàngqíng le tài•yáng
大雪整整下了一夜。今天早晨，天放晴了，太阳
chū• lái le Tuīkāi mén yī kàn hē Hǎo dà de xuě a Shānchuān héliú
出来了。推开门一看，嗬！好大的雪啊！山川、河流、
shùmù fángwū quán dōu zhào•shàng le yī céng hòuhòu de xuě wàn lǐ jiāngshān
树木、房屋，全都罩上了一层厚厚的雪，万里江山，
biànchéng le fěnzhuāng - yùqì de shìjiè Luòguāng le yèzi de liǔshù • shàng guàmǎn le
变成了粉妆玉砌的世界。落光了叶子的柳树上挂满了
máoróngróng liàngjīngjīng de yíntiáor ér nà xiē dōng-xià chángqīng de sōngshù hé
毛茸茸亮晶晶的银条儿；而那些冬夏常青的松树和
bǎishù•shàng zé guàmǎn le péngsōngsōng chéndiàndiàn de xuěqiúr Yī zhèn fēng
柏树上，则挂满了蓬松松沉甸甸的雪球儿。一阵风
chuī lái shùzhī qīngqīng de yáo•huàng měilì de yíntiáor hé xuěqiúr sùsù de luò
吹来，树枝轻轻地摇晃，美丽的银条儿和雪球儿簌簌地落
xià • lái yù xiè shì de xuěmòr suí fēng piāoyáng yìngzhe qīngchén de yángguāng
下来，玉屑似的雪末儿随风飘扬，映着清晨的阳光，
xiǎnchū yī dàodào wǔguāng-shísè de cǎihóng
显出一道道五光十色的彩虹。

Dà jiē •shàng de jī xuě zú yǒu yī chǐ duō shēn rén cǎi shàng• qù jiǎo dǐ •xià fāchū
大街上的积雪足有一尺多深，人踩上去，脚底下发出
gēzhī gēzhī de xiǎngshēng Yī qúnqún háizi zài xuě dì • lǐ duī xuěrénr zhì xuěqiúr
咯吱咯吱的响声。一群群孩子在雪地里堆雪人儿，掷雪球儿。
Nà huānlè de jiàohǎnshēng bǎ shùzhī•shàng de xuě dōu zhènluò xià• lái le
那欢乐的叫喊声，把树枝上的雪都震落下来了。

Súhuà shuō Ruìxuě zhào fēngnián Zhè ge huà yǒu chōngfèn de kēxué gēnjù bìng
俗话说，“瑞雪兆丰年”。这个话有充分的科学根据，并
bù shì yī jù míxìn de chéngyǔ Hándōng dàxuě kěyǐ dòngsǐ yī bùfen yuèdōng de
不是一句迷信的成语。寒冬大雪，可以冻死一部分越冬的

hàichóng rónghuà le de shuǐ shènjìn tǔcéng shēnchù yòu néng gōngyìng
害虫；融化了的水渗进土层深处，又能供应//庄稼生长的需要。我相信这一场十分及时的大雪，一定会促进明年春季作物，尤其是小麦的丰收。有经验的老农把雪比做是“麦子的棉被”。冬天“棉被”盖得越厚，明春麦子就长得越好，所以又有这样一句谚语：“冬天麦盖三层被，来年枕着馒头睡。”

我想，这就是人们为什么把及时的大雪称为“瑞雪”的道理吧。

节选自峻青《第一场雪》

Zuòpǐn Hào
作品6号

Wǒ cháng xiǎng dúshūrén shì shìjiān xìngfú rén yīn•wèi tā chúle yōngyǒu xiànshí de
我常想读书人是世间幸福人，因为他除了拥有现实的

shìjiè zhīwài hái yōngyǒu lìng yī gè gèng wéi hàohàn yě gèng wéi fēngfù de shìjiè Xiànshí
世界之外，还拥有另一个更为浩瀚也更为丰富的世界。现实

de shìjiè shì rénrén dōu yǒu de ér hòu yī gè shìjiè què wéi dúshūrén suǒ dúyǒu Yóu cǐ
的世界是人人都有的，而后一个世界却为读书人所独有。由此

wǒ xiǎng nàxiē shīqù huò bùnéng yuèdú de rén shì duōme de bùxìng tāmen de sàngshī
我想，那些失去或不能阅读的人是多么的不幸，他们的丧失

shì bùkě bǔcháng de Shìjiān yǒu zhūduō de bù píngděng cáifù de bù píngděng quánlì
是不可补偿的。世间有诸多的不平等，财富的不平等，权力

de bù píngděng ér yuèdú nénglì de yōngyǒu huò sàngshī què tǐxiàn wéi jīngshén de bù
的不平等，而阅读能力的拥有或丧失却体现为精神的不

píngděng
平等。

Yī gè rén de yīshēng zhǐnéng jīnglì zìjǐ yōngyǒu de nà yī fèn xīnyuè nà yī fèn
一个人的一生，只能经历自己拥有的那一份欣悦，那一份

kǔnàn yěxǔ zài jiā • shàng tā qīnzì wén zhī de nà yīxiē guānyú zì shēn yǐwài de jīnglì
苦难，也许再加上他亲自闻知的那一些关于自身以外的经历

hé jīngyàn Rán'ér rénmen tōngguò yuèdú què néng jìnrù bùtóng shíkōng de zhūduō tārén de
和经验。然而，人们通过阅读，却能进入不同时空的诸多他人的

shìjiè Zhèyàng jùyǒu yuèdú nénglì de rén wúxíng jiān huòdé le chāoyuè yǒuxiàn shēngmìng de
世界。这样，具有阅读能力的人，无形间获得了超越有限生命的

wúxiàn kěnéngxìng Yuèdú bùjǐn shǐ tā duō shíle cǎo-mù-chóng-yú zhī míng érqiě kěyǐ shàngsù
无限可能性。阅读不仅使他多识了草木虫鱼之名，而且可以上溯

yuǎngǔ xià jí wèilái bǎolǎn cúnzài de yǔ fēicúnzài de qífēng-yìsú
远古下及未来，饱览存在的与非存在的奇风异俗。

Gèng wéi zhòngyào de shì dúshū jiāhuì yú rénmen de bù jǐn shì zhīshi de
更为重要的是，读书加惠于人们的不仅是知识的

zēngguǎng érqiě hái zàiyú jīngshén de gǎnhuà yǔ táoyě Rénmen cóng dúshū xué zuò
增广，而且还在于精神的感化与陶冶。人们从读书学做
rén cóng nàxiē wǎngzhé xiānxián yǐjí dāngdài cáijùn de zhùshù zhōng xuédé tāmen de
人，从那些往哲先贤以及当代才俊的著述中学得他们的
réngé Rénmen cóng Lúnyǔ zhōng xuédé zhìhuì de sīkǎo cóng Shǐjì zhōng
人格。人们从《论语》中学得智慧的思考，从《史记》中
xuédé yánsù de lìshǐ jīngshén cóng Zhèngqìgē zhōng xuédé réngé de gāngliè cóng
学得严肃的历史精神，从《正气歌》中学得人格的刚烈，从
Mǎkèsī xuédé rénshì
马克思学得人世//的激情，从鲁迅学得批判精神，从托尔斯泰学得道德的执著。歌德的诗句刻写着睿智的人生，拜伦的诗句呼唤着奋斗的热情。一个读书人，一个有机会拥有超乎个人生命体验的幸运人。

节选自谢冕《读书人是幸福人》

Zuòpǐn Hào
作品7号

Yī tiān bàba xiàbān huídào jiā yǐ·jīng hěn wǎn le tā hěn lèi yě yǒu diǎnr fán
一天，爸爸下班回到家已经很晚了，他很累也有点儿烦，
tā fāxiàn wǔ suì de érzi kào zài mén páng zhèng děngzhe tā
他发现五岁的儿子靠在门旁正等着他。

Bà wǒ kěyǐ wèn nín yī gè wèntí ma
“爸，我可以问您一个问题吗？”

Shénme wèntí Bà nín yī xiǎoshí kěyǐ zhuàn duō·shǎo qián Zhè yǔ nǐ
“什么问题？”“爸，您一小时可以赚多少钱？”“这与你
wúguān nǐ wèishénme wèn zhège wèntí Fù·qīn shēngqì de shuō
无关，你为什么问这个问题？”父亲生气地说。

Wǒ zhǐshì xiǎng zhī·dào qǐng gàosu wǒ nín yī xiǎoshí zhuàn duō·shǎo qián
“我只是想知道，请告诉我，您一小时赚多少钱？”
Xiǎo háir āiqiú dào Jiǎrú nǐ yīdìng yào zhī·dào de huà wǒ yī xiǎoshí zhuàn èrshí
小孩儿哀求道。“假如你一定要知道的话，我一小时赚二十
měijīn
美金。”

Ò Xiǎoháir dīxiàle tóu jiēzhe yòu shuō Bà kěyǐ jiè wǒ shí měijīn
“哦，”小孩儿低下了头，接着又说，“爸，可以借我十美金
ma Fù·qīn fānù le Rúguǒ nǐ zhǐshì yào jiè qián qù mǎi háowú yìyì de wánjù de
吗？”父亲发怒了：“如果你只是要借钱去买毫无意义的玩具的
huà gěi wǒ huídào nǐ de fángjiān shuìjiào·qù Hǎohǎo xiǎngxiang wèishénme nǐ huì nàme
话，给我回到你的房间睡觉去。好好想想为什么你会那么

zìsī Wǒ měitiān xīnkǔ gōngzuò méi shíjiān hé nǐ wánr xiǎoháizi de yóuxì
自私。我每天辛苦工作，没时间和你玩儿小孩子的游戏。”

Xiǎoháir mòmò de huídào zìjǐ de fángjiān guān•shàng mén
小孩儿默默地回到自己的房间关上门。

Fù•qīn zuò xià•lái hái zài shēngqì Hòulái tā píngjìng xià•lái le Xīnxiǎng tā
父亲坐下来还在生气。后来，他平静下来了。心想他
kěnéng duì háizi tài xiōng le huòxǔ háizi zhēnde hěn xiǎng mǎi shénme dōngxi zài
可能对孩子太凶了——或许孩子真的很想买什么东西，再
shuō tā píngshí hěn shǎo yàoguo qián
说他平时很少要过钱。

Fù•qīn zǒujìn háizi de fángjiān Nǐ shuìle ma Bà hái méi•yǒu wǒ hái
父亲走进孩子的房间：“你睡了吗？”“爸，还没有，我还
xǐngzhe Háizi huídá
醒着。”孩子回答。

Wǒ gāngcái kěnéng duì nǐ tài xiōng le Fù•qīn shuō Wǒ bù yīnggāi fā nàme
“我刚才可能对你太凶了，”父亲说，“我不应该发那么
dà de huǒr zhè shì nǐ yào de shí měijīn Bà xièxie nín Háizi gāoxìng de
大的火儿——这是你要的十美金。”“爸，谢谢您。”孩子高兴地
cóng zhěntou•xià náchū yīxiē bèi nòngzhòu de chāopiào mànmàn de shǔzhe
从枕头下拿出一些被弄皱的钞票，慢慢地数着。

Wèishénme nǐ yǐ•jīng yǒu qián le hái yào Fù•qīn bùjiě de wèn
“为什么你已经有钱了还要？”父亲不解地问。

Yīn•wèi yuánlái bùgòu dàn xiànzài còugòu le Háizi huídá Bà wǒ xiànzài
“因为原来不够，但现在凑够了。”孩子回答：“爸，我现在
yǒu
有//二十美金了，我可以向您买一个小时的时间吗？明天请早一点儿回家——我想和您一起吃晚餐。”

节选自唐继柳编译《二十美金的价值》

Zuòpǐn Hào
作品8号

Wǒ ài yuèyè dàn wǒ yě ài xīngtiān Cóngqián zài jiāxiāng qī-bāyuè de yèwǎn zài
我爱月夜，但我也爱星天。从前在家乡七八月的夜晚在
tíngyuàn• lǐ nàliáng de shíhou wǒ zuì ài kàn tiān•shàng mìmì-mámá de fánxīng Wàngzhe
庭院里纳凉的时候，我最爱看天上密密麻麻的繁星。望着
xīngtiān wǒ jiù huì wàngjì yīqiè fǎngfú huídàole mǔ•qīn de huái• lǐ shìde
星天，我就会忘记一切，仿佛回到了母亲的怀里似的。

Sān nián qián zài Nánjīng wǒ zhù de dìfang yǒu yī dào hòumén měi wǎn wǒ dǎkāi
三年前在南京我住的地方有一道后门，每晚我打开
hòumén biàn kàn•jiàn yī gè jìngjì de yè Xià•miàn shì yī piàn càiyuán shàng•miàn shì
后门，便看见一个静寂的夜。下面是一片菜园，上面是
xīngqún mìbù de lántiān Xīngguāng zài wǒmen de ròuyǎn • lǐ suīrán wēixiǎo rán'ér tā
星群密布的蓝天。星光在我们的肉眼里虽然微小，然而它
shǐ wǒmen jué•dé guāngmíng wúchù-bù zài Nà shíhou wǒ zhèngzài dú yīxiē tiānwénxué de
使我们觉得光明无处不在。那时候我正在读一些天文学的
shū yě rènde yīxiē xīngxing hǎoxiàng tāmen jiù shì wǒ de péngyou tāmen chángcháng
书，也认得一些星星，好像它们就是我的朋友，它们常常
zài hé wǒ tánhuà yīyàng
在和我谈话一样。

Rú jīn zài hǎi•shàng měi wǎn hé fánxīng xiāngduì wǒ bǎ tāmen rènde hěn shú le
如今在海上，每晚和繁星相对，我把它们认得很熟了。
Wǒ tǎng zài cāngmiàn•shàng yǎngwàng tiānkōng Shēnlán sè de tiānkōng• lǐ xuánzhe wúshù
我躺在舱面上，仰望天空。深蓝色的天空里悬着无数
bànmíng-bànmèi de xīng Chuán zài dòng xīng yě zài dòng tāmen shì zhèyàng dī zhēn
半明半昧的星。船在动，星也在动，它们是这样低，真
shì yáoyáo-yùzhuì ne Jiànjiàn de wǒ de yǎnjing móhu le wǒ hǎoxiàng kàn•jiàn wúshù
是摇摇欲坠呢！渐渐地我的眼睛模糊了，我好像看见无数
yínghuǒchóng zài wǒ de zhōuwéi fēiwǔ Hǎi•shàng de yè shì róuhé de shì jìngjì de shì
萤火虫在我的周围飞舞。海上的夜是柔和的，是静寂的，是
mènghuàn de Wǒ wàngzhe xǔduō rènshi de xīng wǒ fǎngfú kàn•jiàn tāmen zài duì wǒ
梦幻的。我望着许多认识的星，我仿佛看见它们在对我
zhǎyǎn wǒ fǎngfú tīng•jiàn tāmen zài xiǎoshēng shuōhuà Zhèshí wǒ wàngjìle yīqiè Zài
眨眼，我仿佛听见它们在小声说话。这时我忘记了一切。在
xīng de huáibào zhōng wǒ wēixiàozhe wǒ chénshuìzhe Wǒ jué•dé zìjǐ shì yī gè
星的怀抱中我微笑着，我沉睡着。我觉得自己是一个
xiǎoháizi xiànzài shuì zài mǔ • qīn de huái• lǐ le
小孩子，现在睡在母亲的怀里了。

Yǒu yī yè nàge zài Gēlúnbō shàng chuán de Yīngguórén zhǐ gěi wǒ kàn tiān•shàng de
有一夜，那个在哥伦波上船的英国人指给我看天上的
jùrén Tā yòng shǒu zhǐzhe
巨人。他用手指着：// 那四颗明亮的星是头，下面的几颗是身子，这几颗是手，那几颗是腿和脚，还有三颗星算是腰带。经他这一番指点，我果然看清楚了那个天上的巨人。看，那个巨人还在跑呢！

节选自巴金《繁星》

Zuòpǐn Hào
作品9号

Jià rì dào hétān•shàng zhuànzhuan kàn•jiàn xǔduō háizi zài fàng fēngzheng
假日到河滩上转转，看见许多孩子在放风筝。
Yī gēngēn chángcháng de yǐnxiàn yī tóur jì zài tiān•shàng yī tóur jì zài dì•shàng
一根根长长的引线，一头儿系在天上，一头儿系在地上，
háizi tóng fēngzheng dōu zài tiān yǔ dì zhījiān yōudàng lián xīn yě bèi yōudàng de
孩子同风筝都在天与地之间悠荡，连心也被悠荡得
huǎnghuǎng-hūhū le hǎoxiàng yòu huídàole tóngnián
恍恍惚惚了，好像又回到了童年。

Érshí fàng de fēngzheng dàduō shì zìjǐ de zhǎngbèi huò jiārén biānzā de jǐ gēn
儿时放的风筝，大多是自己的长辈或家人编扎的，几根
xiāo de hěn báo de miè yòng xì shāxiàn zāchéng gè zhǒng niǎo shòu de zàoxíng hú•shàng
削得很薄的篾，用细纱线扎成各种鸟兽的造型，糊上
xuěbái de zhǐpiàn zài yòng cǎibǐ gōulè chū miànkǒng yǔ chìbǎng de tú'àn Tōngcháng zā
雪白的纸片，再用彩笔勾勒出面孔与翅膀的图案。通常扎
de zuì duō de shì lǎodiāo měirénr huā húdié děng
得最多的是“老雕”“美人儿”“花蝴蝶”等。

Wǒmen jiā qiányuàn jiù yǒu wèi shūshu shàn zā fēngzheng yuǎnjìn-wénmíng Tā
我们家前院就有位叔叔，擅扎风筝，远近闻名。他
zā de fēngzheng bùzhǐ tǐxíng hǎokàn sècǎi yànlì fàngfēi de gāo yuǎn hái zài
扎的风筝不只体型好看，色彩艳丽，放飞得高远，还在
fēngzheng•shàng bēng yī yè yòng púwěi xiāochéng de mópiàn jīng fēng yī chuī fāchū
风筝上绷一叶用蒲苇削成的膜片，经风一吹，发出
wēngwēng de shēngxiǎng fǎngfú shì fēngzheng de gēchàng zài lántiān•xià bō
“嗡嗡”的声响，仿佛是风筝的歌唱，在蓝天下播
yáng gěi kāikuò de tiāndì zēngtiānle wújìn de yùnwèi gěi chídàng de tóngxīn dàilái jǐ
扬，给开阔的天地增添了无尽的韵味，给驰荡的童心带来几
fēn fēngkuáng
分疯狂。

Wǒmen nà tiáo hútòng de zuǒlín-yòushè de háizimen fàng de fēngzheng jīhū dōu shì
我们那条胡同的左邻右舍的孩子们放的风筝几乎都是
shūshu biānzā de Tā de fēngzheng bù mài qián shéi shàngmén qù yào jiù gěi shéi tā
叔叔编扎的。他的风筝不卖钱，谁上门去要，就给谁，他
lèyì zìjǐ tiē qián mǎi cáiliào
乐意自己贴钱买材料。

Hòu lái zhèwèi shūshu qùle hǎiwài fàng fēngzheng yě jiàn yǔ hái zi men yuǎn lí le
后来，这位叔叔去了海外，放风筝也渐与孩子们远离了。
Bùguò niánnián shūshu gěi jiā xiāng xiěxìn zǒng bù wàng tíqǐ ér shí de fàng fēngzheng
不过年年叔叔给家乡写信，总不忘提起儿时的放风筝。
Xiānggǎng huíguī zhīhòu tā zài jiā xìn zhōng shuōdào tā zhè zhī bèi gùxiāng fàngfēi dào
香港回归之后，他在家信中说到，他这只被故乡放飞到
hǎiwài de fēngzheng jǐn guǎn piāodàng yóu yì jīng mù fēng yǔ kě nà xiàntóur yī zhí zài
海外的风筝，尽管飘荡游弋，经沐风雨，可那线头儿一直在
gùxiāng hé
故乡和//亲人手中牵着，如今飘得太累了，也该要回归到家乡和亲人身边来了。

是的。我想，不光是叔叔，我们每个人都是风筝，在妈妈手中牵着，从小放到大，再从家乡放到祖国最需要的地方去啊！

节选自李恒瑞《风筝畅想曲》

Zuòpǐn Hào
作品 10 号

Bà bù dǒng·dé zěnyàng biǎodá ài shǐ wǒmen yī jiā rén róngqià xiāngchǔ de shì wǒ
爸不懂得怎样表达爱，使我们一家人融洽相处的是我
mā Tā zhǐshì měi tiān shàngbān xiàbān ér mā zé bǎ wǒmen zuòguo de cuòshì kāi liè
妈。他只是每天上班下班，而妈则把我们做过的错事开列
qīngdān ránhòu yóu tā lái zémà wǒmen
清单，然后由他来责骂我们。

Yǒu yī cì wǒ tōu le yī kuài tángguǒ tā yào wǒ bǎ tā sòng huí·qù gàosu mài táng
有一次我偷了一块糖果，他要我把它送回去，告诉卖糖
de shuō shì wǒ tōu·lái de shuō wǒ yuàn·yì tì tā chāi xiāng xiè huò zuòwéi péicháng
的说是我偷来的，说我愿意替他拆箱卸货作为赔偿。
Dàn māma què míngbai wǒ zhǐshì gè háizi
但妈妈却明白我只是个孩子。

Wǒ zài yùndòngchǎng dǎ qiūqiān diēduàn le tuǐ zài qiánwǎng yīyuàn túzhōng yīzhí
我在运动场打秋千跌断了腿，在前往医院途中一直
bàozhe wǒ de shì wǒ mā Bà bǎ qìchē tíng zài jí zhěnshì ménkǒu tāmen jiào tā
抱着我的，是我妈。爸把汽车停在急诊室门口，他们叫他
shǐkāi shuō nà kòngwèi shì liú gěi jǐn jí chēliàng tíngfàng de Bà tīng le biàn jiàorǎng dào
驶开，说那空位是留给紧急车辆停放的。爸听了便叫嚷道：
Nǐ yǐwéi zhè shì shénme chē Lǚyóuchē
“你以为这是什么车？旅游车？”

Zài wǒ shēngrì huì ·shàng bà zǒngshì xiǎn·dé yǒuxiē bùdà xiāngchèn Tā zhǐshì máng yú
在我生日会上，爸总是显得有些不大相称。他只是忙于

chuī qìqiú bùzhì cānzhuō zuò záwù Bǎ chāzhe làzhú de dàngāo tuīguò · lái ràng wǒ chuī de shì
吹气球，布置餐桌，做杂务。把插着蜡烛的蛋糕推过来让我吹的，是
wǒ mā
我妈。

Wǒ fānyuè zhàoxiàngcè shí rénmen zǒngshì wèn Nǐ bàba shì shénme yàngzi
我翻阅照相册时，人们总是问："你爸爸是什么样子
de Tiān xiǎo · dé Tā lǎoshì mángzhe tì bié · rén pāizhào Mā hé wǒ xiào róng -
的？"天晓得！他老是忙着替别人拍照。妈和我笑容
kějū de yīqǐ pāi de zhàopiàn duō de bùkě - shèng shǔ
可掬地一起拍的照片，多得不可胜数。

Wǒ jì · dé mā yǒu yī cì jiào tā jiāo wǒ qí zìxíngchē Wǒ jiào tā bié fàngshǒu
我记得妈有一次叫他教我骑自行车。我叫他别放手，
dàn tā què shuō shì yīnggāi fàngshǒu de shíhou le Wǒ shuāidǎo zhīhòu mā pǎo guò · lái
但他却说是应该放手的时候了。我摔倒之后，妈跑过来
fú wǒ bà què huīshǒu yào tā zǒukāi Wǒ dāngshí shēngqì jí le juéxīn yào gěi tā
扶我，爸却挥手要她走开。我当时生气极了，决心要给他
diǎnr yánsè kàn Yúshì wǒ mǎshàng pá · shàng zìxíngchē érqiě zìjǐ qí gěi tā kàn
点儿颜色看。于是我马上爬上自行车，而且自己骑给他看。
Tā zhǐshì wēixiào
他只是微笑。

Wǒ niàn dàxué shí suǒyǒu de jiāxìn dōu shì mā xiě de Tā
我念大学时，所有的家信都是妈写的。他//除了寄支票外，还寄过一封短柬给我，说因为我不在草坪上踢足球了，所以他的草坪长得很美。

每次我打电话回家，他似乎都想跟我说话，但结果总是说："我叫你妈来接。"

我结婚时，掉眼泪的是我妈。他只是大声擤了一下鼻子，便走出房间。

我从小到大都听他说："你到哪里去？什么时候回家？汽车有没有汽油？不，不准去。"爸完全不知道怎样表达爱。除非……

会不会是他已经表达了，而我却未能察觉？

节选自［美］艾尔玛·邦贝克《父亲的爱》

Zuòpǐn Hào
作品 11 号

Yī gè dà wèntí yīzhí pánjù zài wǒ nǎodai · lǐ
一个大问题一直盘踞在我脑袋里：
Shìjièbēi zěnme huì yǒu rúcǐ jùdà de xīyǐnlì Chúqù zúqiú běnshēn de mèilì
世界杯怎么会有如此巨大的吸引力？除去足球本身的魅力

zhīwài hái yǒu shénme chāohūqíshàng ér gèng wěidà de dōngxi
之外，还有什么超乎其上而更伟大的东西？

Jìnlái guānkàn shìjièbēi hūrán cóngzhōng dédàole dá'àn shì yóuyú yī zhǒng
近来观看世界杯，忽然从中得到了答案：是由于一种
wúshàng chónggāo de jīngshén qínggǎn guójiā róngyùgǎn
无上崇高的精神情感——国家荣誉感！

Dìqiú•shàng de rén dōu huì yǒu guójiā de gàiniàn dàn wèibì shíshí dōu yǒu guójiā de
地球上的人都会有国家的概念，但未必时时都有国家的
gǎnqíng Wǎngwǎng rén dào yìguó sīniàn jiāxiāng xīn huái gùguó zhè guójiā gàiniàn jiù
感情。往往人到异国，思念家乡，心怀故国，这国家概念就
biànde yǒuxuèyǒuròu àiguó zhī qíng lái de fēicháng jùtǐ Ér xiàndài shèhuì kējì
变得有血有肉，爱国之情来得非常具体。而现代社会，科技
chāngdá xìnxī kuàijié shìshì shàngwǎng shìjiè zhēnshì tài xiǎo tài xiǎo guójiā de
昌达，信息快捷，事事上网，世界真是太小太小，国家的
jièxiàn sìhū yě bù nàme qīngxī le Zàishuō zúqiú zhèngzài kuàisù shìjièhuà píngrì•lǐ
界限似乎也不那么清晰了。再说足球正在快速世界化，平日里
gè guó qiúyuán pínfán zhuǎn huì wǎnglái suíyì zhìshǐ yuèláiyuèduō de guójiā liánsài dōu
各国球员频繁转会，往来随意，致使越来越多的国家联赛都
jùyǒu guójì de yīnsù Qiúyuánmen bùlùn guójí zhǐ xiàolì yú zìjǐ de jùlèbù tāmen
具有国际的因素。球员们不论国籍，只效力于自己的俱乐部，他们
bǐsài shí de jīqíng zhōng wánquán méi•yǒu àiguózhǔyì de yīnzǐ
比赛时的激情中完全没有爱国主义的因子。

Rán'ér dàole shìjièbēi dàsài tiānxià dàbiàn Gè guó qiúyuán dōu huíguó xiàolì
然而，到了世界杯大赛，天下大变。各国球员都回国效力，
chuān•shàng yǔ guāngróng de guóqí tóngyàng sècǎi de fúzhuāng Zài měi yī chǎng bǐsài
穿上与光荣的国旗同样色彩的服装。在每一场比赛
qián hái gāochàng guógē yǐ xuānshì duì zìjǐ zǔguó de zhì'ài yǔ zhōngchéng Yī zhǒng
前，还高唱国歌以宣誓对自己祖国的挚爱与忠诚。一种
xuèyuán qínggǎn kāishǐ zài quánshēn de xuèguǎn•lǐ ránshāo qǐ•lái érqiě lìkè rèxuè-
血缘情感开始在全身的血管里燃烧起来，而且立刻热血
fèiténg
沸腾。

Zài lìshǐ shídài guójiā jiān jīngcháng fāshēng duìkàng hǎo nán'ér róngzhuāng
在历史时代，国家间经常发生对抗，好男儿戎装
wèiguó Guójiā de róngyù wǎngwǎng xūyào yǐ zìjǐ de shēngmìng qù huàn
卫国。国家的荣誉往往需要以自己的生命去换//取。但在和平时代，唯有这种国家之间大规模对抗性的大赛，才可以唤起那种遥远而神圣的情感，那就是：为祖国而战！

节选自冯骥才《国家荣誉感》

Zuòpǐn Hào
作品12号

Xīyáng luòshān bù jiǔ xīfāng de tiānkōng hái ránshāozhe yī piàn júhóngsè de
夕阳落山不久，西方的天空，还燃烧着一片橘红色的
wǎnxiá Dàhǎi yě bèi zhè xiáguāng rǎnchéngle hóngsè érqiě bǐ tiānkōng de jǐngsè
晚霞。大海，也被这霞光染成了红色，而且比天空的景色
gèng yào zhuàngguān Yīn•wèi tā shì huó•dòng de měidāng yīpáipái bōlàng yǒngqǐ de
更要壮观。因为它是活动的，每当一排排波浪涌起的
shíhou nà yìngzhào zài làngfēng•shàng de xiáguāng yòuhóng - yòuliàng jiǎnzhí jiù
时候，那映照在浪峰上的霞光，又红又亮，简直就
xiàng yīpiànpiàn huòhuò ránshāozhe de huǒyàn shǎnshuòzhe xiāoshī le Ér hòu•miàn
像一片片霍霍燃烧着的火焰，闪烁着，消失了。而后面
de yī pái yòu shǎnshuòzhe gǔndòngzhe yǒngle guò•lái
的一排，又闪烁着，滚动着，涌了过来。

Tiānkōng de xiáguāng jiànjiàn de dàn xià•qù le shēnhóng de yánsè biànchéngle
天空的霞光渐渐地淡下去了，深红的颜色变成了
fēihóng fēihóng yòu biànwéi qiǎnhóng Zuìhòu dāng zhè yīqiè hóngguāng dōu xiāoshīle
绯红，绯红又变为浅红。最后，当这一切红光都消失了
de shíhou nà tūrán xiǎn•dé gāo ér yuǎn le de tiānkōng zé chéngxiàn chū yī piàn
的时候，那突然显得高而远了的天空，则呈现出一片
sùmù de shénsè Zuì zǎo chūxiàn de qǐmíngxīng zài zhè lánsè de tiānmù•shàng shǎnshuò
肃穆的神色。最早出现的启明星，在这蓝色的天幕上闪烁
qǐ•lái le Tā shì nàme dà nàme liàng zhěnggè guǎngmò de tiānmù•shàng zhǐyǒu
起来了。它是那么大，那么亮，整个广漠的天幕上只有
tā zài nà•lǐ fàngshèzhe lìng rén zhùmù de guānghuī huóxiàng yī zhǎn xuánguà zài gāokōng
它在那里放射着令人注目的光辉，活像一盏悬挂在高空
de míngdēng
的明灯。

Yèsè jiā nóng cāngkōng zhōng de míngdēng yuèláiyuèduō le Ér chéngshì
夜色加浓，苍空中的“明灯”越来越多了。而城市
gè chù de zhēn de dēnghuǒ yě cìdì liàngle qǐ•lái yóuqí shì wéirào zài hǎigǎng zhōuwéi
各处的真的灯火也次第亮了起来，尤其是围绕在海港周围
shānpō•shàng de nà yī piàn dēngguāng cóng bànkōng dàoyìng zài wūlán de
山坡上的那一片灯光，从半空倒映在乌蓝的
hǎimiàn•shàng suízhe bōlàng huàngdòngzhe shǎnshuòzhe xiàng yī chuàn
海面上，随着波浪，晃动着，闪烁着，像一串

liúdòngzhe de zhēnzhū hé nà yīpiànpiàn mìbù zài cāngqióng• lǐ de xīngdǒu hùxiāng
流动着的珍珠，和那一片片密布在苍穹里的星斗互相
huīyìng shà shì hǎokàn
辉映，煞是好看。

Zài zhè yōuměi de yèsè zhōng wǒ tàzhe ruǎnmiánmián de shātān yánzhe hǎibiān
在这幽美的夜色中，我踏着软绵绵的沙滩，沿着海边，
mànmàn de xiàngqián zǒu• qù Hǎishuǐ qīngqīng de fǔmōzhe xìruǎn de shātān fāchū
慢慢地向前走去。海水，轻轻地抚摸着细软的沙滩，发出
wēnróu de
温柔的//刷刷声。晚来的海风，清新而又凉爽。我的心里，有着说不出的兴奋和愉快。

夜风轻飘飘地吹拂着，空气中飘荡着一种大海和田禾相混合的香味儿，柔软的沙滩上还残留着白天太阳炙晒的余温。那些在各个工作岗位上劳动了一天的人们，三三两两地来到这软绵绵的沙滩上，他们浴着凉爽的海风，望着那缀满了星星的夜空，尽情地说笑，尽情地休憩。

节选自峻青《海滨仲夏夜》

Zuòpǐn Hào
作品13号

Shēngmìng zài hǎiyáng• lǐ dànshēng jué bù shì ǒurán de hǎiyáng de wùlǐ hé huàxué
生命在海洋里诞生绝不是偶然的，海洋的物理和化学
xìngzhì shǐ tā chéngwéi yùnyù yuánshǐ shēngmìng de yáolán
性质，使它成为孕育原始生命的摇篮。

Wǒmen zhī•dào shuǐ shì shēngwù de zhòngyào zǔchéng bùfen xǔduō dòngwù
我们知道，水是生物的重要组成部分，许多动物
zǔzhī de hánshuǐliàng zài bǎi fēn zhī bāshí yǐshàng ér yīxiē hǎiyáng shēngwù de
组织的含水量在百分之八十以上，而一些海洋生物的
hánshuǐliàng gāodá bǎi fēn zhī jiǔshíwǔ Shuǐ shì xīnchén-dàixiè de zhòngyào méijiè
含水量高达百分之九十五。水是新陈代谢的重要媒介，
méi•yǒu tā tǐ nèi de yīxìliè shēnglǐ hé shēngwù huàxué fǎnyìng jiù wúfǎ jìnxíng
没有它，体内的一系列生理和生物化学反应就无法进行，
shēngmìng yě jiù tíngzhǐ Yīncǐ zài duǎn shíqī nèi dòngwù quē shuǐ yào bǐ quēshǎo shíwù
生命也就停止。因此，在短时期内动物缺水要比缺少食物
gèngjiā wēixiǎn Shuǐ duì jīntiān de shēngmìng shì rúcǐ zhòngyào tā duì cuìruò de
更加危险。水对今天的生命是如此重要，它对脆弱的
yuánshǐ shēngmìng gèng shì jǔzú - qīngzhòng le Shēngmìng zài hǎiyáng• lǐ dànshēng
原始生命，更是举足轻重了。生命在海洋里诞生，

jiù bù huì yǒu quē shuǐ zhī yōu
就不会有缺水之忧。

Shuǐ shì yī zhǒng liánghǎo de róngjì Hǎiyáng zhōng hányǒu xǔduō shēngmìng suǒ
水是一种良好的溶剂。海洋中含有许多生命所
bìxū de wújīyán rú lǜhuànà lǜhuàjiǎ tànsuānyán línsuānyán háiyǒu róngjiěyǎng
必需的无机盐，如氯化钠、氯化钾、碳酸盐、磷酸盐，还有溶解氧，
yuánshǐ shēngmìng kěyǐ háobù fèilì de cóngzhōng xīqǔ tā suǒ xūyào de yuánsù
原始生命可以毫不费力地从中吸取它所需要的元素。

Shuǐ jùyǒu hěn gāo de rè róngliàng jiāzhī hǎiyáng hàodà rènpíng xiàjì lièrì
水具有很高的热容量，加之海洋浩大，任凭夏季烈日
pùshài dōngjì hánfēng sǎodàng tā de wēndù biànhuà què bǐjiào xiǎo Yīn cǐ jù dà
曝晒，冬季寒风扫荡，它的温度变化却比较小。因此，巨大
de hǎiyáng jiù xiàng shì tiānrán de wēnxiāng shì yùnyù yuánshǐ shēngmìng de
的海洋就像是天然的“温箱”，是孕育原始生命的
wēnchuáng
温床。

Yángguāng suīrán wéi shēngmìng suǒ bìxū dànshì yángguāng zhōng de zǐwàixiàn què
阳光虽然为生命所必需，但是阳光中的紫外线却
yǒu èshā yuánshǐ shēngmìng de wēixiǎn Shuǐ néng yǒuxiào de xīshōu zǐwàixiàn yīn’ér
有扼杀原始生命的危险。水能有效地吸收紫外线，因而
yòu wèi yuánshǐ shēngmìng tígōngle tiānrán de píngzhàng
又为原始生命提供了天然的“屏障”。

Zhè yīqiè dōu shì yuánshǐ shēngmìng dé yǐ chǎnshēng hé fāzhǎn de bìyào tiáojiàn
这一切都是原始生命得以产生和发展的必要条件。//

节选自童裳亮《海洋与生命》

Zuòpǐn Hào
作品 14 号

Dú xiǎoxué de shíhou wǒ de wàizǔmǔ qùshì le Wàizǔmǔ shēngqián zuì téng’ài
读小学的时候，我的外祖母去世了。外祖母生前最疼爱
wǒ wǒ wúfǎ páichú zìjǐ de yōushāng měi tiān zài xuéxiào de cāochǎng·shàng yī
我，我无法排除自己的忧伤，每天在学校的操场上一
quānr yòu yī quānr de pǎozhe pǎo de lèidǎo zài dì·shàng pū zài cǎopíng·shàng
圈儿又一圈儿地跑着，跑得累倒在地上，扑在草坪上
tòngkū
痛哭。

Nà āitòng de rìzi duàn duàn - xùxù de chíxùle hěn jiǔ bàba māma yě bù
那哀痛的日子，断断续续地持续了很久，爸爸妈妈也不

zhī·dào rúhé ānwèi wǒ Tāmen zhī·dào yǔqí piàn wǒ shuō wàizǔmǔ shuìzháole hái
知道如何安慰我。他们知道与其骗我说外祖母睡着了，还

bùrú duì wǒ shuō shíhuà Wàizǔmǔ yǒngyuǎn bù huì huí·lái le
不如对我说实话：外祖母永远不会回来了。

Shénme shì yǒngyuǎn bù huì huí·lái ne Wǒ wènzhe
“什么是永远不会回来呢？”我问着。

Suǒyǒu shíjiān·lǐ de shìwù dōu yǒngyuǎn bù huì huí·lái Nǐ de zuótiān
“所有时间里的事物，都永远不会回来。你的昨天

guò·qù tā jiù yǒngyuǎn biànchéng zuótiān nǐ bùnéng zài huídào zuótiān Bàba yǐqián
过去，它就永远变成昨天，你不能再回到昨天。爸爸以前

yě hé nǐ yīyàng xiǎo xiànzài yě bùnéng huídào nǐ zhème xiǎo de tóngnián le yǒu yī
也和你一样小，现在也不能回到你这么小的童年了；有一

tiān nǐ huì zhǎngdà nǐ huì xiàng wàizǔmǔ yīyàng lǎo yǒu yī tiān nǐ dùguò le nǐ de
天你会长大，你会像外祖母一样老；有一天你度过了你的

shíjiān jiù yǒngyuǎn bù huì huí·lái le Bàba shuō
时间，就永远不会回来了。”爸爸说。

Bàba děngyú gěi wǒ yī gè míyǔ zhè míyǔ bǐ kèběn·shàng de Rìlì guà zài
爸爸等于给我一个谜语，这谜语比课本上的“日历挂在

qiángbì yī tiān sī·qù yī yè shǐ wǒ xīn·lǐ zháojí hé Yī cùn guāngyīn yī cùn
墙壁，一天撕去一页，使我心里着急”和“一寸光阴一寸

jīn cùn jīn nán mǎi cùn guāngyīn hái ràng wǒ gǎndào kěpà yě bǐ zuòwénběn·shàng
金，寸金难买寸光阴”还让我感到可怕；也比作文本上

de Guāngyīn sì jiàn rìyuè rú suō gèng ràng wǒ jué·dé yǒu yī zhǒng shuō·bùchū
的“光阴似箭，日月如梭”更让我觉得有一种说不出

de zīwèi
的滋味。

Shíjiān guò de nàme fēikuài shǐ wǒ de xiǎo xīnyǎnr·lǐ bù zhǐshì zháojí háiyǒu
时间过得那么飞快，使我的小心眼儿里不只是着急，还有

bēishāng Yǒu yī tiān wǒ fàngxué huíjiā kàndào tài·yáng kuài luòshān le jiù xià
悲伤。有一天我放学回家，看到太阳快落山了，就下

juéxīn shuō Wǒ yào bǐ tài·yáng gèng kuài de huíjiā Wǒ kuángbēn huí·qù zhàn zài
决心说：“我要比太阳更快地回家。”我狂奔回去，站在

tíngyuàn qián chuǎnqì de shíhou kàndào tài·yáng
庭院前喘气的时候，看到太阳//还露着半边脸，我高兴地跳跃起来，那一天我跑赢了太阳。以后我就时常做那样的游戏，有时和太阳赛跑，有时和西北风比快，有时一个暑假才能做完的作业，我十天就做完了；那时我三

年级，常常把哥哥五年级的作业拿来做。每一次比赛胜过时间，我就快乐得不知道怎么形容。

如果将来我有什么要教给我的孩子，我会告诉他：假若你一直和时间比赛，你就可以成功！

节选自（台湾）林清玄《和时间赛跑》

Zuòpǐn Hào
作品15号

Sānshí niándài chū Hú Shì zài Běijīng Dàxué rèn jiàoshòu Jiǎngkè shí tā
三十年代初，胡适在北京大学任教授。讲课时他
chángcháng duì báihuàwén dàjiā chēngzàn yǐnqǐ yīxiē zhǐ xǐhuan wényánwén ér bù
常常对白话文大加称赞，引起一些只喜欢文言文而不
xǐhuan báihuàwén de xuésheng de bùmǎn
喜欢白话文的学生的不满。

Yī cì Hú Shì zhèng jiǎng de déyì de shíhou yī wèi xìng Wèi de xuésheng tūrán
一次，胡适正讲得得意的时候，一位姓魏的学生突然
zhànle qǐ·lái shēngqì de wèn Hú xiānsheng nándào shuō báihuàwén jiù háowú
站了起来，生气地问：“胡先生，难道说白话文就毫无
quēdiǎn ma Hú Shì wēixiàozhe huídá shuō Méi·yǒu Nà wèi xuésheng gèngjiā
缺点吗？”胡适微笑着回答说：“没有。”那位学生更加
jīdòng le Kěndìng yǒu Báihuàwén fèihuà tài duō dǎ diànbào yòng zì duō
激动了：“肯定有！白话文废话太多，打电报用字多，
huāqián duō Hú Shì de mùguāng dùnshí biànliàng le Qīngshēng de jiěshì shuō
花钱多。”胡适的目光顿时变亮了，轻声地解释说：
Bù yīdìng ba Qián jǐ tiān yǒu wèi péngyou gěi wǒ dǎ·lái diànbào qǐng wǒ qù
“不一定吧！前几天有位朋友给我打来电报，请我去
zhèngfǔ bùmén gōngzuò wǒ juédìng bù qù jiù huídiàn jùjué le Fùdiàn shì yòng
政府部门工作，我决定不去，就回电拒绝了。复电是用
báihuà xiě de kànlái yě hěn shěng zì Qǐng tóngxuémen gēnjù wǒ zhège yìsi yòng
白话写的，看来也很省字。请同学们根据我这个意思，用
wényánwén xiě yī gè huídiàn kànkan jiūjìng shì báihuàwén shěng zì háishì wényánwén
文言文写一个回电，看看究竟是白话文省字，还是文言文
shěng zì Hú jiàoshòu gāng shuōwán tóngxuémen lìkè rènzhēn de xiěle qǐ·lái
省字？”胡教授刚说完，同学们立刻认真地写了起来。

Shíwǔ fēnzhōng guò·qù Hú Shì ràng tóngxué jǔshǒu bàogào yòng zì de shùmù
十五分钟过去，胡适让同学举手，报告用字的数目，
ránhòu tiāole yī fèn yòng zì zuì shǎo de wényán diànbàogǎo diànwén shì zhèyàng xiě de
然后挑了一份用字最少的文言电报稿，电文是这样写的：

Cáishū-xuéqiǎn kǒng nán shèngrèn bùkān cóngmìng Báihuàwén de yìsi
“才疏学浅，恐难胜任，不堪从命。”白话文的意思

shì Xuéwen bù shēn kǒngpà hěn nán dānrèn zhège gōngzuò bùnéng fúcóng
是：学问不深，恐怕很难担任这个工作，不能服从

ānpái
安排。

Hú Shì shuō zhè fèn xiě de quèshí bùcuò jǐn yòngle shí'èr gè zì Dàn wǒ de
胡适说，这份写得确实不错，仅用了十二个字。但我的

báihuà diànbào què zhǐ yòngle wǔ gè zì
白话电报却只用了五个字：

Gàn•bùliǎo xièxie
“干不了，谢谢！”

Hú Shì yòu jiěshì shuō Gàn•bùliǎo jiù yǒu cáishū-xuéqiǎn kǒng nán shèngrèn
胡适又解释说：“干不了”就有才疏学浅、恐难胜任

de yìsi xièxie jì
的意思；“谢谢”既//对朋友的介绍表示感谢，又有拒绝的意思。所以，废话多不多，并不看它是文言文还是白话文，只要注意选用字词，白话文是可以比文言文更省字的。

节选自陈灼主编《实用汉语中级教程》（上）中《胡适的白话电报》

Zuòpǐn Hào
作品16号

Hěn jiǔ yǐqián zài yī gè qīhēi de qiūtiān de yèwǎn wǒ fàn zhōu zài Xībólìyà
很久以前，在一个漆黑的秋天的夜晚，我泛舟在西伯利亚

yī tiáo yīnsēnsēn de hé•shàng Chuán dào yī gè zhuǎnwān chù zhǐ jiàn qián•miàn
一条阴森森的河上。船到一个转弯处，只见前面

hēiqūqū de shānfēng xià•miàn yī xīng huǒguāng mòdì yī shǎn
黑黢黢的山峰下面一星火光蓦地一闪。

Huǒguāng yòu míng yòu liàng hǎoxiàng jiù zài yǎnqián
火光又明又亮，好像就在眼前……

Hǎo la xiètiān-xiè dì Wǒ gāoxìng de shuō Mǎshàng jiù dào guòyè de
“好啦，谢天谢地！”我高兴地说，“马上就到过夜的

dìfang la
地方啦！”

Chuánfū niǔtóu cháo shēnhòu de huǒguāng wàngle yī yǎn yòu bùyǐwéirán de
船夫扭头朝身后的火光望了一眼，又不以为然地

huá• qǐ jiǎng• lái
划起桨来。

Yuǎnzhe ne
"远着呢！"

Wǒ bù xiāngxìn tā de huà yīn•wèi huǒguāng chōngpò ménglóng de yèsè míngmíng zài nàr shǎnshuò Bùguò chuánfū shì duì de shìshí•shàng huǒguāng díquè hái yuǎnzhe ne
我不相信他的话，因为火光冲破朦胧的夜色，明明在那儿闪烁。不过船夫是对的，事实上，火光的确还远着呢。

Zhèxiē hēiyè de huǒguāng de tèdiǎn shì qūsàn hēi'àn shǎnshǎn fāliàng jìn zài yǎnqián lìng rén shénwǎng Zhà yī kàn zài huá jǐ xià jiù dào le Qíshí què hái yuǎnzhe ne
这些黑夜的火光的特点是：驱散黑暗，闪闪发亮，近在眼前，令人神往。乍一看，再划几下就到了……其实却还远着呢！……

Wǒmen zài qīhēi rú mò de hé•shàng yòu huále hěn jiǔ Yī gè gè xiágǔ hé xuányá yíngmiàn shǐ•lái yòu xiàng hòu yí•qù fǎngfú xiāoshī zài mángmáng de yuǎnfāng ér huǒguāng què yīrán tíng zài qiántou shǎnshǎn fāliàng lìng rén shénwǎng yīrán shì zhème jìn yòu yīrán shì nàme yuǎn
我们在漆黑如墨的河上又划了很久。一个个峡谷和悬崖，迎面驶来，又向后移去，仿佛消失在茫茫的远方，而火光却依然停在前头，闪闪发亮，令人神往——依然是这么近，又依然是那么远……

Xiànzài wúlùn shì zhè tiáo bèi xuányá-qiàobì de yīnyǐng lǒngzhào de qīhēi de hé liú háishì nà yī xīng míngliàng de huǒguāng dōu jīngcháng fúxiàn zài wǒ de nǎojì zài zhè yǐqián hé zài zhè yǐhòu céng yǒu xǔduō huǒguāng sìhū jìn zài zhǐchǐ bù zhǐ shǐ wǒ yī rén xīnchí-shénwǎng Kěshì shēnghuó zhī hé què réngrán zài nà yīnsēnsēn de liǎng'àn zhījiān liú zhe ér huǒguāng yě yījiù fēicháng yáoyuǎn Yīncǐ bìxū jiājìn huájiǎng
现在，无论是这条被悬崖峭壁的阴影笼罩的漆黑的河流，还是那一星明亮的火光，都经常浮现在我的脑际，在这以前和在这以后，曾有许多火光，似乎近在咫尺，不止使我一人心驰神往。可是生活之河却仍然在那阴森森的两岸之间流着，而火光也依旧非常遥远。因此，必须加劲划桨……

Rán'ér huǒguāng a bìjìng bìjìng jiù
然而，火光啊……毕竟……毕竟就//在前头……

节选自［俄］柯罗连科《火光》，张铁夫译

Zuòpǐn Hào
作品 17 号

Duìyú yī gè zài Běipíng zhùguàn de rén xiàng wǒ dōngtiān yàoshì bù guāfēng
对于一个在北平住惯的人，像我，冬天要是不刮风，
biàn jué•dé shì qíjì Jǐnán de dōngtiān shì méi•yǒu fēngshēng de Duìyú yī gè gāng
便觉得是奇迹；济南的冬天是没有风声的。对于一个刚
yóu Lúndūn huí•lái de rén xiàng wǒ dōngtiān yào néng kàn de jiàn rìguāng biàn jué•dé
由伦敦回来的人，像我，冬天要能看得见日光，便觉得
shì guàishì Jǐnán de dōngtiān shì xiǎngqíng de Zìrán zài rèdài de dìfang rìguāng
是怪事；济南的冬天是响晴的。自然，在热带的地方，日光
yǒngyuǎn shì nàme dú xiǎngliàng de tiānqì fǎn yǒudiǎnr jiào rén hàipà Kěshì zài
永远是那么毒，响亮的天气，反有点儿叫人害怕。可是，在
běifāng de dōngtiān ér néng yǒu wēnqíng de tiānqì Jǐnán zhēn děi suàn gè bǎodì
北方的冬天，而能有温晴的天气，济南真得算个宝地。

Shèruò dāndān shì yǒu yángguāng nà yě suàn•bùliǎo chūqí qǐng bì•shàng yǎnjing
设若单单是有阳光，那也算不了出奇。请闭上眼睛
xiǎng Yī gè lǎochéng yǒu shān yǒu shuǐ quán zài tiān dǐ•xià shàizhe yángguāng
想：一个老城，有山有水，全在天底下晒着阳光，
nuǎnhuo ānshì de shuìzhe zhǐ děng chūnfēng lái bǎ tāmen huànxǐng zhè shì•bùshì lǐxiǎng
暖和安适地睡着，只等春风来把它们唤醒，这是不是理想
de jìngjiè Xiǎoshān zhěng bǎ Jǐnán wéile gè quānr zhǐyǒu běi•biān quēzhe diǎn kǒur
的境界？小山整把济南围了个圈儿，只有北边缺着点口儿。
Zhè yī quān xiǎoshān zài dōngtiān tèbié kě'ài hǎoxiàng shì bǎ Jǐnán fàng zài yī gè xiǎo
这一圈小山在冬天特别可爱，好像是把济南放在一个小
yáolán•lǐ tāmen ānjìng bù dòng de dīshēng de shuō Nǐmen fàngxīn ba zhèr
摇篮里，它们安静不动地低声地说：“你们放心吧，这儿
zhǔnbǎo nuǎnhuo Zhēn de Jǐnán de rénmen zài dōngtiān shì miàn•shàng hánxiào de
准保暖和。”真的，济南的人们在冬天是面上含笑的。
Tāmen yī kàn nàxiē xiǎoshān xīnzhōng biàn jué•dé yǒule zhuóluò yǒule yīkào
他们一看那些小山，心中便觉得有了着落，有了依靠。
Tāmen yóu tiān•shàng kàndào shān•shàng biàn bùzhī-bùjué de xiǎngqǐ Míngtiān yěxǔ
他们由天上看到山上，便不知不觉地想起：明天也许
jiùshì chūntiān le ba Zhèyàng de wēnnuǎn jīntiān yè•lǐ shāncǎo yěxǔ jiù lǜqǐ•lái le
就是春天了吧？这样的温暖，今天夜里山草也许就绿起来了
ba Jiùshì zhè diǎnr huànxiǎng bùnéng yīshí shíxiàn tāmen yě bìng bù zháojí yīn•wèi
吧？就是这点儿幻想不能一时实现，他们也并不着急，因为

zhèyàng císhàn de dōngtiān gànshénme hái xīwàng biéde ne
这样慈善的冬天，干什么还希望别的呢！

Zuì miào de shì xià diǎnr xiǎoxuě ya Kàn ba shān•shàng de ǎisōng yuèfā de
最妙的是下点儿小雪呀。看吧，山上的矮松越发的

qīnghēi shùjiānr •shàng
青黑，树尖儿上//顶着一髻儿白花，好像日本看护妇。山尖儿全白了，给蓝天镶上一道银边。山坡上，有的地方雪厚点儿，有的地方草色还露着；这样，一道儿白，一道儿暗黄，给山们穿上一件带水纹儿的花衣；看着看着，这件花衣好像被风儿吹动，叫你希望看见一点更美的山的肌肤。等到快日落的时候，微黄的阳光斜射在山腰上，那点儿薄雪好像忽然害羞，微微露出点儿粉色。就是下小雪吧，济南是受不住大雪的，那些小山太秀气。

节选自老舍《济南的冬天》

Zuòpǐn Hào
作品18号

Chúnpǔ de jiāxiāng cūnbiān yǒu yī tiáo hé qūqū - wānwān hé zhōng jià yī wān
纯朴的家乡村边有一条河，曲曲弯弯，河中架一弯

shíqiáo gōng yàng de xiǎoqiáo héngkuà liǎng’àn
石桥，弓样的小桥横跨两岸。

Měi tiān bùguǎn shì jī míng xiǎo yuè rì lì zhōng tiān háishì yuèhuá xiè dì
每天，不管是鸡鸣晓月，日丽中天，还是月华泻地，

xiǎoqiáo dōu yìnxià chuànchuàn zújì sǎluò chuànchuàn hànzhū Nà shì xiāngqīn wèile
小桥都印下串串足迹，洒落串串汗珠。那是乡亲为了

zhuīqiú duōléng de xīwàng duìxiàn měihǎo de xiáxiǎng Wānwān xiǎoqiáo bùshí
追求多棱的希望，兑现美好的遐想。弯弯小桥，不时

dàngguò qīngyín- dīchàng bùshí lùchū shūxīn de xiàoróng
荡过轻吟低唱，不时露出舒心的笑容。

Yīn’ér wǒ zhìxiǎo de xīnlíng céng jiāng xīnshēng xiàngěi xiǎoqiáo Nǐ shì yī
因而，我稚小的心灵，曾将心声献给小桥：你是一

wān yínsè de xīnyuè gěi rénjiān pǔzhào guānghuī nǐ shì yī bǎ shǎnliàng de liándāo
弯银色的新月，给人间普照光辉；你是一把闪亮的镰刀，

gēyìzhe huānxiào de huāguǒ nǐ shì yī gēn huàngyōuyōu de biǎndan tiāoqǐle cǎisè de
割刈着欢笑的花果；你是一根晃悠悠的扁担，挑起了彩色的

míngtiān Ò xiǎoqiáo zǒujìn wǒ de mèng zhōng
明天！哦，小桥走进我的梦中。

Wǒ zài piāobó tāxiāng de suìyuè xīnzhōng zǒng yǒngdòngzhe gùxiāng de héshuǐ
我在飘泊他乡的岁月，心中总涌动着故乡的河水，

mèng zhōng zǒng kàndào gōng yàng de xiǎoqiáo　Dāng wǒ fǎng nánjiāng tàn běiguó　yǎnlián
梦中总看到弓样的小桥。当我访南疆探北国，眼帘
chuǎng jìn zuòzuò xióngwěi de chángqiáo shí　wǒ de mèng biàn de fēngmǎn le　zēngtiān le
闯进座座雄伟的长桥时，我的梦变得丰满了，增添了
chì-chéng-huáng-lǜ-qīng-lán-zǐ
赤橙黄绿青蓝紫。

Sānshí duō nián guò•qù　wǒ dàizhe mǎntóu shuānghuā huídào gùxiāng　dì-yī
三十多年过去，我带着满头霜花回到故乡，第一
jǐn yào de biànshì qù kànwàng xiǎoqiáo
紧要的便是去看望小桥。

À　Xiǎoqiáo ne　Tā duǒ qǐ•lái le　Hé zhōng yī dào chánghóng　yùzhe
啊！小桥呢？它躲起来了？河中一道长虹，浴着
zhāoxiá yì yì shǎnguāng　Ò　xiónghún de dàqiáo chǎngkāi xiōnghuái　qìchē de
朝霞熠熠闪光。哦，雄浑的大桥敞开胸怀，汽车的
hūxiào　mótuō de díyīn　zìxíngchē de dīnglíng　hézòuzhe jìnxíng jiāoxiǎngyuè　nán lái
呼啸、摩托的笛音、自行车的叮铃，合奏着进行交响乐；南来
de gāngjīn　huābù　běi wǎng de gānchéng　jiāqín　huìchū jiāoliú huānyuètú
的钢筋、花布，北往的柑橙、家禽，绘出交流欢悦图……

À　Tuìbiàn de qiáo　chuándì le jiāxiāng jìnbù de xiāoxi　tòulùle jiāxiāng fùyù
啊！蜕变的桥，传递了家乡进步的消息，透露了家乡富裕
de shēngyīn　Shídài de chūnfēng　měihǎo de zhuīqiú　wǒ mòdì jìqǐ ér shí chàng
的声音。时代的春风，美好的追求，我蓦地记起儿时唱//给小桥的歌，哦，明艳艳的太阳照耀了，芳香甜蜜的花果捧来了，五彩斑斓的岁月拉开了！

我心中涌动的河水，激荡起甜美的浪花。我仰望一碧蓝天，心底轻声呼喊：家乡的桥啊，我梦中的桥！

节选自郑莹《家乡的桥》

Zuòpǐn　Hào
作品19号

Sānbǎi duō nián qián　jiànzhù shèjìshī Láiyī'ēn shòumìng　shèjìle Yīngguó Wēnzé
三百多年前，建筑设计师莱伊恩受命设计了英国温泽
shìzhèng fǔ dàtīng　Tā yùnyòng gōngchéng lìxué de zhīshi　yījù　zìjǐ　duōnián de
市政府大厅。他运用工程力学的知识，依据自己多年的
shíjiàn　qiǎomiào de shèjìle zhǐ yòng yī gēn zhùzi zhīchēng de dàtīng tiānhuābǎn　Yī
实践，巧妙地设计了只用一根柱子支撑的大厅天花板。一
nián yǐhòu　shìzhèngfǔ quánwēi rénshì jìnxíng gōngchéng yànshōu shí　què shuō zhǐ yòng yī
年以后，市政府权威人士进行工程验收时，却说只用一

gēn zhùzi zhīchēng tiānhuābǎn tài wēixiǎn yāoqiú Láiyī'ēn zài duō jiā jǐ gēn zhùzi
根柱子支撑天花板太危险，要求莱伊恩再多加几根柱子。

Láiyī'ēn zìxìn zhǐyào yī gēn jiāngù de zhùzi zúyǐ bǎozhèng dàtīng ānquán tā de gù•zhí rěnǎole shìzhèng guānyuán xiǎnxiē bèi sòng•shàng fǎtíng Tā fēicháng kǔnǎo jiānchí zìjǐ yuánxiān de zhǔzhāng ba shìzhèng guānyuán kěndìng huì lìng zhǎo rén xiūgǎi shèjì bù jiānchí ba yòu yǒu bèi zìjǐ wéirén de zhǔnzé Máodùnle hěn cháng yīduàn shíjiān Láiyī'ēn zhōngyú xiǎngchūle yī tiáo miàojì tā zài dàtīng•lǐ zēngjiā le sì gēn zhùzi bùguò zhèxiē zhùzi bìngwèi yǔ tiānhuābǎn jiēchù zhǐ•bùguò shì zhuāngzhuang yàngzi
莱伊恩自信只要一根坚固的柱子足以保证大厅安全，他的“固执”惹恼了市政官员，险些被送上法庭。他非常苦恼，坚持自己原先的主张吧，市政官员肯定会另找人修改设计；不坚持吧，又有悖自己为人的准则。矛盾了很长一段时间，莱伊恩终于想出了一条妙计，他在大厅里增加了四根柱子，不过这些柱子并未与天花板接触，只不过是装装样子。

Sānbǎi duō nián guò•qù le zhège mìmì shǐzhōng méi•yǒu bèi rén fāxiàn Zhídào qián liǎng nián shìzhèngfǔ zhǔnbèi xiūshàn dàtīng de tiānhuābǎn cái fāxiàn Láiyī'ēn dāngnián de nòngxū-zuòjiǎ Xiāoxi chuánchū hòu shìjiè gè guó de jiànzhù zhuānjiā hé yóukè yúnjí dāngdì zhèngfǔ duìcǐ yě bù jiā yǎnshì zài xīn shìjì dàolái zhī jì tèyì jiāng dàtīng zuòwéi yī gè lǚyóu jǐngdiǎn duìwài kāifàng zhǐ zài yǐndǎo rénmen chóngshàng hé xiāngxìn kēxué
三百多年过去了，这个秘密始终没有被人发现。直到前两年，市政府准备修缮大厅的天花板，才发现莱伊恩当年的“弄虚作假”。消息传出后，世界各国的建筑专家和游客云集，当地政府对此也不加掩饰，在新世纪到来之际，特意将大厅作为一个旅游景点对外开放，旨在引导人们崇尚和相信科学。

Zuòwéi yī míng jiànzhùshī Láiyī'ēn bìng bù shì zuì chūsè de Dàn zuòwéi yī gè rén tā wúyí fēicháng wěidà zhè zhǒng
作为一名建筑师，莱伊恩并不是最出色的。但作为一个人，他无疑非常伟大，这种//伟大表现在他始终恪守着自己的原则，给高贵的心灵一个美丽的住所，哪怕是遭遇到最大的阻力，也要想办法抵达胜利。

节选自游宇明《坚守你的高贵》

Zuòpǐn Hào
作品20号

Zìcóng chuányán yǒu rén zài Sàwén hépàn sànbù shí wúyì fāxiànle jīnzi hòu zhè•lǐ
自从传言有人在萨文河畔散步时无意发现了金子后，这里

biàn cháng yǒu láizì sìmiàn - bāfāng de táojīnzhě Tāmen dōu xiǎng chéngwéi fùwēng
便常有来自四面八方的淘金者。他们都想成为富翁，

yú shì xúnbiàn le zhěnggè héchuáng hái zài héchuáng•shàng wāchū hěn duō dàkēng
于是寻遍了整个河床，还在河床上挖出很多大坑，

xīwàng jièzhù tāmen zhǎodào gèng duō de jīnzi Díquè yǒu yīxiē rén zhǎodào le
希望借助它们找到更多的金子。的确，有一些人找到了，

dàn lìngwài yīxiē rén yīn•wèi yīwú-suǒdé ér zhǐhǎo sǎoxìng guīqù
但另外一些人因为一无所得而只好扫兴归去。

Yě yǒu bù gānxīn luòkōng de biàn zhùzhā zài zhè• lǐ jìxù xúnzhǎo
也有不甘心落空的，便驻扎在这里，继续寻找。

Bǐdé Fú léi tè jiùshì qízhōng yī yuán Tā zài héchuáng fùjìn mǎi le yī kuài méi rén yào
彼得·弗雷特就是其中一员。他在河床附近买了一块没人要

de tǔdì yī gè rén mòmò de gōngzuò Tā wèi le zhǎo jīnzi yǐ bǎ suǒyǒu de qián
的土地，一个人默默地工作。他为了找金子，已把所有的钱

dōu yā zài zhè kuài tǔdì•shàng Tā máitóu-kǔgàn le jǐ gè yuè zhídào tǔdì quán
都押在这块土地上。他埋头苦干了几个月，直到土地全

biànchéng le kēngkeng-wāwā tā shīwàng le tā fānbiàn le zhěng kuài tǔdì dàn
变成了坑坑洼洼，他失望了——他翻遍了整块土地，但

lián yīdīngdiǎnr jīnzi dōu méi kàn•jiàn
连一丁点儿金子都没看见。

Liù gè yuè hòu tā lián mǎi miànbāo de qián dōu méi•yǒu le Yúshì tā zhǔnbèi
六个月后，他连买面包的钱都没有了。于是他准备

líkāi zhèr dào biéchù qù móushēng
离开这儿到别处去谋生。

Jiù zài tā jíjiāng líqù de qián yī gè wǎnshang tiān xiàqǐle qīngpén - dàyǔ
就在他即将离去的前一个晚上，天下起了倾盆大雨，

bìngqiě yī xià jiù shì sān tiān sān yè Yǔ zhōngyú tíng le Bǐdé zǒuchū xiǎo mùwū
并且一下就是三天三夜。雨终于停了，彼得走出小木屋，

fāxiàn yǎnqián de tǔdì kàn shàng•qù hǎoxiàng hé yǐqián bù yīyàng Kēngkeng-wāwā yǐ
发现眼前的土地看上去好像和以前不一样：坑坑洼洼已

bèi dàshuǐ chōngshuā píngzhěng sōngruǎn de tǔdì •shàng zhǎngchū yī céng lǜróngróng
被大水冲刷平整，松软的土地上长出一层绿茸茸

de xiǎocǎo
的小草。

Zhè• lǐ méi zhǎodào jīnzi Bǐdé hū yǒusuǒwù de shuō Dàn zhè tǔdì hěn féiwò wǒ
“这里没找到金子，”彼得忽有所悟地说，“但这土地很肥沃，我

kě yǐ yòng lái zhònghuā bìngqiě ná dào zhèn•shàng qù màigěi nàxiē fùrén tāmen yīdìng huì mǎi
可以用来种花，并且拿到镇上去卖给那些富人，他们一定会买

xiē huā zhuāngbàn tāmen huálì de kètīng
些花装扮他们华丽的客厅。//如果真是这样的话，那么我一定会赚许多钱，有朝一日我也会成为富人……”

于是他留了下来。彼得花了不少精力培育花苗，不久田地里长满了美丽娇艳的各色鲜花。

五年以后，彼得终于实现了他的梦想——成了一个富翁。“我是唯一的一个找到真金的人！”他时常不无骄傲地告诉别人，“别人在这儿找不到金子后便远远地离开，而我的‘金子’是在这块土地里，只有诚实的人用勤劳才能采集到。”

节选自陶猛译《金子》

Zuòpǐn Hào
作品21号

Wǒ zài Jiānádà xuéxí qījiān yùdào guo liǎngcì mùjuān nà qíngjǐng zhìjīn shǐ
我在加拿大学习期间遇到过两次募捐，那情景至今使

wǒ nányǐ-wànghuái
我难以忘怀。

Yī tiān wǒ zài Wòtàihuá de jiē•shàng bèi liǎng gè nánháizi lánzhù qùlù Tāmen
一天，我在渥太华的街上被两个男孩子拦住去路。他们

shí lái suì chuān de zhěngzhěng-qíqí měi rén tóu•shàng dàizhe gè zuògōng jīngqiǎo
十来岁，穿得整整齐齐，每人头上戴着个做工精巧、

sècǎi xiānyàn de zhǐ mào shàng•miàn xiězhe Wèi bāngzhù huàn xiǎo'ér mábì de huǒbàn
色彩鲜艳的纸帽，上面写着“为帮助患小儿麻痹的伙伴

mùjuān Qízhōng de yī gè bùyóu-fēnshuō jiù zuò zài xiǎodèng•shàng gěi wǒ cā•qǐ
募捐”。其中的一个，不由分说就坐在小凳上给我擦起

píxié•lái lìng yī gè zé bīnbīn-yǒulǐ de fāwèn Xiǎo•jiě nín shì nǎ guó rén Xǐhuan
皮鞋来，另一个则彬彬有礼地发问：“小姐，您是哪国人？喜欢

Wòtàihuá ma Xiǎo•jiě zài nǐmen guójiā yǒu méi•yǒu xiǎoháir huàn xiǎo'ér mábì Shéi gěi
渥太华吗？”“小姐，在你们国家有没有小孩儿患小儿麻痹？谁给

tāmen yīliáofèi Yī liánchuàn de wèntí shǐ wǒ zhège yǒushēng-yǐlái tóu yī cì zài
他们医疗费？”一连串的问题，使我这个有生以来头一次在

zhòngmù-kuíkuí zhīxià ràng bié•rén cā xié de yìxiāng rén cóng jìnhū lángbèi de jiǒngtài zhōng
众目睽睽之下让别人擦鞋的异乡人，从近乎狼狈的窘态中

jiětuō chū• lái Wǒmen xiàng péngyou yīyàng liáo• qǐ tiānr • lái
解脱出来。我们 像 朋友 一样 聊 起天儿 来……

Jǐ gè yuè zhīhòu yě shì zài jiē •shàng Yī xiē shízì lùkǒu chù huò chēzhàn zuòzhe
几个月之后，也是在街 上 。一些十字路品处或车站 坐着

jǐ wèi lǎorén Tāmen mǎntóu yínfà shēn chuān gè zhǒng lǎoshì jūnzhuāng
几 位 老人。 他们 满头 银发， 身 穿 各 种 老式 军装 ，

shàng•miàn bùmǎnle dàdà-xiǎoxiǎo xíngxíng-sèsè de huīzhāng jiǎngzhāng měi rén shǒu
上 面 布满了大大小小 形形 色色的徽 章 、奖 章 ，每人 手

pěng yī dà shù xiānhuā yǒu shuǐxiān shízhú méi•guī jí jiào• bùchū míngzi de
捧 一 大 束 鲜花， 有 水仙 、石竹 、玫瑰 及 叫不出 名字 的，

yīsè xuěbái Cōngcōng guòwǎng de xíngrén fēnfēn zhǐbù bǎ qián tóujìn zhèxiē lǎorén
一色 雪白。 匆 匆 过往 的 行人 纷纷 止步， 把 钱 投进 这些 老人

shēnpáng de báisè mùxiāng nèi ránhòu xiàng tāmen wēiwēi jūgōng cóng tāmen shǒu
身旁 的 白色 木箱 内， 然后 向 他们 微微 鞠躬， 从 他们 手

zhōng jiēguo yī duǒ huā Wǒ kànle yīhuìr yǒu rén tóu yī-liǎng yuán yǒu rén tóu
中 接过 一 朵 花 。我 看了 一会儿， 有 人 投 一 两 元 ， 有 人 投

jǐ bǎi yuán hái yǒu rén tāochū zhīpiào tiánhǎo hòu tóujìn mùxiāng Nàxiē lǎojūnrén háobù
几百 元 ， 还 有 人 掏出 支票 填好 后 投进 木箱 。那些 老军人 毫不

zhùyì rénmen juān duō•shǎo qián yī zhí bù
注意 人们 捐 多 少 钱 ， 一直 不 // 停地向人们低声道谢。同行的朋友告诉我，这是为纪念二次大战中参战的勇士，募捐救济残废军人和烈士遗孀，每年一次；认捐的人可谓踊跃，而且秩序井然，气氛庄严。有些地方，人们还耐心地排着队。我想，这是因为他们都知道：正是这些老人们的流血牺牲换来了包括他们信仰自由在内的许许多多。

我两次把那微不足道的一点儿钱捧给他们，只想对他们说声“谢谢”。

节选自青白《捐诚》

Zuòpǐn Hào
作品 22 号

Méi•yǒu yī piàn lǜyè méi•yǒu yī lǚ chuīyān méi•yǒu yī lì nítǔ méi•yǒu
没有 一 片 绿叶， 没有 一 缕 炊烟， 没有 一 粒 泥土， 没有

yī sī huāxiāng zhīyǒu shuǐ de shìjiè yún de hǎiyáng
一 丝 花香 ， 只有 水 的 世界， 云 的 海洋 。

Yī zhèn táifēng xíguò yī zhī gūdān de xiǎoniǎo wújiā-kěguī luòdào bèi juǎndào
一 阵 台风 袭过 ， 一 只 孤单 的 小鸟 无家 可归， 落到 被 卷到

yáng· lǐ de mùbǎn·shàng chéng liú ér xià shānshān ér lái jìn le jìn le
洋里的木板上，乘流而下，姗姗而来，近了，近了！……

Hūrán xiǎoniǎo zhāngkāi chìbǎng zài rénmen tóudǐng pánxuánle jǐ quānr pū lā yī shēng luòdào le chuán·shàng Xǔ shì lèi le Háishì fāxiànle xīn dà lù Shuǐshǒu niǎn tā tā bù zǒu zhuā tā tā guāiguāi de luò zài zhǎngxīn Kě'ài de xiǎoniǎo hé shànliáng de shuǐshǒu jiéchéngle péngyou
忽然，小鸟张开翅膀，在人们头顶盘旋了几圈儿，“噗啦”一声落到了船上。许是累了？还是发现了“新大陆”？水手撵它它不走，抓它，它乖乖地落在掌心。可爱的小鸟和善良的水手结成了朋友。

Qiáo tā duō měilì jiāoqiǎo de xiǎozuǐ zhuó lǐzhe lǜsè de yǔmáo yāzi yàng de biǎnjiǎo chéngxiàn chū chūncǎo de éhuáng Shuǐshǒumen bǎ tā dàidào cāng· lǐ gěi tā dā pù ràng tā zài chuán·shàng ān jiā-luòhù měi tiān bǎ fēndào de yī sùliàotǒng dànshuǐ yúngěi tā hē bǎ cóng zǔguó dài· lái de xiānměi de yúròu fēngěi tā chī tiāncháng-rìjiǔ xiǎoniǎo hé shuǐshǒu de gǎnqíng rìqū dǔhòu Qīngchén dāng dì-yī shù yángguāng shèjìn xiánchuāng shí tā biàn chǎngkāi měilì de gēhóu chàng a chàng yīngyīng-yǒuyùn wǎnrú chūnshuǐ cóngcóng Rénlèi gěi tā yǐ shēngmìng tā háobù qiānlìn de bǎ zìjǐ de yìshù qīngchūn fèngxiàn gěile bǔyù tā de rén Kěnéng dōu shì zhèyàng yìshùjiāmen de qīngchūn zhǐ huì xiàngěi zūnjìng tāmen de rén
瞧，它多美丽，娇巧的小嘴，啄理着绿色的羽毛，鸭子样的扁脚，呈现出春草的鹅黄。水手们把它带到舱里，给它“搭铺”，让它在船上安家落户，每天，把分到的一塑料筒淡水匀给它喝，把从祖国带来的鲜美的鱼肉分给它吃，天长日久，小鸟和水手的感情日趋笃厚。清晨，当第一束阳光射进舷窗时，它便敞开美丽的歌喉，唱啊唱，嘤嘤有韵，宛如春水淙淙。人类给它以生命，它毫不悭吝地把自己的艺术青春奉献给了哺育它的人。可能都是这样？艺术家们的青春只会献给尊敬他们的人。

Xiǎoniǎo gěi yuǎnháng shēnghuó méng·shàngle yī céng làngmàn sèdiào Fǎnháng shí rénmen àibùshìshǒu liànliàn-bùshě de xiǎng bǎ tā dàidào yìxiāng Kě xiǎoniǎo qiáocuì le gěi shuǐ bù hē Wèi ròu bù chī Yóuliàng de yǔmáo shīqù le guāngzé Shì
小鸟给远航生活蒙上了一层浪漫色调。返航时，人们爱不释手，恋恋不舍地想把它带到异乡。可小鸟憔悴了，给水，不喝！喂肉，不吃！油亮的羽毛失去了光泽。是

a wǒ
啊，我//们有自己的祖国，小鸟也有它的归宿，人和动物都是一样啊，哪儿也不如故乡好！

慈爱的水手们决定放开它，让它回到大海的摇篮去，回到蓝色的故乡去。离别前，这个大自然的朋友与水手们留影纪念。它站在许多人的头上，肩上，掌上，胳膊上，与喂养过它的人们，一起融进那蓝色的画面……

节选自王文杰《可爱的小鸟》

Zuòpǐn Hào
作品23号

Niǔyuē de dōngtiān cháng yǒu dà fēngxuě pūmiàn de xuěhuā bùdàn lìng rén nányǐ
纽约的冬天常有大风雪，扑面的雪花不但令人难以
zhēngkāi yǎnjing shènzhì hūxī dōu huì xīrù bīnglěng de xuěhuā Yǒushí qián yī tiān
睁开眼睛，甚至呼吸都会吸入冰冷的雪花。有时前一天
wǎnshang háishì yī piàn qínglǎng dì-èr tiān lākāi chuānglián què yǐ·jīng jīxuě yíng
晚上还是一片晴朗，第二天拉开窗帘，却已经积雪盈
chǐ lián mén dōu tuī·bùkāi le
尺，连门都推不开了。

Yùdào zhèyàng de qíngkuàng gōngsī shāngdiàn cháng huì tíngzhǐ shàngbān
遇到这样的情况，公司、商店常会停止上班，
xuéxiào yě tōngguò guǎngbō xuānbù tíngkè Dàn lìng rén bù jiě de shì wéiyǒu gōnglì
学校也通过广播，宣布停课。但令人不解的是，唯有公立
xiǎoxué réngrán kāifàng Zhǐ jiàn huángsè de xiàochē jiānnán de zài lùbiān jiē háizi
小学，仍然开放。只见黄色的校车，艰难地在路边接孩子，
lǎoshī zé yī dàzǎo jiù kǒuzhōng pēnzhe rèqì chǎnqù chēzi qiánhòu de jīxuě xiǎoxīn-
老师则一大早就口中喷着热气，铲去车子前后的积雪，小心
yìyì de kāichē qù xuéxiào
翼翼地开车去学校。

Jù tǒngjì shí nián lái Niǔyuē de gōnglì xiǎoxué zhǐ yīn·wèi chāojí bàofēngxuě tíngguo
据统计，十年来纽约的公立小学只因为超级暴风雪停过
qī cì kè Zhèshì duōme lìng rén jīngyà de shì Fàndezháo zài dà·rén dōu wúxū shàngbān
七次课。这是多么令人惊讶的事。犯得着在大人都无须上班
de shíhou ràng háizi qù xuéxiào ma Xiǎoxué de lǎoshī yě tài dǎoméile ba
的时候让孩子去学校吗？小学的老师也太倒霉了吧？

Yúshì měiféng dàxuě ér xiǎoxué bù tíngkè shí dōu yǒu jiāzhǎng dǎ diànhuà qù
于是，每逢大雪而小学不停课时，都有家长打电话去
mà Miào de shì měi gè dǎ diànhuà de rén fǎnyìng quán yīyàng xiān shì
骂。妙的是，每个打电话的人，反应全一样——先是

nù qì chōngchōng de zéwèn ránhòu mǎnkǒu dàoqiàn zuìhòu xiàoróng mǎnmiàn de
怒气冲冲地责问，然后满口道歉，最后笑容满面地
guà·shàng diànhuà Yuányīn shì xuéxiào gàosu jiāzhǎng
挂上电话。原因是，学校告诉家长：

Zài Niǔyuē yǒu xǔduō bǎiwàn fùwēng dàn yě yǒu bùshǎo pínkùn de jiātíng Hòuzhě
在纽约有许多百万富翁，但也有不少贫困的家庭。后者
bái·tiān kāi·bù qǐ nuǎnqì gōng·bù qǐ wǔcān háizi de yíngyǎng quán kào xuéxiào·lǐ
白天开不起暖气，供不起午餐，孩子的营养全靠学校里
miǎnfèi de zhōngfàn shènzhì kěyǐ duō ná xiē huíjiā dàng wǎncān Xuéxiào tíngkè yī
免费的中饭，甚至可以多拿些回家当晚餐。学校停课一
tiān qióng háizi jiù shòu yī tiān dòng ái yī tiān è suǒyǐ lǎoshīmen nìngyuàn zìjǐ
天，穷孩子就受一天冻，挨一天饿，所以老师们宁愿自己
kǔ yī diǎnr yě bù néng tíng
苦一点儿，也不能停//课。

或许有家长会说：何不让富裕的孩子在家里，让贫穷的孩子去学校享受暖气和营养午餐呢?

学校的答复是：我们不愿让那些穷苦的孩子感到他们是在接受救济，因为施舍的最高原则是保持受施者的尊严。

节选自（台湾）刘墉《课不能停》

Zuòpǐn Hào
作品24号

Shí nián zài lìshǐ ·shàng bùguò shì yī shùnjiān Zhǐyào shāo jiā zhùyì rénmen jiù huì
十年，在历史上不过是一瞬间。只要稍加注意，人们就会
fāxiàn Zài zhè yī shùnjiān·lǐ gè zhǒng shìwù dōu qiāoqiāo jīnglìle zìjǐ de qiānbiàn
发现：在这一瞬间里，各种事物都悄悄经历了自己的千万
-wànhuà
万化。

Zhè cì chóngxīn fǎng Rì wǒ chùchù gǎndào qīnqiè hé shú·xī yě zài xǔduō fāngmiàn
这次重新访日，我处处感到亲切和熟悉，也在许多方面
fājuéle Rìběn de biànhuà Jiù ná Nàiliáng de yīgè jiǎoluò lái shuō ba wǒ chóngyóu le wèi zhī
发觉了日本的变化。就拿奈良的一个角落来说吧，我重游了为之
gǎnshòu hěn shēn de Táng Zhāotísì zài sìnèi gè chù cōngcōng zǒule yī biàn tíngyuàn yījiù
感受很深的唐招提寺，在寺内各处匆匆走了一遍，庭院依旧，
dàn yì xiǎng bùdào hái kàndàole yīxiē xīn de dōngxi Qízhōng zhī yī jiùshì jìn jǐ nián cóng
但意想不到还看到了一些新的东西。其中之一，就是近几年从
Zhōngguó yízhí lái de yǒuyì zhīlián
中国移植来的“友谊之莲”。

Zài cúnfàng Jiànzhēn yíxiàng de nàge yuànzi•lǐ jǐ zhū Zhōngguó lián ángrán tǐnglì
在存放鉴真遗像的那个院子里，几株中国莲昂然挺立，
cuìlǜ de kuāndà héyè zhèng yíngfēng ér wǔ xiǎn•dé shífēn yúkuài Kāihuā de jìjié yǐ guò
翠绿的宽大荷叶正迎风而舞，显得十分愉快。开花的季节已过，
héhuā duǒduǒ yǐ biànwéi liánpeng léi léi Liánzǐ de yánsè zhèngzài yóu qīng zhuǎn zǐ kàn•lái
荷花朵朵已变为莲蓬累累。莲子的颜色正在由青转紫，看来
yǐ•jīng chéngshú le
已经成熟了。

Wǒ jīn•bùzhù xiǎng Yīn yǐ zhuǎnhuà wéi guǒ
我禁不住想："因"已转化为"果"。

Zhōngguó de liánhuā kāi zài Rìběn Rìběn de yīnghuā kāi zài Zhōngguó zhè bù shì
中国的莲花开在日本，日本的樱花开在中国，这不是
ǒurán Wǒ xīwàng zhèyàng yī zhǒng shèngkuàng yánxù bù shuāi Kěnéng yǒu rén bù
偶然。我希望这样一种盛况延续不衰。可能有人不
xīnshǎng huā dàn jué bùhuì yǒu rén xīnshǎng luò zài zìjǐ miànqián de pàodàn
欣赏花，但决不会有人欣赏落在自己面前的炮弹。

Zài zhèxiē rìzi•lǐ wǒ kàndàole bùshǎo duōnián bù jiàn de lǎopéngyou yòu jiéshíle
在这些日子里，我看到了不少多年不见的老朋友，又结识了
yīxiē xīnpéngyou Dàjiā xǐhuan shèjí de huàtí zhīyī jiù shì gǔ Cháng'ān hé gǔ Nàiliáng Nà hái
一些新朋友。大家喜欢涉及的话题之一，就是古长安和古奈良。那还
yòng de zháo wèn ma péngyoumen miǎnhuái guòqù zhèngshì zhǔwàng wèilái Zhǔmù yú
用得着问吗，朋友们缅怀过去，正是瞩望未来。瞩目于
wèilái de rénmen bìjiāng huòdé wèilái
未来的人们必将获得未来。

Wǒ bù lìwài yě xīwàng yī gè měihǎo de wèilái
我不例外，也希望一个美好的未来。

Wèi
为//了中国人民之间的友谊，我将不浪费今后生命的每一瞬间。

节选自严文井《莲花和樱花》

Zuòpǐn Hào
作品 25 号

Méiyǔtán shǎnshǎn de lǜsè zhāoyǐn zhe wǒmen wǒmen kāishǐ zhuīzhuō tā nà líhé
梅雨潭闪闪的绿色招引着我们，我们开始追捉她那离合
de shénguāng le Jiūzhe cǎo pānzhe luànshí xiǎo•xīn tànshēn xià•qù yòu jūgōng
的神光了。揪着草，攀着乱石，小心探身下去，又鞠躬
guòle yī gè shíqióngmén biàn dàole wāngwāng yī bì de tán biān le
过了一个石穹门，便到了汪汪一碧的潭边了。

Pùbù zài jīn xiù zhījiān dànshì wǒ de xīnzhōng yǐ méi•yǒu pùbù le Wǒ de xīn suí tánshuǐ de lǜ ér yáodàng Nà zuìrén de lǜ ya Fǎngfú yī zhāng jí dà jí dà de héyè pūzhe mǎnshì qíyì de lǜ ya Wǒ xiǎng zhāngkāi liǎngbì bàozhù tā dàn zhè shì zěnyàng yī gè wàngxiǎng a

瀑布在襟袖之间，但是我的心中已没有瀑布了。我的心随潭水的绿而摇荡。那醉人的绿呀！仿佛一张极大极大的荷叶铺着，满是奇异的绿呀。我想张开两臂抱住她，但这是怎样一个妄想啊。

Zhàn zài shuǐbiān wàngdào nà•miàn jūrán juézhe yǒu xiē yuǎn ne Zhè píngpūzhe hòujīzhe de lǜ zhuóshí kě'ài Tā sōngsōng de zhòuxiézhe xiàng shàofù tuōzhe de qúnfú tā huáhuá de míngliàngzhe xiàng tú le míngyóu yī bān yǒu jīdànqīng nàyàng ruǎn nàyàng nèn tā yòu bù zá xiē chénzǐ wǎnrán yī kuài wēnrùn de bìyù zhǐ qīngqīng de yī sè dàn nǐ què kàn•bùtòu tā

站在水边，望到那面，居然觉着有些远呢！这平铺着、厚积着的绿，着实可爱。她松松地皱缬着，像少妇拖着的裙幅；她滑滑地明亮着，像涂了"明油"一般，有鸡蛋清那样软，那样嫩；她又不杂些尘滓，宛然一块温润的碧玉，只清清的一色——但你却看不透她！

Wǒ céng jiànguo Běijīng Shíchàhǎi fúdì de lǜyáng tuō•bùliǎo éhuáng de dǐzi sìhū tài dàn le Wǒ yòu céng jiànguo Hángzhōu Hǔpáosì jìnpáng gāojùn ér shēnmì de lǜbì cóngdiézhe wúqióng de bìcǎo yǔ lǜyè de nà yòu sìhū tài nóng le Qíyú ne Xīhú de bō tài míng le Qínhuái Hé de yě tài àn le Kě'ài de wǒ jiāng shénme lái bǐnǐ nǐ ne Wǒ zěnme bǐnǐ de chū ne Dàyuē tán shì hěn shēn de gù néng yùnxù zhe zhèyàng qíyì de lǜ fǎngfú wèilán de tiān róngle yī kuài zài lǐ•miàn shìde zhè cái zhèbān de xiānrùn a

我曾见过北京什刹海拂地的绿杨，脱不了鹅黄的底子，似乎太淡了。我又曾见过杭州虎跑寺近旁高峻而深密的"绿壁"，丛叠着无穷的碧草与绿叶的，那又似乎太浓了。其余呢，西湖的波太明了，秦淮河的也太暗了。可爱的，我将什么来比拟你呢？我怎么比拟得出呢？大约潭是很深的，故能蕴蓄着这样奇异的绿；仿佛蔚蓝的天融了一块在里面似的，这才这般的鲜润啊。

Nà zuìrén de lǜ ya Wǒ ruò néng cái nǐ yǐ wéi dài wǒ jiāng zènggěi nà qīngyíng de

那醉人的绿呀！我若能裁你以为带，我将赠给那轻盈的 // 舞女，她必能临风飘举了。我若能挹你以为眼，我将赠给那善歌的盲妹，她必明眸善睐了。我舍不得你，我怎舍得你呢？我用手拍着你，抚摩着你，如同一个十二三岁的小姑娘。我又掬你入口，便是吻着她了。我送你一个名字，我从此叫你“女儿绿”，好吗？

第二次到仙岩的时候，我不禁惊诧于梅雨潭的绿了。

节选自朱自清《绿》

Zuòpǐn Hào
作品26号

Wǒmen jiā de hòuyuán yǒu bàn mǔ kòng dì mǔ•qīn shuō Ràng tā huāngzhe guài
我们家的后园有半亩空地，母亲说：“让它荒着怪

kěxī de nǐmen nàme ài chī huāshēng jiù kāipì chū•lái zhòng huāshēng ba
可惜的，你们那么爱吃花生，就开辟出来种花生吧。”

Wǒmen jiě-dì jǐ gè dōu hěn gāoxìng mǎizhǒng fāndì bōzhǒng jiāoshuǐ méi
我们姐弟几个都很高兴，买种，翻地，播种，浇水，没

guò jǐ gè yuè jūrán shōuhuò le
过几个月，居然收获了。

Mǔ•qīn shuō Jīnwǎn wǒmen guò yī gè shōuhuòjié qǐng nǐmen fù•qīn yě lái
母亲说：“今晚我们过一个收获节，请你们父亲也来

chángchang wǒmen de xīn huāshēng hǎo•bùhǎo Wǒmen dōu shuō hǎo Mǔ•qīn bǎ
尝尝我们的新花生，好不好？”我们都说好。母亲把

huāshēng zuòchéngle hǎo jǐ yàng shípǐn hái fēn•fù jiù zài hòuyuán de máotíng•lǐ guò
花生做成了好几样食品，还吩咐就在后园的茅亭里过

zhège jié
这个节。

Wǎnshang tiānsè bù tài hǎo kěshì fù•qīn yě lái le shízài hěn nándé
晚上天色不太好，可是父亲也来了，实在很难得。

Fù•qīn shuō Nǐmen ài chī huāshēng ma
父亲说：“你们爱吃花生吗？”

Wǒmen zhēngzhe dāying Ài
我们争着答应：“爱！”

Shéi néng bǎ huāshēng de hǎo•chù shuō chū•lái
“谁能把花生的好处说出来？”

Jiějie shuō Huāshēng de wèir měi
姐姐说：“花生的味儿美。”

Gēge shuō Huāshēng kěyǐ zhàyóu
哥哥说：“花生可以榨油。”

Wǒ shuō Huāshēng de jià•qián piányi shéi dōu kěyǐ mǎi•lái chī dōu xǐhuan
我说：“花生的价钱便宜，谁都可以买来吃，都喜欢

chī Zhè jiù shì tā de hǎo•chù
吃。这就是它的好处。”

Fù•qīn shuō Huāshēng de hǎo•chù hěn duō yǒu yī yàng zuì kěguì Tā de
父亲说：“花生的好处很多，有一样最可贵：它的

guǒshí mái zài dì • lǐ bù xiàng táozi shíliu píngguǒ nàyàng bǎ xiānhóng nènlǜ
果实埋在地里，不像桃子、石榴、苹果那样，把鲜红嫩绿

de guǒshí gāogāo de guà zài zhītóu•shàng shǐ rén yī jiàn jiù shēng àimù zhī xīn Nǐmen
的果实高高地挂在枝头上，使人一见就生爱慕之心。你们

kàn tā ǎi'ǎi de zhǎng zài dì •shàng děngdào chéngshú le yě bùnéng lìkè fēnbiàn
看它矮矮地长在地上，等到成熟了，也不能立刻分辨

chū• lái tā yǒu méi•yǒu guǒshí bìxū wā chū• lái cái zhī•dào
出来它有没有果实，必须挖出来才知道。”

Wǒmen dōu shuō shì mǔ•qīn yě diǎndiǎn tóu
我们都说是，母亲也点点头。

Fùqīn jiē xià•qù shuō Suǒyǐ nǐmen yào xiàng huāshēng tā suīrán bù hǎokàn
父亲接下去说：“所以你们要像花生，它虽然不好看，

kěshì hěn yǒuyòng bù shì wàibiǎo hǎokàn ér méi•yǒu shíyòng de dōngxi
可是很有用，不是外表好看而没有实用的东西。”

Wǒ shuō Nàme rén yào zuò yǒuyòng de rén bùyào zuò zhǐ jiǎng tǐ •miàn
我说：“那么，人要做有用的人，不要做只讲体面，

ér duì bié•rén méi•yǒu hǎo•chù de rén le
而对别人没有好处的人了。”//

父亲说：“对。这是我对你们的希望。”

我们谈到夜深才散。花生做的食品都吃完了，父亲的话却深深地印在我的心上。

节选自许地山《落花生》

Zuòpǐn Hào
作品27号

Wǒ dǎ liè guīlái yánzhe huāyuán de línyīnlù zǒuzhe Gǒu pǎo zài wǒ qián•biān
我打猎归来，沿着花园的林阴路走着。狗跑在我前边。

Tūrán gǒu fàngmàn jiǎobù nièzú-qiánxíng hǎoxiàng xiùdàole qián•biān yǒu
突然，狗放慢脚步，蹑足潜行，好像嗅到了前边有

shénme yěwù
什么野物。

Wǒ shùnzhe línyīnlù wàng•qù kàn•jiànle yī zhī zuǐ biān hái dài huángsè
我顺着林阴路望去，看见了一只嘴边还带黄色、

tóu•shàng shēngzhe róumáo de xiǎo máquè Fēng měngliè de chuīdǎzhe línyīnlù •shàng de
头上生着柔毛的小麻雀。风猛烈地吹打着林阴路上的

báihuàshù máquè cóng cháo•lǐ diēluò xià•lái dāidāi de fú zài dì•shàng gūlì wúyuán de
白桦树，麻雀从巢里跌落下来，呆呆地伏在地上，孤立无援地

zhāngkāi liǎngzhī yǔmáo hái wèi fēngmǎn de xiǎo chìbǎng
张开两只羽毛还未丰满的小翅膀。

Wǒ de gǒu mànmàn xiàng tā kàojìn Hūrán cóng fùjìn yī kē shù•shàng fēi•xià
我的狗慢慢向它靠近。忽然，从附近一棵树上飞下

yī zhī hēi xiōngpú de lǎo máquè xiàng yī kē shízǐ shìde luòdào gǒu de gēn•qián Lǎo
一只黑胸脯的老麻雀，像一颗石子似的落到狗的跟前。老

máquè quánshēn dàoshùzhe yǔmáo jīngkǒng-wànzhuàng fāchū juéwàng qīcǎn de
麻雀全身倒竖着羽毛，惊恐万状，发出绝望、凄惨的

jiàoshēng jiēzhe xiàng lòuchū yáchǐ dà zhāngzhe de gǒuzuǐ pū•qù
叫声，接着向露出牙齿、大张着的狗嘴扑去。

Lǎo máquè shì měng pū xià•lái jiùhù yòuquè de Tā yòng shēntǐ yǎnhù zhe zìjǐ de
老麻雀是猛扑下来救护幼雀的。它用身体掩护着自己的

yòu’ér Dàn tā zhěnggè xiǎoxiǎo de shēntǐ yīn kǒngbù ér zhànlì zhe tā xiǎoxiǎo de
幼儿……但它整个小小的身体因恐怖而战栗着，它小小的

shēngyīn yě biànde cūbào sīyǎ tā zài xīshēng zìjǐ
声音也变得粗暴嘶哑，它在牺牲自己！

Zài tā kànlái gǒu gāi shì duōme pángdà de guàiwu a Rán’ér tā háishì
在它看来，狗该是多么庞大的怪物啊！然而，它还是

bùnéng zhàn zài zìjǐ gāogāo de ānquán de shùzhī•shàng Yī zhǒng bǐ tā de lǐzhì
不能站在自己高高的、安全的树枝上……一种比它的理智

gèng qiángliè de lì•liàng shǐ tā cóng nàr pū•xià shēn•lái
更强烈的力量，使它从那儿扑下身来。

Wǒ de gǒu zhànzhù le xiàng hòu tuìle tuì Kànlái tā yě gǎndàole zhè
我的狗站住了，向后退了退……看来，它也感到了这

zhǒng lì•liàng
种力量。

Wǒ gǎnjǐn huànzhù jīnghuāng-shīcuò de gǒu ránhòu wǒ huáizhe chóngjìng de xīnqíng
我赶紧唤住惊慌失措的狗，然后我怀着崇敬的心情，

zǒukāi le
走开了。

Shì a qǐng bùyào jiànxiào Wǒ chóngjìng nà zhī xiǎoxiǎo de yīngyǒng de
是啊，请不要见笑。我崇敬那只小小的、英勇的

niǎor wǒ chóngjìng tā nà zhǒng ài de chōngdòng hé lì·liàng
鸟儿，我崇敬它那种爱的冲动和力量。

Ài wǒ
爱，我//想，比死和死的恐惧更强大。只有依靠它，依靠这种爱，生命才能维持下去，发展下去。

节选自［俄］屠格涅夫《麻雀》，巴金译

Zuòpǐn Hào
作品28号

Nà nián wǒ liù suì Lí wǒ jiā jǐn yī jiàn zhī yáo de xiǎo shānpō páng yǒu yī gè
那年我六岁。离我家仅一箭之遥的小山坡旁，有一个

zǎo yǐ bèi fèiqì de cǎishíchǎng shuāngqīn cónglái bùzhǔn wǒ qù nàr qíshí nàr
早已被废弃的采石场，双亲从来不准我去那儿，其实那儿

fēngjǐng shífēn mírén
风景十分迷人。

Yī gè xiàjì de xiàwǔ wǒ suízhe yī qún xiǎohuǒbànr tōutōu shàng nàr qù le
一个夏季的下午，我随着一群小伙伴儿偷偷上那儿去了。

Jiù zài wǒmen chuānyuèle yī tiáo gūjì de xiǎolù hòu tāmen què bǎ wǒ yī gè rén liú zài
就在我们穿越了一条孤寂的小路后，他们却把我一个人留在

yuán dì ránhòu bēnxiàng gèng wēixiǎn de dìdài le
原地，然后奔向“更危险的地带”了。

Děng tāmen zǒuhòu wǒ jīnghuāng-shīcuò de fāxiàn zài yě zhǎo·bùdào yào huíjiā
等他们走后，我惊慌失措地发现，再也找不到要回家

de nà tiáo gūjì de xiǎodào le Xiàng zhī wú tóu de cāngying wǒ dàochù luàn zuān
的那条孤寂的小道了。像只无头的苍蝇，我到处乱钻，

yīkù·shàng guàmǎnle mángcì Tài·yáng yǐ·jīng luòshān ér cǐshí cǐkè jiā·lǐ
衣裤上挂满了芒刺。太阳已经落山，而此时此刻，家里

yīdìng kāishǐ chī wǎncān le shuāngqīn zhèng pànzhe wǒ huíjiā Xiǎngzhe xiǎngzhe
一定开始吃晚餐了，双亲正盼着我回家……想着想着，

wǒ bùyóude bèi kàozhe yī kē shù shāngxīn de wūwū dà kū qǐ·lái
我不由得背靠着一棵树，伤心地呜呜大哭起来……

Tūrán bù yuǎn chù chuán·láile shēngshēng liǔdí Wǒ xiàng zhǎodàole jiùxīng
突然，不远处传来了声声柳笛。我像找到了救星，

jímáng xúnshēng zǒuqù Yī tiáo xiǎodào biān de shùzhuāng·shàng zuòzhe yī wèi chuīdí rén
急忙循声走去。一条小道边的树桩上坐着一位吹笛人，

shǒu• lǐ hái zhèng xiāozhe shénme Zǒu jìn xì kàn tā bù jiùshì bèi dàjiā chēngwéi
手里还正削着什么。走近细看，他不就是被大家称为

xiāngbalǎor de Kǎtíng ma
“乡巴佬儿”的卡廷吗？

Nǐ hǎo xiǎojiāhuǒr Kǎtíng shuō Kàn tiānqì duō měi nǐ shì chū• lái
“你好，小家伙儿，”卡廷说，“看天气多美，你是出来

sànbù de ba
散步的吧？”

Wǒ qièshēngshēng de diǎndiǎn tóu dádào Wǒ yào huíjiā le
我怯生生地点点头，答道：“我要回家了。”

Qǐng nàixīn děng• shàng jǐ fēnzhōng Kǎtíng shuō Qiáo wǒ zhèngzài xiāo
“请耐心等上几分钟，”卡廷说，“瞧，我正在削

yī zhī liǔdí chà• bùduō jiù yào zuòhǎo le wángōng hòu jiù sònggěi nǐ ba
一支柳笛，差不多就要做好了，完工后就送给你吧！”

Kǎtíng biān xiāo biān bùshí bǎ shàng wèi chéngxíng de liǔdí fàng zài zuǐ• lǐ shìchuī
卡廷边削边不时把尚未成形的柳笛放在嘴里试吹

yī xià Méi guò duōjiǔ yī zhī liǔdí biàn dìdào wǒ shǒu zhōng Wǒ liǎ zài yī
一下。没过多久，一支柳笛便递到我手中。我俩在一

zhènzhèn qīngcuì yuè'ěr de díyīn
阵阵清脆悦耳的笛音//中，踏上了归途……

当时，我心中只充满感激，而今天，当我自己也成了祖父时，却突然领悟到他用心之良苦！那天当他听到我的哭声时，便判定我一定迷了路，但他并不想在孩子面前扮演“救星”的角色，于是吹响柳笛以便让我能发现他，并跟着他走出困境！就这样，卡廷先生以乡下人的纯朴，保护了一个小男孩儿强烈的自尊。

节选自唐若水译《迷途笛音》

Zuòpǐn Hào
作品29号

Zài hàohàn wúyín de shāmò• lǐ yǒu yī piàn měilì de lǜzhōu lǜzhōu• lǐ cángzhe
在浩瀚无垠的沙漠里，有一片美丽的绿洲，绿洲里藏着

yī kē shǎnguāng de zhēnzhū Zhè kē zhēnzhū jiùshì Dūnhuáng Mògāokū Tā zuòluò zài
一颗闪光的珍珠。这颗珍珠就是敦煌莫高窟。它坐落在

wǒguó Gānsù Shěng Dūnhuáng Shì Sānwēi Shān hé Míngshā Shān de huáibào zhōng
我国甘肃省敦煌市三危山和鸣沙山的怀抱中。

Míngshā Shān dōnglù shì píngjūn gāodù wéi shíqī mǐ de yábì Zài yīqiān liùbǎi duō
鸣沙山东麓是平均高度为十七米的崖壁。在一千六百多

mǐ cháng de yábì •shàng záoyǒu dà xiǎo dòngkū qī bǎi yú gè xíngchéng le guīmó hóngwěi de
米长的崖壁上，凿有大小洞窟七百余个，形成了规模宏伟的

shíkūqún Qízhōng sìbǎi jiǔ shí' èr gè dòngkū zhōng gòngyǒu cǎisè sùxiàng liǎngqiān yībǎi yú
石窟群。其中四百九十二个洞窟中，共有彩色塑像两千一百余

zūn gè zhǒng bìhuà gòng sì wàn wǔqiān duō píngfāng mǐ Mògāo kū shì wǒguó gǔdài wúshù yìshù
尊，各种壁画共四万五千多平方米。莫高窟是我国古代无数艺术

jiàngshī liú gěi rénlèi de zhēnguì wénhuà yíchǎn
匠师留给人类的珍贵文化遗产。

Mògāo kū de cǎisù měi yī zūn dōushì yī jiàn jīngměi de yìshùpǐn Zuì dà de yǒu
莫高窟的彩塑，每一尊都是一件精美的艺术品。最大的有

jiǔ céng lóu nàme gāo zuì xiǎo de hái bùrú yī gè shǒuzhǎng dà Zhèxiē cǎisù gèxìng
九层楼那么高，最小的还不如一个手掌大。这些彩塑个性

xiānmíng shéntài - gèyì Yǒu címéi-shànmù de pú•sà yǒu wēifēng - lǐnlǐn de
鲜明，神态各异。有慈眉善目的菩萨，有威风凛凛的

tiānwáng háiyǒu qiángzhuàng yǒngměng de lìshì
天王，还有强壮勇猛的力士……

Mògāokū bìhuà de nèiróng fēngfù-duōcǎi yǒude shì miáohuì gǔdài láodòng rénmín
莫高窟壁画的内容丰富多彩，有的是描绘古代劳动人民

dǎliè bǔ yú gēngtián shōugē de qíngjǐng yǒude shì miáohuì rénmen zòuyuè
打猎、捕鱼、耕田、收割的情景，有的是描绘人们奏乐、

wǔdǎo yǎn zájì de chǎngmiàn háiyǒude shì miáohuì dàzìrán de měilì fēngguāng
舞蹈、演杂技的场面，还有的是描绘大自然的美丽风光。

Qízhōng zuì yǐnrén-zhùmù de shì fēitiān Bìhuà•shàng de fēitiān yǒude bì kuà huālán
其中最引人注目的是飞天。壁画上的飞天，有的臂挎花篮，

cǎizhāi xiānhuā yǒude fǎn tán pí•pá qīng bō yínxián yǒude dào xuán shēnzi zì
采摘鲜花；有的反弹琵琶，轻拨银弦；有的倒悬身子，自

tiān ér jiàng yǒude cǎidài piāofú màntiān áoyóu yǒude shūzhǎn zhe shuāngbì
天而降；有的彩带飘拂，漫天遨游；有的舒展着双臂，

piānpiān- qǐ wǔ Kànzhe zhèxiē jīngměi dòngrén de bìhuà jiù xiàng zǒujìn le
翩翩起舞。看着这些精美动人的壁画，就像走进了//灿烂辉

煌的艺术殿堂。

莫高窟里还有一个面积不大的洞窟——藏经洞。洞里曾藏有我国古代的各种经卷、文书、帛画、刺绣、铜像等共六万多件。由于清朝政府腐败无能，大量珍贵的文物被外国强盗掠走。仅存的部分经卷，现在陈列于北京故宫等处。

莫高窟是举世闻名的艺术宝库。这里的每一尊彩塑、每一幅壁画、每一件文物，都是中国古代人民智慧的结晶。

节选自小学《语文》第六册中《莫高窟》

Zuòpǐn Hào
作品30号

Qíshí nǐ zài hěn jiǔ yǐqián bìng bù xǐhuan mǔ•dān yīn•wèi tā zǒng bèi rén zuòwéi
其实你在很久以前并不喜欢牡丹，因为它总被人作为

fùguì móbài Hòulái nǐ mùdǔ le yīcì mǔ•dān de luòhuā nǐ xiāngxìn suǒyǒu de rén dōu huì
富贵膜拜。后来你目睹了一次牡丹的落花，你相信所有的人都会

wéizhī gǎndòng Yī zhèn qīngfēng xú lái jiāoyàn xiānnèn de shèng qī mǔ•dān hūrán zhěngduǒ
为之感动：一阵清风徐来，娇艳鲜嫩的盛期牡丹忽然整朵

zhěngduǒ de zhuìluò pūsǎ yīdì xuànlì de huābàn Nà huābàn luò dì shí yīrán xiānyàn
整朵地坠落，铺撒一地绚丽的花瓣。那花瓣落地时依然鲜艳

duómù rútóng yī zhī fèng•shàng jìtán de dàniǎo tuōluò de yǔmáo dīyínzhe zhuàngliè de
夺目，如同一只奉上祭坛的大鸟脱落的羽毛，低吟着壮烈的

bēigē líqù
悲歌离去。

Mǔ•dān méi•yǒu huāxiè-huābài zhī shí yàome shuò yú zhītóu yàome guī yú nítǔ tā
牡丹没有花谢花败之时，要么烁于枝头，要么归于泥土，它

kuàyuè wěidùn hé shuāilǎo yóu qīngchūn ér sǐwáng yóu měilì ér xiāodùn Tā suī měi què bù
跨越萎顿和衰老，由青春而死亡，由美丽而消遁。它虽美却不

lìnxī shēngmìng jíshǐ gàobié yě yào zhǎnshì gěi rén zuìhòu yī cì de jīngxīn-dòngpò
吝惜生命，即使告别也要展示给人最后一次的惊心动魄。

Suǒyǐ zài zhè yīnlěng de sìyuè•lǐ qíjì bù huì fāshēng Rènpíng yóurén sǎoxìng
所以在这阴冷的四月里，奇迹不会发生。任凭游人扫兴

hé zǔzhòu mǔ•dān yīrán ānzhī-ruòsù Tā bù gǒuqiě bù fǔjiù bù tuǒxié bù
和诅咒，牡丹依然安之若素。它不苟且、不俯就、不妥协、不

mèisú gānyuàn zìjǐ lěngluò zìjǐ Tā zūnxún zìjǐ de huāqī zìjǐ de guīlǜ
媚俗，甘愿自己冷落自己。它遵循自己的花期自己的规律，

tā yǒu quánlì wèi zìjǐ xuǎnzé měinián yī dù de shèngdà jiérì Tā wèishénme bù
它有权利为自己选择每年一度的盛大节日。它为什么不

jùjué hánlěng
拒绝寒冷？

Tiānnán-hǎiběi de kàn huā rén yīrán luòyì-bùjué de yǒngrù Luòyáng Chéng
天南海北的看花人，依然络绎不绝地涌入洛阳城。

Rénmen bù huì yīn mǔ•dān de jùjué ér jùjué tā de měi Rúguǒ tā zài bèi biǎnzhé shí
人们不会因牡丹的拒绝而拒绝它的美。如果它再被贬谪十

cì yěxǔ tā jiù huì fányǎn chū shí gè Luòyáng mǔ•dān chéng
次，也许它就会繁衍出十个洛阳牡丹城。

Yúshì nǐ zài wúyán de yíhàn zhōng gǎnwù dào fùguì yǔ gāoguì zhǐshì yī zì zhī
于是你在无言的遗憾中感悟到，富贵与高贵只是一字之

chā Tóng rén yīyàng huā'ér yě shì yǒu língxìng de gèng yǒu pǐnwèi zhī gāodī
差。同人一样，花儿也是有灵性的，更有品位之高低。

Pǐnwèi zhè dōngxi wéi qì wéi hún wéi
品位这东西为气为魂为//筋骨为神韵，只可意会。你叹服牡丹卓尔不群之姿，方知品位是多么容易被世人忽略或是漠视的美。

节选自张抗抗《牡丹的拒绝》

Zuòpǐn Hào
作品31号

Sēnlín hányǎng shuǐyuán bǎochí shuǐtǔ fángzhǐ shuǐhàn zāihài de zuòyòng fēicháng
森林涵养水源，保持水土，防止水旱灾害的作用非常

dà Jù zhuānjiā cèsuàn yī piàn shíwàn mǔ miànjī de sēnlín xiāngdāngyú yī gè
大。据专家测算，一片十万亩面积的森林，相当于一个

liǎngbǎi wàn lìfāngmǐ de shuǐkù zhè zhèng rú nóngyàn suǒ shuō de Shān·shàng duō
两百万立方米的水库，这正如农谚所说的：“山上多

zāi shù děngyú xiū shuǐkù Yǔ duō tā néng tūn yǔ shǎo tā néng tǔ
栽树，等于修水库。雨多它能吞，雨少它能吐。”

Shuōqǐ sēnlín de gōng·láo nà hái duō de hěn Tā chúle wèi rénlèi tígōng mùcái
说起森林的功劳，那还多得很。它除了为人类提供木材

jí xǔduō zhǒng shēngchǎn shēnghuó de yuánliào zhīwài zài wéihù shēngtài huánjìng
及许多种生产、生活的原料之外，在维护生态环境

fāngmiàn yě shì gōng·láo zhuózhù tā yòng lìng yī zhǒng néngtūn-néngtǔ de tèshū
方面也是功劳卓著，它用另一种“能吞能吐”的特殊

gōngnéng yùnyù le rénlèi Yīn·wèi dìqiú zài xíngchéng zhīchū dàqì zhōng de èryǎnghuàtàn
功能孕育了人类。因为地球在形成之初，大气中的二氧化碳

hánliàng hěn gāo yǎngqì hěn shǎo qìwēn yě gāo shēngwù shì nányǐ shēngcún de Dàyuē zài
含量很高，氧气很少，气温也高，生物是难以生存的。大约在

sìyì nián zhīqián lùdì cái chǎnshēng le sēnlín Sēnlín mànmàn jiāng dàqì zhōng de
四亿年之前，陆地才产生了森林。森林慢慢将大气中的

èryǎnghuàtàn xīshōu tóngshí tǔ·chū xīn·xiān yǎngqì tiáojié qìwēn Zhè cái jùbèi le rénlèi
二氧化碳吸收，同时吐出新鲜氧气，调节气温：这才具备了人类

shēngcún de tiáojiàn dìqiú·shàng cái zuìzhōng yǒule rénlèi
生存的条件，地球上才最终有了人类。

Sēnlín shì dìqiú shēngtài xìtǒng de zhǔtǐ shì dàzìrán de zǒng diàodùshì shì
森林，是地球生态系统的主体，是大自然的总调度室，是

dìqiú de lǜsè zhī fèi Sēnlín wéihù dìqiú shēngtài huánjìng de zhè zhǒng
地球 的 绿色 之 肺。森林 维护 地球 生态 环境 的 这 种

néngtūn-néng tǔ de tèshū gōngnéng shì qítā rènhé wùtǐ dōu bùnéng qǔdài de
“能吞能吐”的特殊功能是其他任何物体都不能取代的。

Rán'ér yóuyú dìqiú · shàng de ránshāowù zēngduō èryǎnghuàtàn de páifàngliàng jíjù
然而，由于地球上的燃烧物增多，二氧化碳的排放量急剧

zēngjiā shǐ·dé dìqiú shēngtài huánjìng jíjù èhuà zhǔyào biǎoxiàn wéi quánqiú qìhòu biàn
增加，使得地球生态环境急剧恶化，主要表现为全球气候变

nuǎn shuǐfèn zhēngfā jiā kuài gǎibiàn le qìliú de xúnhuán shǐ qìhòu biànhuà jiājù cóng'ér
暖，水分蒸发加快，改变了气流的循环，使气候变化加剧，从而

yǐnfā rèlàng jù fēng bàoyǔ hónglào jí gānhàn
引发热浪、飓风、暴雨、洪涝及干旱。

Wèi le
为了//使地球的这个“能吞能吐”的绿色之肺恢复健壮，以改善生态环境，抑制全球变暖，减少水旱等自然灾害，我们应该大力造林、护林，使每一座荒山都绿起来。

节选自《中考语文课外阅读试题精选》中《“能吞能吐”的森林》

Zuòpǐn Hào
作品32号

Péngyou jí jiāng yuǎnxíng
朋友即将远行。

Mùchūn shíjié yòu yāo le jǐ wèi péngyou zài jiā xiǎojù Suīrán dōu shì jí shú de
暮春时节，又邀了几位朋友在家小聚。虽然都是极熟的

péngyou què shì zhōngnián nándé yī jiàn ǒu'ěr diànhuà· lǐ xiāngyù yě wúfēi shì
朋友，却是终年难得一见，偶尔电话里相遇，也无非是

jǐ jù xúnchánghuà Yī guō xiǎomǐ xīfàn yī dié dàtóucài yī pán zì jiā niàngzhì de
几句寻常话。一锅小米稀饭，一碟大头菜，一盘自家酿制的

pàocài yī zhī xiàngkǒu mǎihuí de kǎoyā jiǎnjiǎn-dāndān bù xiàng qǐngkè dào
泡菜，一只巷口买回的烤鸭，简简单单，不像请客，倒

xiàng jiārén tuánjù
像家人团聚。

Qíshí yǒuqíng yě hǎo àiqíng yě hǎo jiǔ'ér jiǔ zhī dōu huì zhuǎnhuà wéi
其实，友情也好，爱情也好，久而久之都会转化为

qīnqíng
亲情。

Shuō yě qíguài hé xīn péngyou huì tán wénxué tán zhéxué tán rénshēng dào· lǐ
说也奇怪，和新朋友会谈文学、谈哲学、谈人生道理

děngděng hé lǎo péngyou què zhǐ huà jiācháng chái-mǐ-yóu-yán xì xì-suìsuì
等等，和老朋友却只话家常，柴米油盐，细细碎碎，

zhǒngzhǒng suǒshì Hěn duō shíhou xīnlíng de qìhé yǐ•jīng bù xūyào tài duō de yányǔ
种种琐事。很多时候，心灵的契合已经不需要太多的言语

lái biǎodá
来表达。

Péngyou xīn tàngle gè tóu bùgǎn huíjiā jiàn mǔ•qīn kǒngpà jīnghài le
朋友新烫了个头，不敢回家见母亲，恐怕惊骇了

lǎo•rén•jiā què huāntiān-xǐdì lái jiàn wǒmen lǎo péngyou pō néng yǐ yī zhǒng
老人家，却欢天喜地来见我们，老朋友颇能以一种

qùwèixìng de yǎnguāng xīnshǎng zhège gǎibiàn
趣味性的眼光欣赏这个改变。

Niánshào de shíhou wǒmen chà•bùduō dōu zài wèi bié•rén ér huó wèi kǔkǒupóxīn
年少的时候，我们差不多都在为别人而活，为苦口婆心

de fùmǔ huó wèi xúnxún-shànyòu de shīzhǎng huó wèi xǔduō guānniàn xǔduō
的父母活，为循循善诱的师长活，为许多观念、许多

chuántǒng de yuēshùlì ér huó Niánsuì zhú zēng jiànjiàn zhèngtuō wàizài de xiànzhì yǔ
传统的约束力而活。年岁逐增，渐渐挣脱外在的限制与

shùfù kāishǐ dǒng•dé wèi zìjǐ huó zhào zìjǐ de fāngshì zuò yīxiē zìjǐ xǐhuan de
束缚，开始懂得为自己活，照自己的方式做一些自己喜欢的

shì bù zàihu bié•rén de pīpíng yì•jiàn bù zàihu bié•rén de dǐhuǐ liúyán zhǐ zàihu
事，不在乎别人的批评意见，不在乎别人的诋毁流言，只在乎

nà yī fèn suíxīn-suǒyù de shūtan zìran Ǒu'ěr yě nénggòu zòngróng zìjǐ fànglàng
那一份随心所欲的舒坦自然。偶尔，也能够纵容自己放浪

yīxià bìngqiě yǒu yī zhǒng èzuòjù de qièxǐ
一下，并且有一种恶作剧的窃喜。

Jiù ràng shēngmìng shùnqízìrán shuǐdào-qúchéng ba yóurú chuāng qián de
就让生命顺其自然，水到渠成吧，犹如窗前的∥乌

柏，自生自落之间，自有一份圆融丰满的喜悦。春雨轻轻落着，没有诗，没有酒，有的只是一分相知相属的自在自得。

夜色在笑语中渐渐沉落，朋友起身告辞，没有挽留，没有送别，甚至也没有问归期。

已经过了大喜大悲的岁月，已经过了伤感流泪的年华，知道了聚散原来是这样的自然和顺理成章，懂得这点，便懂得珍惜每一次相聚的温馨，离别便也欢喜。

节选自（台湾）杏林子《朋友和其他》

Zuòpǐn Hào
作品33号

Wǒmen zài tiányě sànbù Wǒ wǒ de mǔ·qīn wǒ de qī·zǐ hé érzi
我们在田野散步：我，我的母亲，我的妻子和儿子。

Mǔ·qīn běn bùyuàn chū·lái de Tā lǎo le shēntǐ bù hǎo zǒu yuǎn yīdiǎnr jiù
母亲本不愿出来的。她老了，身体不好，走远一点儿就
jué·dé hěn lèi Wǒ shuō zhèng yīn·wèi rúcǐ cái yīnggāi duō zǒuzou Mǔ·qīn xìnfú
觉得很累。我说，正因为如此，才应该多走走。母亲信服
de diǎndiǎn tóu biàn qù ná wàitào Tā xiànzài hěn tīng wǒ de huà jiù xiàng wǒ
地点点头，便去拿外套。她现在很听我的话，就像我
xiǎoshíhou hěn tīng tā de huà yīyàng
小时候很听她的话一样。

Zhè nánfāng chūchūn de tiányě dàkuài xiǎokuài de xīnlǜ suíyì de pūzhe yǒude
这南方初春的田野，大块小块的新绿随意地铺着，有的
nóng yǒude dàn shù·shàng de nènyá yě mì le tián·lǐ de dōngshuǐ yě gūgū de
浓，有的淡，树上的嫩芽也密了，田里的冬水也咕咕地
qǐzhe shuǐpào Zhè yīqiè dōu shǐ rén xiǎngzhe yī yàng dōngxi shēngmìng
起着水泡。这一切都使人想着一样东西——生命。

Wǒ hé mǔ·qīn zǒu zài qián·miàn wǒ de qī·zǐ hé érzi zǒu zài hòu·miàn
我和母亲走在前面，我的妻子和儿子走在后面。
Xiǎojiāhuo tūrán jiào qǐ·lái Qián·miàn shì māma hé érzi hòu·miàn yě shì māma hé
小家伙突然叫起来："前面是妈妈和儿子，后面也是妈妈和
érzi Wǒmen dōu xiào le
儿子。"我们都笑了。

Hòulái fāshēngle fēnqí Mǔ·qīn yào zǒu dàlù dàlù píngshùn wǒ de érzi
后来发生了分歧：母亲要走大路，大路平顺；我的儿子
yào zǒu xiǎolù xiǎolù yǒu yìsi Bùguò yīqiē dōu qǔjuéyú wǒ Wǒ de mǔ·qīn lǎo
要走小路，小路有意思。不过，一切都取决于我。我的母亲老
le tā zǎoyǐ xíguàn tīngcóng tā qiángzhuàng de érzi wǒ de érzi hái xiǎo tā hái
了，她早已习惯听从她强壮的儿子；我的儿子还小，他还
xíguàn tīngcóng tā gāodà de fù·qīn qī·zǐ ne zài wài·miàn tā zǒngshì tīng wǒ
习惯听从他高大的父亲；妻子呢，在外面，她总是听我
de Yīshàshí wǒ gǎndàole zérèn de zhòngdà Wǒ xiǎng zhǎo yī gè liǎngquán de
的。一霎时我感到了责任的重大。我想找一个两全的
bànfǎ zhǎo bù chū wǒ xiǎng chāisàn yī jiā rén fēnchéng liǎng lù gèdé-qísuǒ
办法，找不出；我想拆散一家人，分成两路，各得其所，

zhōng bù yuàn• yì　Wǒ juédìng wěiqu　érzi　yīn•wèi wǒ bàntóng tā de shírì hái cháng
终不愿意。我决定委屈儿子，因为我伴同他的时日还长。

Wǒ shuō　Zǒu dàlù
我说：“走大路。”

Dànshì mǔ•qīn mōmo sūn’ér de xiǎo nǎoguār　biànle zhǔyi　Háishì zǒu xiǎolù
但是母亲摸摸孙儿的小脑瓜儿，变了主意：“还是走小路

ba　Tā de yǎn suí xiǎolù wàng•qù　Nà• lǐ yǒu jīnsè de càihuā　liǎng háng zhěngqí
吧。”她的眼随小路望去：那里有金色的菜花，两行整齐

de sāngshù
的桑树，// 尽头一口水波粼粼的鱼塘。“我走不过去的地方，你就背着我。”母亲对我说。

这样，我们在阳光下，向着那菜花、桑树和鱼塘走去。到了一处，我蹲下来，背起了母亲；妻子也蹲下来，背起了儿子。我和妻子都是慢慢地，稳稳地，走得很仔细，好像我背上的同她背上的加起来，就是整个世界。

节选自莫怀戚《散步》

Zuòpǐn　Hào
作品 34 号

Dìqiú • shàng shìfǒu zhēn de cúnzài　wúdǐdòng　Ànshuō dìqiú shì yuán de　yóu dìqiào
地球上是否真的存在“无底洞”？按说地球是圆的，由地壳、

dìmàn hé dìhé sān céng zǔchéng　zhēnzhèng de　wúdǐdòng　shì bù yīng cúnzài de　wǒmen suǒ
地幔和地核三层组成，真正的“无底洞”是不应存在的，我们所

kàndào de gèzhǒng shāndòng　lièkǒu　lièfèng　shènzhì huǒshānkǒu yě dōu zhǐshì dìqiào
看到的各种山洞、裂口、裂缝，甚至火山口也都只是地壳

qiǎnbù de yī zhǒng xiànxiàng　Rán’ér Zhōngguó yīxiē gǔjí quèduō cì tídào hǎiwài yǒu gè
浅部的一种现象。然而中国一些古籍却多次提到海外有个

shēn’ào-mòcè de wúdǐdòng　Shìshí•shàng dìqiú•shàng quèshí yǒu zhèyàng yī gè
深奥莫测的无底洞。事实上地球上确实有这样一个

wúdǐdòng
“无底洞”。

Tā wèiyú Xīlà Yàgèsī gǔchéng de hǎibīn　Yóuyú bīnlín dàhǎi　dà zhǎngcháo
它位于希腊亚各斯古城的海滨。由于濒临大海，大涨潮

shí　xiōngyǒng de hǎishuǐ biàn huì páishān-dǎohǎibān de yǒngrù dòngzhōng　xíngchéng yī gǔ
时，汹涌的海水便会排山倒海般地涌入洞中，形成一股

tuāntuān de jíliú　Jù cè　měitiān liúrù dòngnèi de hǎishuǐliàng dá sānwàn duōdūn　Qíguài de
湍湍的急流。据测，每天流入洞内的海水量达三万多吨。奇怪的

shì rúcǐ dàliàng de hǎishuǐguàn rù dòngzhōng quècónglái méi• yǒu bǎ dòngguànmǎn Céngyǒu
是，如此大量的海水灌入洞中，却从来没有把洞灌满。曾有
rén huáiyí zhège wúdǐdòng huì• bù huì jiù xiàng shíhuīyán dìqū de lòudǒu shùjǐng
人怀疑，这个“无底洞”，会不会就像石灰岩地区的漏斗、竖井、
luòshuǐdòng yī lèi de dìxíng Rán’ér cóng èrshí shìjì sānshí niándài yǐ lái rénmen jiù zuòle duō
落水洞一类的地形。然而从二十世纪三十年代以来，人们就做了多
zhǒng nǔlì qǐtú xúnzhǎo tā de chūkǒu què dōushì wǎngfèi-xīn jī
种努力企图寻找它的出口，却都是枉费心机。

Wèile jiēkāi zhège mìmì yī jiǔ wǔ bā nián Měiguó Dìlǐ Xuéhuì pàichū yī zhī
为了揭开这个秘密，一九五八年美国地理学会派出一支
kǎochádui tāmen bǎ yī zhǒng jīngjiǔ-bùbiàn de dài sè rǎnliào róngjiě zài hǎishuǐ zhōng
考察队，他们把一种经久不变的带色染料溶解在海水中，
guānchá rǎnliào shì rúhé suízhe hǎishuǐ yīqǐ chén xià•qù Jiēzhe yòu chákànle fùjìn
观察染料是如何随着海水一起沉下去。接着又察看了附近
hǎimiàn yǐjí dǎo•shàng de gè tiáo hé hú mǎnhuái xīwàng de xúnzhǎo zhè zhǒng dài
海面以及岛上的各条河、湖，满怀希望地寻找这种带
yánsè de shuǐ jiéguǒ lìng rén shīwàng Nándào shì hǎishuǐliàng tài dà bǎ yǒu sè shuǐ xīshì
颜色的水，结果令人失望。难道是海水量太大把有色水稀释
de tài dàn yǐzhì wúfǎ fāxiàn
得太淡，以致无法发现？//

至今谁也不知道为什么这里的海水会没完没了地“漏”下去，这个“无底洞”的出口又在哪里，每天大量的海水究竟都流到哪里去了？

节选自罗伯特·罗威尔《神秘的“无底洞”》

Zuòpǐn Hào
作品35号

Wǒ zài Éguó jiàndào de jǐngwù zài méi•yǒu bǐ Tuō’ěrsītài mù gèng hóngwěi gèng
我在俄国见到的景物再没有比托尔斯泰墓更宏伟、更
gǎnrén de
感人的。

Wánquán ànzhào Tuō’ěrsītài de yuànwàng tā de fénmù chéngle shìjiān zuì měi de
完全按照托尔斯泰的愿望，他的坟墓成了世间最美的，
gěi rén yìnxiàng zuì shēnkè de fénmù Tā zhǐshì shùlín zhōng de yī gè xiǎoxiǎo de
给人印象最深刻的坟墓。它只是树林中的一个小小的
chángfāngxíng tǔqiū shàng•miàn kāimǎn xiānhuā méi•yǒu shízìjià méi•yǒu
长方形土丘，上面开满鲜花——没有十字架，没有

mùbēi méi•yǒu mùzhìmíng lián Tuō’ ěrsītài zhège míngzi yě méi•yǒu
墓碑，没有墓志铭，连托尔斯泰这个名字也没有。

Zhè wèi bǐ shéi dōu gǎndào shòu zìjǐ de shēngmíng suǒ lěi de wěirén què xiàng
这位比谁都感到受自己的声名所累的伟人，却像

ǒu’ěr bèi fāxiàn de liúlànghàn bù wéi rén zhī de shìbīng bù liú míngxìng de bèi rén
偶尔被发现的流浪汉，不为人知的士兵，不留名姓地被人

máizàng le Shéi dōu kěyǐ tàjìn tā zuìhòu de ānxīdì wéi zài sìzhōu xīshū de mù
埋葬了。谁都可以踏进他最后的安息地，围在四周稀疏的木

zhàlan shì bù guānbì de bǎohù Liè fū Tuō’ ěrsītài déyǐ ānxī de méi•yǒu rènhé
栅栏是不关闭的——保护列夫·托尔斯泰得以安息的没有任何

bié de dōngxi wéiyǒu rénmen de jìngyì ér tōngcháng rénmen què zǒngshì huáizhe
别的东西，唯有人们的敬意；而通常，人们却总是怀着

hàoqí qù pòhuài wěirén mùdì de níngjìng
好奇，去破坏伟人墓地的宁静。

Zhè• lǐ bī rén de pǔsù jìngù zhù rènhé yī zhǒng guānshǎng de xiánqíng bìngqiě
这里，逼人的朴素禁锢住任何一种观赏的闲情，并且

bù róngxǔ nǐ dàshēng shuōhuà Fēng’ ér fǔ lín zài zhè zuò wúmíngzhě zhī mù de
不容许你大声说话。风儿俯临，在这座无名者之墓的

shùmù zhījiān sàsà xiǎngzhe hénuǎn de yángguāng zài féntóur xīxì dōngtiān
树木之间飒飒响着，和暖的阳光在坟头儿嬉戏；冬天，

báixuě wēnróu de fùgài zhè piàn yōu’àn de tǔdì Wúlùn nǐ zài xiàtiān huò dōngtiān jīngguò
白雪温柔地覆盖这片幽暗的土地。无论你在夏天或冬天经过

zhèr nǐ dōu xiǎngxiàng bù dào zhège xiǎoxiǎo de lóngqǐ de chángfāngtǐ • lǐ
这儿，你都想象不到，这个小小的、隆起的长方体里

ānfàngzhe yī wèi dāngdài zuì wěidà de rénwù
安放着一位当代最伟大的人物。

Rán’ér qiàqià shì zhè zuò bù liú xìngmíng de fénmù bǐ suǒyǒu wākōng xīnsi yòng
然而，恰恰是这座不留姓名的坟墓，比所有挖空心思用

dàlǐshí hé shēhuá zhuāngshì jiànzào de fénmù gèng kòurénxīnxián Zài jīntiān zhège tèshū
大理石和奢华装饰建造的坟墓更扣人心弦。在今天这个特殊

de rìzi • lǐ
的日子里，//到他的安息地来的成百上千人中间，没有一个有勇气，哪怕仅仅从这幽暗的土丘上摘下一朵花留作纪念。人们重新感到，世界上再没有比托尔斯泰最后留下的、这座纪念碑式的朴素坟墓，更打动人心的了。

节选自［奥］茨威格《世间最美的坟墓》，张厚仁译

Zuòpǐn Hào

作品36 号

Wǒguó de jiànzhù cóng gǔdài de gōngdiàn dào jìndài de yībān zhùfáng jué dà
我国的建筑，从古代的宫殿到近代的一般住房，绝大
bùfen shì duìchèn de zuǒ•biān zěnmeyàng yòu•biān zěnmeyàng Sūzhōu yuánlín kě
部分是对称的，左边怎么样，右边怎么样。苏州园林可
juébù jiǎng•jiū duìchèn hǎoxiàng gùyì bìmiǎn shìde Dōng•biān yǒule yī gè tíngzi
决不讲究对称，好像故意避免似的。东边有了一个亭子
huòzhě yī dào huíláng xī•biān jué bù huì lái yī gè tóngyàng de tíngzi huòzhě yī dào
或者一道回廊，西边决不会来一个同样的亭子或者一道
tóngyàng de huíláng Zhè shì wèishénme Wǒ xiǎng yòng túhuà lái bǐfang duìchèn
同样的回廊。这是为什么？我想，用图画来比方，对称
de jiànzhù shì tú'ànhuà bù shì měishùhuà ér yuánlín shì měishùhuà měishùhuà
的建筑是图案画，不是美术画，而园林是美术画，美术画
yāoqiú zìrán zhī qù shì bù jiǎng•jiū duìchèn de
要求自然之趣，是不讲究对称的。

Sūzhōu yuánlín•lǐ dōu yǒu jiǎshān hé chízhǎo
苏州园林里都有假山和池沼。

Jiǎshān de duīdié kěyǐ shuō shì yī xiàng yìshù ér bùjǐn shì jìshù Huòzhě shì
假山的堆叠，可以说是一项艺术而不仅是技术。或者是
chóngluán-diézhàng huòzhě shì jǐ zuò xiǎoshān pèihézhe zhúzi huāmù quán zàihu
重峦叠嶂，或者是几座小山配合着竹子花木，全在乎
shèjìzhě hé jiàngshīmen shēngpíng duō yuèlì xiōng zhōng yǒu qiūhè cái néng shǐ
设计者和匠师们生平多阅历，胸中有丘壑，才能使
yóulǎnzhě pāndēng de shíhou wàngquè Sūzhōu chéngshì zhǐ jué•dé shēn zài shānjiān
游览者攀登的时候忘却苏州城市，只觉得身在山间。

Zhìyú chízhǎo dàduō yǐnyòng huóshuǐ Yǒuxiē yuánlín chízhǎo kuān•chǎng jiù bǎ
至于池沼，大多引用活水。有些园林池沼宽敞，就把
chízhǎo zuòwéi quán yuán de zhōngxīn qítā jǐngwù pèihézhe bùzhì Shuǐmiàn jiǎrú
池沼作为全园的中心，其他景物配合着布置。水面假如
chéng hédào múyàng wǎngwǎng ānpái qiáoliáng Jiǎrú ānpái liǎng zuò yǐshàng de
成河道模样，往往安排桥梁。假如安排两座以上的
qiáoliáng nà jiù yī zuò yī gè yàng jué bù léitóng
桥梁，那就一座一个样，决不雷同。

Chízhǎo huò hédào de biānyán hěn shǎo qì qízhěng de shí'àn zǒngshì gāodī qūqū
池沼或河道的边沿很少砌齐整的石岸，总是高低屈曲

rèn qí zìrán Hái zài nàr bù zhì jǐ kuài línglóng de shítou huòzhě zhòng xiē huācǎo
任其自然。还在那儿布置几块玲珑的石头，或者种些花草。
Zhè yě shì wèi le qǔ dé cóng gè gè jiǎodù kàn dōu chéng yī fú huà de xiàoguǒ Chízhǎo• lǐ
这也是为了取得从各个角度看都成一幅画的效果。池沼里
yǎngzhe jīnyú huò gè sè lǐyú xià-qiū jìjié héhuā huò shuìlián kāi
养着金鱼或各色鲤鱼，夏秋季节荷花或睡莲开//放，游览者看“鱼戏莲叶间”，又是入画的一景。

节选自叶圣陶《苏州园林》

Zuòpǐn Hào
作品 37 号

Yī wèi fǎng Měi Zhōngguó nǚzuòjiā zài Niǔyuē yùdào yī wèi mài huā de lǎotàitai
一位访美中国女作家，在纽约遇到一位卖花的老太太。
Lǎotàitai chuānzhuó pòjiù shēntǐ xūruò dàn liǎn•shàng de shénqíng què shì nàyàng
老太太穿着破旧，身体虚弱，但脸上的神情却是那样
xiánghé xīngfèn Nǚzuòjiā tiāole yī duǒ huā shuō Kàn qǐ•lái nǐ hěn gāoxìng
祥和兴奋。女作家挑了一朵花说：“看起来，你很高兴。”
Lǎotàitai miàn dài wēixiào de shuō Shì de yīqiè dōu zhème měihǎo wǒ wèishénme
老太太面带微笑地说：“是的，一切都这么美好，我为什么
bù gāoxìng ne Duì fánnǎo nǐ dào zhēn néng kàndekāi Nǚzuòjiā yòu shuōle
不高兴呢？”“对烦恼，你倒真能看得开。”女作家又说了
yī jù Méi liàodào lǎotàitai de huídá gèng lìng nǚzuòjiā dàchī- yījīng Yēsū zài
一句。没料到，老太太的回答更令女作家大吃一惊：“耶稣在
xīngqīwǔ bèi dìng•shàng shízìjià shí shì quán shìjiè zuì zāogāo de yī tiān kě sān tiān
星期五被钉上十字架时，是全世界最糟糕的一天，可三天
hòu jiùshì Fùhuójié Suǒ yǐ dāng wǒ yùdào bùxìng shí jiù huì děngdài sān tiān
后就是复活节。所以，当我遇到不幸时，就会等待三天，
zhèyàng yīqiè jiù huīfù zhèngcháng le
这样一切就恢复正常了。”

Děngdài sān tiān duōme fùyú zhélǐ de huàyǔ duōme lèguān de shēnghuó
“等待三天”，多么富于哲理的话语，多么乐观的生活
fāngshì Tā bǎ fánnǎo hé tòngkǔ pāo•xià quán lì qù shōuhuò kuàilè
方式。它把烦恼和痛苦抛下，全力去收获快乐。

Shěn Cóngwén zài wén-gé qījiān xiànrùle fēirén de jìngdì Kě tā háobù
沈从文在“文革”期间，陷入了非人的境地。可他毫不
zàiyì tā zài Xiánníng shí gěi tā de biǎozhí huàjiā Huáng Yǒngyù xiě xìn shuō
在意，他在咸宁时给他的表侄、画家黄永玉写信说：

Zhè• lǐ de héhuā zhēn hǎo nǐ ruò lái Shēn xiàn kǔnàn què réng wèi héhuā de
“这里的荷花真好，你若来……”身陷苦难却仍为荷花的
shèngkāi xīnxǐ zàntàn bù yǐ zhè shì yī zhǒng qū yú chéngmíng de jìng jiè yī zhǒng
盛开欣喜赞叹不已，这是一种趋于澄明的境界，一种
kuàngdá sǎ•tuō de xiōngjīn yī zhǒng miàn lín mónàn tǎndàng cóngróng de qìdù yī
旷达洒脱的胸襟，一种面临磨难坦荡从容的气度，一
zhǒng duì shēnghuó tóng zǐ bān de rè'ài hé duì měihǎo shìwù wúxiàn xiàngwǎng de shēngmìng
种对生活童子般的热爱和对美好事物无限向往的生命
qínggǎn
情感。

Yóu cǐ - kě jiàn yǐngxiǎng yī gè rén kuài lè de yǒushí bìng bù shì kùnjìng jí
由此可见，影响一个人快乐的，有时并不是困境及
mónàn ér shì yī gè rén de xīntài Rúguǒ bǎ zìjǐ jìnpào zài jījí lèguān
磨难，而是一个人的心态。如果把自己浸泡在积极、乐观、
xiàngshàng de xīntài zhōng kuàilè bìrán huì
向上的心态中，快乐必然会//占据你的每一天。

节选自《态度创造快乐》

Zuòpǐn Hào
作品38号

Tài Shān jí dǐng kàn rì chū lì lái bèi miáohuì chéng shífēn zhuàngguān de qíjǐng
泰山极顶看日出，历来被描绘成十分壮观的奇景。
Yǒu rén shuō Dēng Tài Shān ér kàn• bù dào rì chū jiù xiàng yī chū dàxì méi•yǒu xìyǎn
有人说：登泰山而看不到日出，就像一出大戏没有戏眼，
wèir zhōng jiū yǒudiǎnr guǎdàn
味儿终究有点儿寡淡。

Wǒ qù pá shān nà tiān zhèng gǎn•shàng gè nándé de hǎotiān wàn lǐ chángkōng
我去爬山那天，正赶上个难得的好天，万里长空，
yúncaisīr dōu bù jiàn Sùcháng yānwù téngténg de shāntóu xiǎn• dé méi•mù
云彩丝儿都不见。素常，烟雾腾腾的山头，显得眉目
fēnmíng Tóngbànmen dōu xīn xǐ de shuō Míngtiān zǎo•chén zhǔn kě yǐ kàn•jiàn rìchū
分明。同伴们都欣喜地说：“明天早晨准可以看见日出
le Wǒ yě shì bàozhe zhè zhǒng xiǎngtou pá•shàng shān• qù
了。”我也是抱着这种想头，爬上山去。

Yīlù cóng shānjiǎo wǎngshàng pá xì kàn shānjǐng wǒ jué• dé guà zài yǎnqián de
一路从山脚往上爬，细看山景，我觉得挂在眼前的
bù shì Wǔ Yuè dú zūn de Tài Shān què xiàng yī fú guīmó jīngrén de qīnglǜ shānshuǐhuà
不是五岳独尊的泰山，却像一幅规模惊人的青绿山水画，

cóng xià•miàn dào zhǎn kāi•lái Zài huàjuàn zhōng zuì xiān lòuchū de shì shāngēnr dǐ nà zuò
从下面倒展开来。在画卷中最先露出的是山根儿底那座
Míngcháo jiànzhù Dàizōngfāng mànmàn de biàn xiànchū Wángmǔchí Dǒumǔgōng
明朝建筑岱宗坊，慢慢地便现出王母池、斗母宫、
Jīngshíyù Shān shì yī céng bǐ yī céng shēn yī dié bǐ yī dié qí céngcéng•diédié
经石峪。山是一层比一层深，一叠比一叠奇，层层叠叠，
bù zhī hái huì yǒu duō shēn duō qí Wàn shān cóng zhōng shí'ér diǎnrǎnzhe jíqí
不知还会有多深多奇。万山丛中，时而点染着极其
gōngxì de rénwù Wángmǔchí páng de Lǚzǔdiàn• lǐ yǒu bùshǎo zūn míngsù sùzhe Lǚ
工细的人物。王母池旁的吕祖殿里有不少尊明塑，塑着吕
Dòngbīn děng yīxiē rén zītài shénqíng shì nàyàng yǒu shēngqì nǐ kàn le bù jīn huì
洞宾等一些人，姿态神情是那样有生气，你看了，不禁会
tuōkǒu zàntàn shuō Huó la
脱口赞叹说：“活啦。”

Huàjuàn jìxù zhǎnkāi lǜyīn sēnsēn de Bǎidòng lòumiàn bù tài jiǔ biàn láidào
画卷继续展开，绿阴森森的柏洞露面不太久，便来到
Duìsōngshān Liǎngmiàn qí fēng duìzhìzhe mǎn shānfēng dōu shì qíxíng-guàizhuàng de
对松山。两面奇峰对峙着，满山峰都是奇形怪状的
lǎosōng nián jì pà dōu yǒu shàng qiān suì le yánsè jìng nàme nóng nóng de hǎoxiàng
老松，年纪怕都有上千岁了，颜色竟那么浓，浓得好像
yào liú xià•lái shìde Láidào zhèr nǐ bùfáng quándàng yī cì huà• lǐ de xiěyì rénwù
要流下来似的。来到这儿，你不妨权当一次画里的写意人物，
zuò zài lùpáng de Duìsōngtíng• lǐ kànkan shānsè tīngting liú
坐在路旁的对松亭里，看看山色，听听流//水和松涛。

一时间，我又觉得自己不仅是在看画卷，却又像是在零零乱乱翻着一卷历史稿本。

节选自杨朔《泰山极顶》

Zuòpǐn Hào
作品39号

Yùcái Xiǎoxué xiàozhǎng Táo Xíngzhī zài xiàoyuán kàndào xuésheng Wáng Yǒu yòng níkuài
育才小学校长陶行知在校园看到学生王友用泥块
zá zìjǐ bān•shàng de tóngxué Táo Xíngzhī dāngjí hèzhǐle tā bìng lìng tā fàngxué hòu
砸自己班上的同学，陶行知当即喝止了他，并令他放学后
dào xiàozhǎngshì qù Wúyí Táo Xíngzhī shì yào hǎohǎo jiàoyù zhège wánpí de
到校长室去。无疑，陶行知是要好好教育这个“顽皮”的
xuésheng Nàme tā shì rúhé jiàoyù de ne
学生。那么他是如何教育的呢？

Fàngxué hòu Táo Xíngzhī lái dào xiàozhǎngshì Wáng Yǒu yǐ•jīng děng zài ménkǒu
放学后，陶行知来到校长室，王友已经等在门口
zhǔnbèi ái xùn le Kě yī jiànmiàn Táo Xíngzhī què tāochū yī kuài tángguǒ sònggěi Wáng
准备挨训了。可一见面，陶行知却掏出一块糖果送给王
Yǒu bìng shuō Zhè shì jiǎnggěi nǐ de yīn•wèi nǐ àn shí lái dào zhè• lǐ ér wǒ
友，并说：“这是奖给你的，因为你按时来到这里，而我
què chídào le Wáng Yǒu jīngyí de jiē guo tángguǒ
却迟到了。”王友惊疑地接过糖果。

Suíhòu Táo Xíngzhī yòu tāochū yī kuài tángguǒ fàngdào tā shǒu• lǐ shuō Zhè
随后，陶行知又掏出一块糖果放到他手里，说：“这
dì-èr kuài tángguǒ yě shì jiǎnggěi nǐ de yīn•wèi dāng wǒ bùràng nǐ zài dǎrén shí nǐ
第二块糖果也是奖给你的，因为当我不让你再打人时，你
lìjí jiù zhùshǒu le zhè shuōmíng nǐ hěn zūnzhòng wǒ wǒ yīnggāi jiǎng nǐ Wáng
立即就住手了，这说明你很尊重我，我应该奖你。”王
Yǒu gèng jīngyí le tā yǎnjing zhēng de dàdà de
友更惊疑了，他眼睛睁得大大的。

Táo Xíngzhī yòu tāochū dì-sān kuài tángguǒ sāidào Wáng Yǒu shǒu• lǐ shuō Wǒ
陶行知又掏出第三块糖果塞到王友手里，说：“我
diàocháguo le nǐ yòng níkuài zá nàxiē nánshēng shì yīn•wèi tāmen bù shǒu yóuxì
调查过了，你用泥块砸那些男生，是因为他们不守游戏
guīzé qīfu nǚshēng nǐ zá tāmen shuōmíng nǐ hěn zhèngzhí shànliáng qiě yǒu
规则，欺负女生；你砸他们，说明你很正直善良，且有
pīpíng bùliáng xíngwéi de yǒngqì yīnggāi jiǎnglì nǐ a Wáng Yǒu gǎndòng jí le
批评不良行为的勇气，应该奖励你啊！”王友感动极了，
tā liúzhe yǎnlèi hòuhuǐ de hǎndào Táo Táo xiàozhǎng nǐ dǎ wǒ liǎng xià ba Wǒ
他流着眼泪后悔地喊道：“陶……陶校长你打我两下吧！我
zá de bù shì huàirén ér shì zìjǐ de tóngxué a
砸的不是坏人，而是自己的同学啊……”

Táo Xíngzhī mǎnyì de xiào le tā suíjí tāochū dì-sì kuài tángguǒ dìgěi Wáng Yǒu
陶行知满意地笑了，他随即掏出第四块糖果递给王友，
shuō Wèi nǐ zhèngquè de rènshi cuò•wù wǒ zài jiǎnggěi nǐ yī kuài tángguǒ zhǐ
说：“为你正确地认识错误，我再奖给你一块糖果，只
kěxī wǒ zhǐyǒu zhè yī kuài tángguǒ le Wǒ de tángguǒ
可惜我只有这一块糖果了。我的糖果//没有了，我看我们的
谈话也该结束了吧！”说完，就走出了校长室。

节选自《教师博览·百期精华》中《陶行知的“四块糖果”》

Zuòpǐn Hào
作品40号

Xiǎngshòu xìngfú shì xūyào xuéxí de dāng tā jíjiāng láilín de shíkè xūyào tíxǐng
享受幸福是需要学习的，当它即将来临的时刻需要提醒。
Rén kěyǐ zìrán'érrán de xuéhuì gǎnguān de xiǎnglè què wúfǎ tiānshēng de zhǎngwò
人可以自然而然地学会感官的享乐，却无法天生地掌握
xìngfú de yùnlǜ Línghún de kuàiyì tóng qìguān de shūshì xiàng yī duì luánshēng xiōngdì
幸福的韵律。灵魂的快意同器官的舒适像一对孪生兄弟，
shí'ér xiāngbàng-xiāngyī shí'ér nányuán-běizhé
时而相傍相依，时而南辕北辙。

Xìngfú shì yī zhǒng xīnlíng de zhènchàn Tā xiàng huì qīngtīng yīnyuè de ěrduo
幸福是一种心灵的震颤。它像会倾听音乐的耳朵
yīyàng xūyào bùduàn de xùnliàn
一样，需要不断地训练。

Jiǎn'éryánzhī xìngfú jiù shì méi·yǒu tòngkǔ de shíkè Tā chūxiàn de pínlǜ bìng bù
简而言之，幸福就是没有痛苦的时刻。它出现的频率并不
xiàng wǒmen xiǎngxiàng de nàyàng shǎo Rénmen chángcháng zhǐshì zài xìngfú de jīn mǎchē
像我们想象的那样少。人们常常只是在幸福的金马车
yǐ·jīng shǐ guò·qù hěn yuǎn shí cái jiǎnqǐ dì·shàng de jīn zōngmáo shuō yuánlái wǒ
已经驶过去很远时，才拣起地上的金鬃毛说，原来我
jiànguo tā
见过它。

Rénmen xǐ'ài huíwèi xìngfú de biāoběn què hūlüè tā pīzhe lù·shuǐ sànfā qīngxiāng
人们喜爱回味幸福的标本，却忽略它披着露水散发清香
de shíkè Nà shíhou wǒmen wǎngwǎng bùlǚ cōngcōng zhānqián-gùhòu bù zhī zài
的时刻。那时候我们往往步履匆匆，瞻前顾后不知在
mángzhe shénme
忙着什么。

Shì·shàng yǒu yùbào táifēng de yǒu yùbào huángzāi de yǒu yùbào wēnyì de
世上有预报台风的，有预报蝗灾的，有预报瘟疫的，
yǒu yùbào dìzhèn de Méi·yǒu rén yùbào xìngfú
有预报地震的。没有人预报幸福。

Qíshí xìngfú hé shìjiè wànwù yīyàng yǒu tā de zhēngzhào
其实幸福和世界万物一样，有它的征兆。

Xìngfú chángcháng shì ménglóng de hěn yǒu jiézhì de xiàng wǒmen pēnsǎ gānlín
幸福常常是朦胧的，很有节制地向我们喷洒甘霖。

Nǐ bùyào zǒng xīwàng hōnghōng- liè liè de xìngfú tā duōbàn zhǐshì qiāoqiāo de pūmiàn ér
你不要总希望轰轰烈烈的幸福，它多半只是悄悄地扑面而
lái Nǐ yě bùyào qǐtú bǎ shuǐlóngtóu nǐng de gèng dài nàyàng tā huì hěn kuài de
来。你也不要企图把水龙头拧得更大，那样它会很快地
liúshī Nǐ xūyào jìngjìng de yǐ pínghé zhī xīn tǐyàn tā de zhēndì
流失。你需要静静地以平和之心，体验它的真谛。

Xìngfú jué dà duōshù shì pǔsù de Tā bù huì xiàng xìnhàodàn shìde zài hěn gāo
幸福绝大多数是朴素的。它不会像信号弹似的，在很高
de tiān jì shǎnshuò hóngsè de guāngmáng Tā pī zhe běnsè wài
的天际闪烁红色的光芒。它披着本色外//衣，亲切温暖地包裹起我们。

幸福不喜欢喧嚣浮华，它常常在暗淡中降临。贫困中相濡以沫的一块糕饼，患难中心心相印的一个眼神，父亲一次粗糙的抚摸，女友一张温馨的字条……这都是千金难买的幸福啊。像一粒粒缀在旧绸子上的红宝石，在凄凉中愈发熠熠夺目。

节选自毕淑敏《提醒幸福》

Zuòpǐn Hào
作品41号

Zài Lǐyuērènèilú de yī gè pínmínkū• lǐ yǒu yī gè nánháizi tā fēicháng
在里约热内卢的一个贫民窟里，有一个男孩子，他非常
xǐhuan zúqiú kěshì yòu mǎi• bù qǐ yúshì jiù tī sùliàohér tī qìshuǐpíng tī
喜欢足球，可是又买不起，于是就踢塑料盒儿，踢汽水瓶，踢
cóng lājīxiāng • lǐ jiǎnlái de yēzikér Tā zài hútòngr • lǐ tī zài néng zhǎodào de rènhé
从垃圾箱里拣来的椰子壳儿。他在胡同儿里踢，在能找到的任何
yī piàn kòngdì•shàng tī
一片空地上踢。

Yǒu yī tiān dāng tā zài yī chù gānhé de shuǐtáng• lǐ měng tī yī gè zhū
有一天，当他在一处干涸的水塘里猛踢一个猪
pángguāng shí bèi yī wèi zúqiú jiàoliàn kàn•jiàn le Tā fāxiàn zhège nánháir tī de hěn
膀胱时，被一位足球教练看见了。他发现这个男孩儿踢得很
xiàng shì nàme huí shì jiù zhǔdòng tíchū yào sònggěi tā yī gè zúqiú Xiǎonánháir
像是那么回事，就主动提出要送给他一个足球。小男孩儿
dédào zúqiú hòu tī de gèng màijìnr le Bùjiǔ tā jiù néng zhǔnquè de bǎ qiú tī jìn
得到足球后踢得更卖劲儿了。不久，他就能准确地把球踢进
yuǎnchù suíyì bǎifàng de yī gè shuǐtǒng• lǐ
远处随意摆放的一个水桶里。

Shèngdàn jié dào le háizi de māma shuō Wǒmen méi•yǒu qián mǎi shèngdàn
圣诞节到了，孩子的妈妈说：“我们没有钱买圣诞
lǐwù sònggěi wǒmen de ēnrén jiù ràng wǒmen wèi tā qídǎo ba
礼物送给我们的恩人，就让我们为他祈祷吧。”

Xiǎonánháir gēnsuí māma qídǎo wánbì xiàng māma yàole yī bǎ chǎnzi biàn pǎole
小男孩儿跟随妈妈祈祷完毕，向妈妈要了一把铲子便跑了
chū•qù Tā láidào yī zuò biéshù qián de huāyuán•lǐ kāishǐ wā kēng
出去。他来到一座别墅前的花园里，开始挖坑。

Jiù zài tā kuài yào wāhǎo kēng de shíhou cóng biéshù•lǐ zǒuchū yī gè rén•lái
就在他快要挖好坑的时候，从别墅里走出一个人来，
wèn xiǎoháir zài gàn shénme háizi táiqǐ mǎn shì hànzhū de liǎndànr shuō
问小孩儿在干什么，孩子抬起满是汗珠的脸蛋儿，说：
Jiàoliàn Shèngdàn jié dào le wǒ méi•yǒu lǐwù sònggěi nín wǒ yuàn gěi nín de
“教练，圣诞节到了，我没有礼物送给您，我愿给您的
shèngdànshù wā yī gè shùkēng
圣诞树挖一个树坑。”

Jiàoliàn bǎ xiǎonánháir cóng shùkēng•lǐ lā shàng•lái shuō wǒ jīntiān dédào le
教练把小男孩儿从树坑里拉上来，说：“我今天得到了
shìjiè •shàng zuìhǎo de lǐwù Míngtiān nǐ jiù dào wǒde xùnliànchǎng qùba
世界上最好的礼物。明天你就到我的训练场去吧。”

Sān nián hòu zhè wèi shíqī suì de nánháir zài dì-liù jiè zúqiú jǐnbiāosài•shàng dú
三年后，这位十七岁的男孩儿在第六届足球锦标赛上独
jìn èrshíyī qiú wèi Bāxī dì-yī cì pěng huíle jīnbēi Yī gè yuán
进二十一球，为巴西第一次捧回了金杯。一个原 // 来不为世人所知的名字——贝利，随之传遍世界。

节选自刘燕敏《天才的造就》

Zuòpǐn Hào
作品 42 号

Jì•dé wǒ shísān suì shí hé mǔ•qīn zhù zài Fǎguó dōngnánbù de Nàisī Chéng
记得我十三岁时，和母亲住在法国东南部的耐斯城。
Mǔ•qīn méi•yǒu zhàngfu yě méi•yǒu qīnqi gòu qīngkǔ de dàn tā jīngcháng néng
母亲没有丈夫，也没有亲戚，够清苦的，但她经常能
ná•chū lìng rén chījīng de dōngxi bǎi zài wǒ miànqián Tā cónglái bù chī ròu yīzài
拿出令人吃惊的东西，摆在我面前。她从来不吃肉，一再
shuō zìjǐ shì sùshízhě Rán'ér yǒu yī tiān wǒ fāxiàn mǔ•qīn zhèng zǐxì de yòng yī
说自己是素食者。然而有一天，我发现母亲正仔细地用一

xiǎo kuàir suì miànbāo cā nà gěi wǒ jiān niúpái yòng de yóuguō Wǒ míngbáile tā chēng
小块儿碎面包擦那给我煎牛排用的油锅。我明白了她称
zìjǐ wéi sùshízhě de zhēnzhèng yuányīn
自己为素食者的真正原因。

Wǒ shíliù suì shí mǔ·qīn chéngle Nàisī Shì Měiméng lǚguǎn de nǚ jīnglǐ
我十六岁时，母亲成了耐斯市美蒙旅馆的女经理。
Zhèshí tā gèng mánglù le Yī tiān tā tān zài yǐzi·shàng liǎnsè cāngbái
这时，她更忙碌了。一天，她瘫在椅子上，脸色苍白，
zuǐchún fā huī Mǎshàng zhǎolái yīshēng zuò·chū zhěnduàn Tā shèqǔle guòduō de
嘴唇发灰。马上找来医生，做出诊断：她摄取了过多的
yídǎosù Zhídào zhèshí wǒ cái zhī·dào mǔ·qīn duōnián yīzhí duì wǒ yǐnmán de jítòng
胰岛素。直到这时我才知道母亲多年一直对我隐瞒的疾痛——
tángniàobìng
糖尿病。

Tā de tóu wāixiàng zhěntou yībiān tòngkǔ de yòng shǒu zhuānao xiōngkǒu
她的头歪向枕头一边，痛苦地用手抓挠胸口。
Chuángjià shàngfāng zé guàzhe yī méi wǒ yī jiǔ sān èr nián yíngdé Nàisī Shì shàonián
床架上方，则挂着一枚我一九三二年赢得耐斯市少年
pīngpāngqiú guànjūn de yínzhì jiǎngzhāng
乒乓球冠军的银质奖章。

À shì duì wǒ de měihǎo qiántú de chōngjǐng zhīchēngzhe tā huó xià·qù wèile
啊，是对我的美好前途的憧憬支撑着她活下去，为了
gěi tā nà huāng·táng de mèng zhìshǎo jiā yīdiǎn zhēnshí de sècǎi wǒ zhǐnéng jìxù
给她那荒唐的梦至少加一点真实的色彩，我只能继续
nǔlì yǔ shíjiān jìngzhēng zhízhì yī jiǔ sān bā nián wǒ bèi zhēng rù kōngjūn Bālí
努力，与时间竞争，直至一九三八年我被征入空军。巴黎
hěn kuài shīxiàn wǒ zhǎnzhuǎn diàodào Yīngguó Huángjiā Kōngjūn Gāng dào Yīngguó jiù
很快失陷，我辗转调到英国皇家空军。刚到英国就
jiēdàole mǔ·qīn de láixìn Zhèxiē xìn shì yóu zài Ruìshì de yī gè péngyou mìmì de
接到了母亲的来信。这些信是由在瑞士的一个朋友秘密地
zhuǎndào Lúndūn sòngdào wǒ shǒuzhōng de
转到伦敦，送到我手中的。

Xiànzài wǒ yào huíjiā le xiōngqián pèidàizhe xǐngmù de lǜ-hēi liǎng sè de jiěfàng
现在我要回家了，胸前佩戴着醒目的绿黑两色的解放
shízì shòu
十字绶//带，上面挂着五六枚我终身难忘的勋章，肩上还佩戴着军官肩章。到达旅馆时，没有一个人跟我打招呼。原来，我母亲在三年半以前就已经离开人间了。

在她死前的几天中，她写了近二百五十封信，把这些信交给她在瑞士的朋友，请这个朋友定时寄给我。就这样，在母亲死后的三年半的时间里，我一直从她身上吸取着力量和勇气——这使我能够继续战斗到胜利那一天。

节选自［法］罗曼·加里《我的母亲独一无二》

Zuòpǐn Hào
作品43号

Shēnghuó duìyú rènhé rén dōu fēi yì shì wǒmen bìxū yǒu jiānrèn-bùbá de
生活对于任何人都非易事，我们必须有坚韧不拔的
jīngshén Zuì yàojǐn de háishì wǒmen zìjǐ yào yǒu xìnxīn Wǒmen bìxū xiāngxìn
精神。最要紧的，还是我们自己要有信心。我们必须相信，
wǒmen duì měi yī jiàn shìqing dōu jùyǒu tiānfù de cáinéng bìngqiě wúlùn fùchū rènhé
我们对每一件事情都具有天赋的才能，并且，无论付出任何
dàijià dōu yào bǎ zhè jiàn shì wánchéng Dāng shìqing jiéshù de shíhou nǐ yào néng
代价，都要把这件事完成。当事情结束的时候，你要能
wènxīn-wúkuì de shuō Wǒ yǐ•jīng jìn wǒ suǒ néng le
问心无愧地说：“我已经尽我所能了。”

Yǒu yī nián de chūntiān wǒ yīn bìng bèipò zài jiā•lǐ xiūxi shù zhōu Wǒ
有一年的春天，我因病被迫在家里休息数周。我
zhùshìzhe wǒ de nǚ'ér men suǒ yǎng de cán zhèngzài jié jiǎn zhè shǐ wǒ hěn gǎn xìngqù
注视着我的女儿们所养的蚕正在结茧，这使我很感兴趣。
Wàngzhe zhèxiē cán zhízhuó de qínfèn de gōngzuò wǒ gǎndào wǒ hé tāmen fēicháng
望着这些蚕执著地、勤奋地工作，我感到我和它们非常
xiāngsì Xiàng tāmen yīyàng wǒ zǒngshì nàixīn de bǎ zìjǐ de nǔlì jízhōng zài yī gè
相似。像它们一样，我总是耐心地把自己的努力集中在一个
mùbiāo•shàng Wǒ zhīsuǒyǐ rúcǐ huòxǔ shì yīn•wèi yǒu mǒu zhǒng lì•liàng zài biāncè
目标上。我之所以如此，或许是因为有某种力量在鞭策
zhe wǒ zhèng rú cán bèi biāncè zhe qù jié jiǎn yībān
着我——正如蚕被鞭策着去结茧一般。

Jìn wǔshí nián lái wǒ zhìlìyú kēxué yánjiū ér yánjiū jiùshì duì zhēnlǐ de
近五十年来，我致力于科学研究，而研究，就是对真理的
tàntǎo Wǒ yǒu xǔduō měihǎo kuàilè de jìyì Shàonǚ shíqī wǒ zài Bālí Dàxué gūdú
探讨。我有许多美好快乐的记忆。少女时期我在巴黎大学，孤独
de guòzhe qiúxué de suìyuè zài hòulái xiànshēn kēxué de zhěnggè shíqī wǒ zhàngfu hé
地过着求学的岁月；在后来献身科学的整个时期，我丈夫和
wǒ zhuānxīn-zhìzhì xiàng zài mènghuàn zhōng yībān zuò zài jiǎnlòu de shūfáng•lǐ jiānxīn
我专心致志，像在梦幻中一般，坐在简陋的书房里艰辛

de yánjiū hòulái wǒmen jiù zài nà•lǐ fāxiàn le léi
地研究，后来我们就在那里发现了镭。

Wǒ yǒngyuǎn zhuīqiú ānjìng de gōngzuò hé jiǎndān de jiātíng shēnghuó Wèile shíxiàn
我永远追求安静的工作和简单的家庭生活。为了实现
zhège lǐxiǎng wǒ jié lì bǎochí níngjìng de huánjìng yǐmiǎn shòu rénshì de gānrǎo hé
这个理想，我竭力保持宁静的环境，以免受人事的干扰和
shèngmíng de tuōlěi
盛名的拖累。

Wǒ shēnxìn zài kēxué fāngmiàn wǒmen yǒu duì shìyè ér bù
我深信，在科学方面我们有对事业而不//对财富的兴趣。我的唯一奢望是在一个自由国家中，以一个自由学者的身份从事研究工作。

我一直沉醉于世界的优美之中，我所热爱的科学也不断增加它崭新的远景。我认定科学本身就具有伟大的美。

节选自［波兰］玛丽·居里《我的信念》，剑捷译

Zuòpǐn Hào
作品44号

Wǒ wèishénme fēi yào jiāoshū bù kě Shì yīn•wèi wǒ xǐhuan dāng jiàoshī de shíjiān
我为什么非要教书不可？是因为我喜欢当教师的时间
ānpáibiǎo hé shēnghuó jiézòu Qī bā jiǔ sān gè yuè gěi wǒ tígōngle jìnxíng huígù
安排表和生活节奏。七、八、九三个月给我提供了进行回顾、
yánjiū xiězuò de liángjī bìng jiāng sānzhě yǒujī rónghé ér shànyú huígù yánjiū hé
研究、写作的良机，并将三者有机融合，而善于回顾、研究和
zǒngjié zhèngshì yōuxiù jiàoshī sùzhì zhōng bùkě quēshǎo de chéng•fèn
总结正是优秀教师素质中不可缺少的成分。

Gàn zhè háng gěile wǒ duōzhǒng-duōyàng de gānquán qù pǐncháng zhǎo
干这行给了我多种多样的“甘泉”去品尝，找
yōuxiù de shūjí qù yándú dào xiàngyátǎ hé shíjì shìjiè•lǐ qù fāxiàn Jiàoxué
优秀的书籍去研读，到“象牙塔”和实际世界里去发现。教学
gōngzuò gěi wǒ tígōng le jìxù xuéxí de shíjiān bǎozhèng yǐjí duōzhǒng tújìng jīyù hé
工作给我提供了继续学习的时间保证，以及多种途径、机遇和
tiǎozhàn
挑战。

Rán'ér wǒ ài zhè yī háng de zhēnzhèng yuányīn shì ài wǒ de xuésheng
然而，我爱这一行的真正原因，是爱我的学生。
Xuéshengmen zài wǒ de yǎnqián chéngzhǎng biànhuà Dāng jiàoshī yìwèizhe qīnlì
学生们在我的眼前成长、变化。当教师意味着亲历

chuàngzào guòchéng de fāshēng qiàsì qīnshǒu fùyǔ yī tuán nítǔ yǐ
“创造”过程的发生——恰似亲手赋予一团泥土以
shēngmìng méi·yǒu shénme bǐ mùdǔ tā kāishǐ hūxī gèng jīdòng rénxīn de le
生命，没有什么比目睹它开始呼吸更激动人心的了。

Quánlì wǒ yě yǒu le Wǒ yǒu quánlì qù qǐfā yòudǎo qù jīfā zhìhuì de
权利我也有了：我有权利去启发诱导，去激发智慧的
huǒhuā qù wèn fèixīn sīkǎo de wèntí qù zànyáng huídá de chángshì qù tuījiàn
火花，去问费心思考的问题，去赞扬回答的尝试，去推荐
shūjí qù zhǐdiǎn míjīn Háiyǒu shénme bié de quánlì néng yǔ zhī xiāng bǐ ne
书籍，去指点迷津。还有什么别的权利能与之相比呢？

Érqiě jiāoshū hái gěi wǒ jīnqián hé quánlì zhīwài de dōngxi nà jiù shì àixīn
而且，教书还给我金钱和权利之外的东西，那就是爱心。
Bùjǐn yǒu duì xuésheng de ài duì shūjí de ài duì zhīshi de ài háiyǒu jiàoshī cái
不仅有对学生的爱，对书籍的爱，对知识的爱，还有教师才
néng gǎnshòudào de duì tèbié xuésheng de ài Zhèxiē xuésheng yǒurú
能感受到的对“特别”学生的爱。这些学生，有如
míngwánbùlíng de níkuài yóuyú jiēshòu le lǎoshī de chì'ài cái bófā le shēngjī
冥顽不灵的泥块，由于接受了老师的炽爱才勃发了生机。

Suǒyǐ wǒ ài jiāoshū hái yīn·wèi zài nàxiē bófā shēngjī de tèbié
所以，我爱教书，还因为，在那些勃发生机的“特别”
xué
学//生身上，我有时发现自己和他们吸呼相通，快乐与共。

节选自［美］彼得·基·贝得勒《我为什么当教师》

Zuòpǐn Hào
作品45号

Zhōngguó xībù wǒmen tōngcháng shì zhǐ Huáng Hé yǔ Qín Lǐng xiānglián yī xiàn yǐ
中国西部我们通常是指黄河与秦岭相连一线以
xī bāokuò xīběi hé xīnán de shí'èr gè shěng shì zìzhìqū Zhè kuài guǎngmào
西，包括西北和西南的十二个省、市、自治区。这块广袤
de tǔdì miànjī wéi wǔbǎi sìshí liù wàn píngfāng gōnglǐ zhàn guótǔ zǒng miànjī de bǎi fēn
的土地面积为五百四十六万平方公里，占国土总面积的百分
zhī wǔshíqī rénkǒu èr diǎn bā yì zhàn quánguó zǒng rénkǒu de bǎi fēn zhī èrshísān
之五十七；人口二点八亿，占全国总人口的百分之二十三。

Xībù shì Huáxià wénmíng de yuántóu Huáxià zǔxiān de jiǎobù shì shùnzhe shuǐbiān
西部是华夏文明的源头。华夏祖先的脚步是顺着水边
zǒu de Cháng Jiāng shàngyóu chūtǔguo Yuánmóurén yáchǐ huàshí jù jīn yuē yībǎi qīshí
走的：长江上游出土过元谋人牙齿化石，距今约一百七十

wàn nián　Huáng Hé zhōngyóu chūtǔguo Lántiánrén tóugàigǔ　jù jīn yuē qīshí wàn nián
万年；黄河中游出土过蓝田人头盖骨，距今约七十万年。
Zhè liǎng chù gǔ rénlèi dōu bǐ jù jīn yuē wǔshí wàn nián de Běijīng yuánrén zī·gé
这两处古人类都比距今约五十万年的北京猿人资格
gènglǎo
更老。

Xī bù dìqū shì Huáxià wénmíng de zhòngyào fāyuándì　Qínhuáng Hànwǔ yǐhòu
西部地区是华夏文明的重要发源地。秦皇汉武以后，
dōng-xī fāng wénhuà zài zhè·lǐ jiāohuì rónghé　cóng'ér yǒule sīchóu zhī lù de tuólíng
东西方文化在这里交汇融合，从而有了丝绸之路的驼铃
shēngshēng　fó yuàn shēn sì de mùgǔ-chénzhōng　Dūnhuáng Mògāokū shì shìjiè
声声，佛院深寺的暮鼓晨钟。敦煌莫高窟是世界
wénhuàshǐ·shàng de yī gè qíjì　tā zài jìchéng Hàn Jìn yìshù chuántǒng de
文化史上的一个奇迹，它在继承汉晋艺术传统的
jīchǔ·shàng　xíngchéngle zìjǐ jiānshōu-bìngxù de huīhóng qìdù　zhǎnxiànchū
基础上，形成了自己兼收并蓄的恢宏气度，展现出
jīngměijuélún de yìshù xíngshì hé bódà-jīngshēn de wénhuà nèihán　Qínshǐhuáng
精美绝伦的艺术形式和博大精深的文化内涵。秦始皇
Bīngmǎyǒng　Xīxià wánglíng　Lóulán gǔguó　Bùdálāgōng　Sānxīngduī　Dàzú shíkè
兵马俑、西夏王陵、楼兰古国、布达拉宫、三星堆、大足石刻
děng lìshǐ wénhuà yíchǎn　tóngyàng wéi shìjiè suǒ zhǔmù　chéngwéi Zhōnghuá wénhuà
等历史文化遗产，同样为世界所瞩目，成为中华文化
zhòngyào de xiàngzhēng
重要的象征。

Xībù dìqū yòu shì shǎoshù mínzú jíqí wénhuà de jícuìdì　jīhū bāokuòle wǒguó
西部地区又是少数民族及其文化的集萃地，几乎包括了我国
suǒyǒu de shǎoshù mínzú　Zài yīxiē piānyuǎn de shǎoshù mínzú dìqū　réng bǎoliú
所有的少数民族。在一些偏远的少数民族地区，仍保留//了一些久远时代的艺术品种，成为珍贵的“活化石”，如纳西古乐、戏曲、剪纸、刺绣、岩画等民间艺术和宗教艺术。特色鲜明、丰富多彩，犹如一个巨大的民族民间文化艺术宝库。

我们要充分重视和利用这些得天独厚的资源优势，建立良好的民族民间文化生态环境，为西部大开发作出贡献。

节选自《中考语文课外阅读试题精选》中《西部文化和西部开发》

Zuòpǐn Hào
作品46号

Gāoxìng zhè shì yī zhǒng jùtǐ de bèi kàn de dào mō de zháo de shìwù suǒ huànqǐ de
高兴，这是一种具体的被看得到摸得着的事物所唤起的
qíng·xù Tā shì xīnlǐ de gèng shì shēnglǐ de Tā róng·yì lái yě róng·yì qù shéi
情绪。它是心理的，更是生理的。它容易来也容易去，谁
yě bù yīnggāi duì tā shì'ér bùjiàn shīzhījiāo bì shéi yě bù yīnggāi zǒngshì zuò nàxiē shǐ
也不应该对它视而不见失之交臂，谁也不应该总是做那些使
zìjǐ bù gāoxìng yě shǐ pángrén bù gāoxìng de shì Ràng wǒmen shuō yī jiàn zuì róng·yì
自己不高兴也使旁人不高兴的事。让我们说一件最容易
zuò yě zuì lìng rén gāoxìng de shì ba zūnzhòng nǐ zìjǐ yě zūnzhòng bié·rén zhè shì
做也最令人高兴的事吧，尊重你自己，也尊重别人，这是
měi yī gè rén de quánlì wǒ háiyào shuō zhè shì měi yī gè rén de yìwù
每一个人的权利，我还要说这是每一个人的义务。

Kuàilè tā shì yī zhǒng fùyǒu gàikuòxìng de shēngcún zhuàngtài gōngzuò
快乐，它是一种富有概括性的生存状态、工作
zhuàngtài Tā jīhū shì xiānyàn de tā láizì shēngmìng běnshēn de huólì láizì
状态。它几乎是先验的，它来自生命本身的活力，来自
yǔzhòu dìqiú hé rénjiān de xīyǐn tā shì shìjiè de fēngfù xuànlì kuòdà yōujiǔ
宇宙、地球和人间的吸引，它是世界的丰富、绚丽、阔大、悠久
de tǐxiàn Kuàilè háishì yī zhǒng lì·liàng shì mái zài dìxià de gēnmài Xiāomiè yī
的体现。快乐还是一种力量，是埋在地下的根脉。消灭一
gè rén de kuàilè bǐ wājué diào yī kē dàshù de gēn yào nán de duō
个人的快乐比挖掘掉一棵大树的根要难得多。

Huānxīn zhè shì yī zhǒng qīngchūn de shīyì de qínggǎn Tā láizì miànxiàngzhe
欢欣，这是一种青春的、诗意的情感。它来自面向着
wèilái shēnkāi shuāngbì bēnpǎo de chōnglì tā láizì yī zhǒng qīngsōng ér yòu shénmì
未来伸开双臂奔跑的冲力，它来自一种轻松而又神秘、
ménglóng ér yòu yǐnmì de jīdòng tā shì jīqíng jíjiāng dàolái de yùzhào tā yòu shì
朦胧而又隐秘的激动，它是激情即将到来的预兆，它又是
dàyǔ guòhòu de bǐ xiàyǔ háiyào měimiào de duō yě jiǔyuǎn de duō de huíwèi
大雨过后的比下雨还要美妙得多也久远得多的回味……

Xǐyuè tā shì yī zhǒng dàiyǒu xíng ér shàng sècǎi de xiūyǎng hé jìngjiè Yǔqí
喜悦，它是一种带有形而上色彩的修养和境界。与其
shuō tā shì yī zhǒng qíng·xù bùrú shuō tā shì yī zhǒng zhìhuì yī zhǒng chāobá
说它是一种情绪，不如说它是一种智慧、一种超拔、
yī zhǒng bēitiān-mǐnrén de kuānróng hé lǐjiě yī zhǒng bǎojīng-cāngsāng de chōngshí hé
一种悲天悯人的宽容和理解，一种饱经沧桑的充实和

zìxìn yī zhǒng guāngmíng de lǐxìng yī zhǒng jiāndìng

自信，一种光明的理性，一种坚定//的成熟，一种战胜了烦恼和庸俗的清明澄澈。它是一潭清水，它是一抹朝霞，它是无边的平原，它是沉默的地平线。多一点儿、再多一点儿喜悦吧，它是翅膀，也是归巢。它是一杯美酒，也是一朵永远开不败的莲花。

节选自王蒙《喜悦》

Zuòpǐn Hào

作品47号

Zài Wānzǎi Xiānggǎng zuì rènao de dìfang yǒu yī kē róngshù tā shì zuì guì

在湾仔，香港最热闹的地方，有一棵榕树，它是最贵

de yī kē shù bùguāng zài Xiānggǎng zài quánshìjiè dōu shì zuì guì de

的一棵树，不光在香港，在全世界，都是最贵的。

Shù huó de shù yòu bù mài hé yán qí guì Zhǐ yīn tā lǎo tā cū shì

树，活的树，又不卖何言其贵？只因它老，它粗，是

Xiānggǎng bǎinián cāngsāng de huó jiànzhèng Xiānggǎngrén bùrěn kànzhe tā bèi kǎnfá

香港百年沧桑的活见证，香港人不忍看着它被砍伐，

huòzhě bèi yízǒu biàn gēn yào zhànyòng zhè piàn shānpō de jiànzhùzhě tán tiáojiàn Kěyǐ

或者被移走，便跟要占用这片山坡的建筑者谈条件：可以

zài zhèr jiàn dàlóu gài shāngshà dàn yī bùzhǔn kǎn shù èr bùzhǔn nuó shù bìxū

在这儿建大楼盖商厦，但一不准砍树，二不准挪树，必须

bǎ tā yuándì jīngxīn yǎng qǐ·lái chéngwéi Xiānggǎng nàoshì zhōng de yī jǐng Tàigǔ

把它原地精心养起来，成为香港闹市中的一景。太古

Dàshà de jiànshèzhě zuìhòu qiānle hétong zhànyòng zhège dà shānpō jiàn háohuá shāngshà

大厦的建设者最后签了合同，占用这个大山坡建豪华商厦

de xiānjué tiáojiàn shì tóngyì bǎohù zhè kē lǎoshù

的先决条件是同意保护这棵老树。

Shù zhǎng zài bànshānpō·shàng jìhuà jiāng shù xià·miàn de chéngqiān-shàngwàn dūn

树长在半山坡上，计划将树下面的成千上万吨

shānshí quánbù tāokōng qǔzǒu téngchū dìfang·lái gài lóu bǎ shù jià zài dàlóu

山石全部掏空取走，腾出地方来盖楼，把树架在大楼

shàng·miàn fǎngfú tā yuánběn shì zhǎng zài lóudǐng·shàng shìde Jiànshèzhě jiùdì zàole

上面，仿佛它原本是长在楼顶上似的。建设者就地造了

yī gè zhíjìng shíbā mǐ shēn shí mǐ de dà huāpén xiān gùdìng hǎo zhè kē lǎoshù zài

一个直径十八米、深十米的大花盆，先固定好这棵老树，再

zài dà huāpén dǐ·xià gài lóu Guāng zhè yī xiàng jiù huāle liǎngqiān sānbǎi bāshíjiǔ wàn

在大花盆底下盖楼。光这一项就花了两千三百八十九万

gǎng bì kānchēng shì zuì ánggui de bǎohù cuòshī le
港币，堪称是最昂贵的保护措施了。

Tàigǔ Dàshà luòchéng zhīhòu rénmen kěyǐ chéng gǔndòng fútī yī cì dàowèi
太古大厦落成之后，人们可以乘滚动扶梯一次到位，
lái dào Tàigǔ Dàshà de dǐngcéng chū hòumén nàr shì yī piàn zìrán jǐngsè Yī kē
来到太古大厦的顶层，出后门，那儿是一片自然景色。一棵
dàshù chūxiàn zài rénmen miànqián shùgàn yǒu yī mǐ bàn cū shùguān zhíjìng zú yǒu
大树出现在人们面前，树干有一米半粗，树冠直径足有
èrshí duō mǐ dúmù-chénglín fēicháng zhuàngguān xíngchéng yī zuò yǐ tā wéi
二十多米，独木成林，非常壮观，形成一座以它为
zhōngxīn de xiǎo gōngyuán qǔ míng jiào Róngpǔ Shù qián•miàn
中心的小公园，取名叫“榕圃”。树前面//插着铜牌，说明原由。此情此景，如不看铜牌的说明，绝对想不到巨树根底下还有一座宏伟的现代大楼。

节选自舒乙《香港：最贵的一棵树》

Zuòpǐn Hào
作品48号

Wǒmen de chuán jiànjiàn de bījìn róngshù le Wǒ yǒu jī•huì kànqīng tā de zhēn
我们的船渐渐地逼近榕树了。我有机会看清它的真
miànmù Shì yī kē dàshù yǒu shǔ•bùqīng de yāzhī zhī•shàng yòu shēng gēn yǒu
面目：是一棵大树，有数不清的丫枝，枝上又生根，有
xǔduō gēn yīzhí chuídào dì•shàng shēnjìn nítǔ•lǐ Yī bùfen shùzhī chuídào shuǐmiàn
许多根一直垂到地上，伸进泥土里。一部分树枝垂到水面，
cóng yuǎnchù kàn jiùxiàng yīkē dàshù xié tǎng zài shuǐmiàn•shàng yīyàng
从远处看，就像一棵大树斜躺在水面上一样。

Xiànzài zhèngshì zhīfán-yèmào de shíjié Zhè kē róngshù hǎoxiàng zài bǎ tā de
现在正是枝繁叶茂的时节。这棵榕树好像在把它的
quánbù shēngmìnglì zhǎnshì gěi wǒmen kàn Nàme duō de lǜyè yī cù duī zài lìng yī
全部生命力展示给我们看。那么多的绿叶，一簇堆在另一
cù de shàng•miàn bù liú yīdiǎnr fèngxì Cuìlǜ de yánsè míngliàng de zài wǒmen de
簇的上面，不留一点儿缝隙。翠绿的颜色明亮地在我们的
yǎnqián shǎnyào sìhū měi yī piàn shùyè•shàng dōu yǒu yī gè xīn de shēngmìng zài
眼前闪耀，似乎每一片树叶上都有一个新的生命在
chàndòng zhè měilì de nánguó de shù
颤动，这美丽的南国的树！

Chuán zài shù·xià bóle piànkè àn·shàng hěn shī wǒmen méi·yǒu shàng·qù
船在树下泊了片刻，岸上很湿，我们没有上去。

Péngyou shuō zhè· lǐ shì niǎo de tiāntáng yǒu xǔduō niǎo zài zhè kē shù·shàng zuò
朋友说这里是“鸟的天堂”，有许多鸟在这棵树上做

wō nóngmín bùxǔ rén qù zhuō tāmen Wǒ fǎngfú tīng·jiàn jǐ zhī niǎo pū chì de
窝，农民不许人去捉它们。我仿佛听见几只鸟扑翅的

shēngyīn dànshì děngdào wǒ de yǎnjing zhùyì de kàn nà· lǐ shí wǒ què kàn·bùjiàn yī
声音，但是等到我的眼睛注意地看那里时，我却看不见一

zhī niǎo de yǐngzi Zhǐyǒu wúshù de shùgēn lì zài dì·shàng xiàng xǔduō gēn
只鸟的影子，只有无数的树根立在地上，像许多根

mùzhuāng Dì shì shī de dàgài zhǎngcháo shí héshuǐ chángcháng chōng·shàng àn·qù
木桩。地是湿的，大概涨潮时河水常常冲上岸去。

Niǎo de tiāntáng ·lǐ méi·yǒu yī zhī niǎo wǒ zhèyàng xiǎngdào Chuán kāi le
“鸟的天堂”里没有一只鸟，我这样想道。船开了，

yī gè péngyou bōzhe chuán huǎnhuǎn de liúdào hé zhōngjiān qù
一个朋友拨着船，缓缓地流到河中间去。

Dì-èr tiān wǒmen huázhe chuán dào yī gè péngyou de jiāxiāng qù jiùshì nàge
第二天，我们划着船到一个朋友的家乡去，就是那个

yǒu shān yǒu tǎ de dìfang Cóng xuéxiào chūfā wǒmen yòu jīngguò nà niǎo de
有山有塔的地方。从学校出发，我们又经过那“鸟的

tiāntáng
天堂”。

Zhè yī cì shì zài zǎo·chén yángguāng zhào zài shuǐmiàn·shàng yě zhào zài
这一次是在早晨，阳光照在水面上，也照在

shùshāo·shàng Yīqiè dōu
树梢上。一切都//显得非常光明。我们的船也在树下泊了片刻。

起初四周围非常清静。后来忽然起了一声鸟叫。我们把手一拍，便看见一只大鸟飞了起来，接着又看见第二只，第三只。我们继续拍掌，很快地这个树林就变得很热闹了。到处都是鸟声，到处都是鸟影。大的，小的，花的，黑的，有的站在枝上叫，有的飞起来，在扑翅膀。

节选自巴金《鸟的天堂》

Zuòpǐn Hào
作品49号

Yǒu zhèyàng yī gè gùshi
有这样一个故事。

Yǒu rén wèn Shìjiè•shàng shénme dōngxi de qìlì zuì dà Huídá fēnyún de hěn
有人问：世界上什么东西的气力最大？回答纷纭得很，
yǒude shuō xiàng yǒude shuō shī yǒu rén kāi wánxiào shìde shuō Shì
有的说“象”，有的说“狮”，有人开玩笑似的说：是
Jīngāng Jīngāng yǒu duō•shǎo qìlì dāngrán dà jiā quán bù zhī•dào
“金刚”，金刚有多少气力，当然大家全不知道。

Jiéguǒ zhè yīqiè dá'àn wánquán bù duì shìjiè•shàng qìlì zuì dà de shì
结果，这一切答案完全不对，世界上气力最大的，是
zhíwù de zhǒngzi Yī lì zhǒngzi suǒ kěyǐ xiǎnxiàn chū•lái de lì jiǎnzhí shì chāoyuè
植物的种子。一粒种子所可以显现出来的力，简直是超越
yīqiē
一切。

Rén de tóugàigǔ jiéhé de fēicháng zhìmì yǔ jiāngù shēnglǐxuéjiā hé
人的头盖骨，结合得非常致密与坚固，生理学家和
jiěpōuxuézhě yòngjìn le yīqiè de fāngfǎ yào bǎ tā wánzhěng de fēn chū•lái dōu
解剖学者用尽了一切的方法，要把它完整地分出来，都
méi•yǒu zhè zhǒng lìqi Hòulái hūrán yǒu rén fāmíngle yī gè fāngfǎ jiùshì bǎ yī xiē
没有这种力气。后来忽然有人发明了一个方法，就是把一些
zhíwù de zhǒngzi fàng zài yào pōuxī de tóugàigǔ•lǐ gěi tā yǐ wēndù yǔ shīdù shǐ
植物的种子放在要剖析的头盖骨里，给它以温度与湿度，使
tā fāyá Yī fāyá zhèxiē zhǒngzi biàn yǐ kěpà de lì•liàng jiāng yīqiè jīxiè lì suǒ
它发芽。一发芽，这些种子便以可怕的力量，将一切机械力所
bùnéng fēnkāi de gǔgé wánzhěng de fēnkāi le Zhíwù zhǒngzi de lì•liàng zhī dà
不能分开的骨骼，完整地分开了。植物种子的力量之大，
rúcǐ rúcǐ
如此如此。

Zhè yěxǔ tèshū le yīdiǎnr chángrén bù róng•yì lǐjiě Nàme nǐ
这，也许特殊了一点儿，常人不容易理解。那么，你
kàn•jiàn guo sǔn de chéngzhǎng ma Nǐ kàn•jiàn guo bèi yā zài wǎlì hé shíkuài xià•miàn de
看见过笋的成长吗？你看见过被压在瓦砾和石块下面的
yī kē xiǎocǎo de shēngzhǎng ma Tā wèizhe xiàngwǎng yángguāng wèizhe dáchéng tā
一颗小草的生长吗？它为着向往阳光，为着达成它
de shēng zhī yìzhì bùguǎn shàng•miàn de shíkuài rúhé zhòng shí yǔ shí zhījiān rúhé
的生之意志，不管上面的石块如何重，石与石之间如何
xiá tā bìdìng yào qūqū-zhézhé de dànshì wánqiáng-bùqū de tòudào dìmiàn
狭，它必定要曲曲折折地，但是顽强不屈地透到地面

shàng• lái　Tā de gēn wǎng tǔrǎng zuān　tā de yá wǎng dìmiàn tǐng　zhè shì yī zhǒng
上　来。它的根　往　土壤　钻　，它的芽　往　地面　挺　，这是一　种
bùkě kàngjù de lì　zǔzhǐ tā de shíkuài　jiéguǒ yě bèi tā xiānfān　yī lì zhǒngzi
不可　抗拒的力，阻止它的石块　，结果也被它掀翻，一粒　种子
de lì •liàng zhī dà　rú
的力　量　之大，如 // 此如此。

没有一个人将小草叫做“大力士”，但是它的力量之大，的确是世界无比。这种力是一般人看不见的生命力。只要生命存在，这种力就要显现。上面的石块，丝毫不足以阻挡。因为它是一种“长期抗战”的力；有弹性，能屈能伸的力；有韧性，不达目的不止的力。

节选自夏衍《野草》

Zuòpǐn　Hào
作品 50 号

Yàn zi qù le　yǒu zài lái de shí hou　yáng liǔ kū le　yǒu zài qīng de shí hou
燕子去了，有再来的时候；杨柳枯了，有再青的时候；
táo huā xiè le　yǒu zài kāi de shí hou　Dàn shì　cōng míng de　nǐ gào su wǒ　wǒ
桃花谢了，有再开的时候。但是，聪明的，你告诉我，我
men de rì zi wèi shén me yī qù bù fù fǎn ne　shì yǒu rén tōu le tā men ba
们的日子为什么一去不复返呢？——是有人偷了他们罢：
nà shì shéi　yòu cáng zài hé chù ne　Shì tā men zì jǐ táo zǒu le ba　xiàn zài yòu
那是谁？又藏在何处呢？是他们自己逃走了罢：现在又
dào le nǎ lǐ ne
到了哪里呢？

Qù de jǐn guǎn qù le　lái de jǐn guǎn lái zhe　qù lái de zhōng jiān　yòu zěn
去的尽管去了，来的尽管来着；去来的中间，又怎
yàng de cōng cōng ne　Zǎo shang wǒ qǐ lái de shí hou　xiǎo wū • lǐ shè jìn liǎng sān
样地匆匆呢？早上我起来的时候，小屋里射进两三
fāng xié xié de tài yáng　Tài yáng tā yǒu jiǎo a　qīng qīng qiāo qiāo de nuó yí le　wǒ
方斜斜的太阳。太阳他有脚啊，轻轻悄悄地挪移了；我
yě máng máng rán gēn zhe xuán zhuǎn　Yú shì　xǐ shǒu de shí hou　rì zi cóng
也茫茫然跟着旋转。于是——洗手的时候，日子从
shuǐ pén • lǐ guò qù　chī fàn de shí hou　rì zi cóng fàn wǎn • lǐ guò qù　mò mò
水盆里过去；吃饭的时候，日子从饭碗里过去；默默
shí　biàn cóng níng rán de shuāng yǎn qián guò qù　Wǒ jué chá tā qù de cōng cōng le
时，便从凝然的双眼前过去。我觉察他去的匆匆了，
shēn chū shǒu zhē wǎn shí　tā yòu cóng zhē wǎn zhe de shǒu biān guò qù　tiān hēi shí
伸出手遮挽时，他又从遮挽着的手边过去；天黑时，

wǒ tǎng zài chuáng · shàng tā biàn líng líng lì lì de cóng wǒ shēn shang kuà guò cóng
我躺在床上，他便伶伶俐俐地从我身上跨过，从
wǒ jiǎo biān fēi qù le Děng wǒ zhēng kāi yǎn hé tài yáng zài jiàn zhè suàn yòu liū zǒu
我脚边飞去了。等我睁开眼和太阳再见，这算又溜走
le yī rì Wǒ yǎn zhe miàn tàn xī Dàn shì xīn lái de rì zi de yǐngr yòu kāi shǐ zài
了一日。我掩着面叹息。但是新来的日子的影儿又开始在
tàn xī · lǐ shǎn guò le
叹息里闪过了。

Zài táo qù rú fēi de rì zi · lǐ zài qiān mén wàn hù de shì jiè · lǐ de wǒ néng zuò
在逃去如飞的日子里，在千门万户的世界里的我能做
xiē shén me ne Zhǐ yǒu pái huái bà le zhǐ yǒu cōng cōng bà le zài bā qiān duō rì
些什么呢？只有徘徊罢了，只有匆匆罢了；在八千多日
de cōng cōng · lǐ chú pái huái wài yòu shèng xiē shén me ne Guò qù de rì zi rú
的匆匆里，除徘徊外，又剩些什么呢？过去的日子如
qīng yān bèi wēi fēng chuī sàn le rú báo wù bèi chū yáng zhēng róng le wǒ liú
轻烟，被微风吹散了，如薄雾，被初阳蒸融了；我留
zhe xiē shén me hén jì ne wǒ hé céng liú zhe xiàng yóu sī yàng de hén jì ne wǒ chì
着些什么痕迹呢？我何曾留着像游丝样的痕迹呢？我赤
luǒ luǒ lái
裸裸来//到这世界，转眼间也将赤裸裸的回去罢？但不能平的，为什么偏白白走这一遭啊？

你聪明的，告诉我，我们的日子为什么一去不复返呢？

（节选自朱自清《匆匆》）

Zuòpǐn Hào
作品51号

Yǒu gè tā bízi de xiǎonánháir yīn·wèi liǎng suì shí déguo nǎoyán zhìlì shòu
有个塌鼻子的小男孩儿，因为两岁时得过脑炎，智力受
sǔn xuéxí qǐ · lái hěn chīlì Dǎ gè bǐfang bié·rén xiě zuòwén néng xiě èr-sānbǎi
损，学习起来很吃力。打个比方，别人写作文能写二三百
zì tā què zhǐnéng xiě sān-wǔ háng Dàn jíbiàn zhèyàng de zuòwén tā tóngyàng
字，他却只能写三五行。但即便这样的作文，他同样
néng xiě de hěn dòngrén
能写得很动人。

Nà shì yī cì zuòwénkè tímù shì Yuànwàng Tā jíqí rènzhēn de xiǎngle
那是一次作文课，题目是《愿望》。他极其认真地想了
bàntiān ránhòu jí rènzhēn de xiě nà zuòwén jí duǎn Zhǐyǒu sān jù huà Wǒ yǒu
半天，然后极认真地写，那作文极短。只有三句话：我有

liǎng gè yuànwàng dì-yī gè shì māma tiāntiān xiàomīmī de kànzhe wǒ shuō Nǐ
两个愿望，第一个是，妈妈天天笑眯眯地看着我说：“你

zhēn cōng•míng dì-èr gè shì lǎoshī tiāntiān xiàomīmī de kànzhe wǒ shuō Nǐ
真聪明，”第二个是，老师天天笑眯眯地看着我说：“你

yīdiǎnr yě bù bèn
一点儿也不笨。”

Yúshì jiùshì zhè piān zuòwén shēnshēn de dǎdòngle tā de lǎoshī nà wèi
于是，就是这篇作文，深深地打动了他的老师，那位

māma shì de lǎoshī bùjǐn gěile tā zuì gāo fēn zài bān•shàng dài gǎnqíng de lǎngdúle zhè
妈妈式的老师不仅给了他最高分，在班上带感情地朗读了这

piān zuòwén hái yībǐ-yīhuà de pīdào Nǐ hěn cōng•míng nǐ de zuòwén xiě de
篇作文，还一笔一画地批道：你很聪明，你的作文写得

fēicháng gǎnrén qǐng fàngxīn māma kěndìng huì géwài xǐhuan nǐ de lǎoshī kěndìng
非常感人，请放心，妈妈肯定会格外喜欢你的，老师肯定

huì géwài xǐhuan nǐ de dàjiā kěndìng huì géwài xǐhuan nǐ de
会格外喜欢你的，大家肯定会格外喜欢你的。

Pěngzhe zuòwénběn tā xiào le bèngbèng-tiàotiào de huíjiā le xiàng zhī
捧着作文本，他笑了，蹦蹦跳跳地回家了，像只

xǐ•què Dàn tā bìng méi•yǒu bǎ zuòwénběn nágěi māma kàn tā shì zài děngdài
喜鹊。但他并没有把作文本拿给妈妈看，他是在等待，

děngdàizhe yī gè měihǎo de shíkè
等待着一个美好的时刻。

Nàge shíkè zhōngyú dào le shì māma de shēng•rì yī gè yángguāng cànlàn
那个时刻终于到了，是妈妈的生日——一个阳光灿烂

de xīngqītiān Nà tiān tā qǐ de tèbié zǎo bǎ zuòwénběn zhuāng zài yī gè qīnshǒu
的星期天：那天，他起得特别早，把作文本装在一个亲手

zuò de měilì de dà xìnfēng•lǐ děngzhe māma xǐng•lái Māma gānggāng zhēng yǎn
做的美丽的大信封里，等着妈妈醒来。妈妈刚刚睁眼

xǐng•lái tā jiù xiàomīmī de zǒudào māma gēn•qián shuō Māma jīntiān shì nín de
醒来，他就笑眯眯地走到妈妈跟前说：“妈妈，今天是您的

shēng•rì wǒ yào
生日，我要//送给您一件礼物。”

果然，看着这篇作文，妈妈甜甜地涌出了两行热泪，一把搂住小男孩儿，搂得很紧很紧。

是的，智力可以受损，但爱永远不会。

节选自张玉庭《一个美丽的故事》

Zuòpǐn Hào

作品52号

Xiǎoxué de shíhou yǒu yī cì wǒmen qù hǎibiān yuǎnzú māma méi•yǒu zuò
小学的时候，有一次我们去海边远足，妈妈没有做
biànfàn gěile wǒ shí kuài qián mǎi wǔcān Hǎoxiàng zǒule hěn jiǔ hěn jiǔ zhōngyú
便饭，给了我十块钱买午餐。好像走了很久，很久，终于
dào hǎibiān le dà jiā zuò xià•lái biàn chīfàn huāngliáng de hǎibiān méi•yǒu shāngdiàn
到海边了，大家坐下来便吃饭，荒凉的海边没有商店，
wǒ yī gè rén pǎodào fángfēnglín wài•miàn qù jírèn lǎoshī yào dà jiā bǎ chīshèng de fàncài
我一个人跑到防风林外面去，级任老师要大家把吃剩的饭菜
fēngěi wǒ yī diǎnr Yǒu liǎng-sān gè nánshēng liú•xià yī diǎnr gěi wǒ háiyǒu yī gè
分给我一点儿。有两三个男生留下一点儿给我，还有一个
nǚshēng tā de mǐfàn bànle jiàngyóu hěn xiāng Wǒ chīwán de shíhou tā
女生，她的米饭拌了酱油，很香。我吃完的时候，她
xiào mī mī de kànzhe wǒ duǎn tóufa liǎn yuányuán de
笑眯眯地看着我，短头发，脸圆圆的。

Tā de míngzi jiào Wēng Xiāngyù
她的名字叫翁香玉。

Měi tiān fàngxué de shíhou tā zǒu de shì jīngguò wǒmen jiā de yī tiáo xiǎolù
每天放学的时候，她走的是经过我们家的一条小路，
dàizhe yī wèi bǐ tā xiǎo de nánháir kěnéng shì dìdi Xiǎolù biān shì yī tiáo qīngchè
带着一位比她小的男孩儿，可能是弟弟。小路边是一条清澈
jiàn dǐ de xiǎoxī liǎngpáng zhúyīn fùgài wǒ zǒngshì yuǎnyuǎn de gēn zài tā hòu•miàn
见底的小溪，两旁竹阴覆盖，我总是远远地跟在她后面，
xià rì de wǔhòu tèbié yánrè zǒudào bànlù tā huì tíng xià•lái ná shǒupà zài xī shuǐ• lǐ
夏日的午后特别炎热，走到半路她会停下来，拿手帕在溪水里
jìnshī wèi xiǎonánháir cā liǎn Wǒ yě zài hòu•miàn tíng xià•lái bǎ āngzāng de
浸湿，为小男孩儿擦脸。我也在后面停下来，把肮脏的
shǒupà nòngshīle cā liǎn zài yīlù yuǎnyuǎn gēnzhe tā huíjiā
手帕弄湿了擦脸，再一路远远跟着她回家。

Hòulái wǒmen jiā bāndào zhèn•shàng qù le guò jǐ nián wǒ yě shàngle zhōngxué
后来我们家搬到镇上去了，过几年我也上了中学。
Yǒu yī tiān fàngxué huíjiā zài huǒchē•shàng kàn•jiàn xiéduìmiàn yī wèi duǎn tóufa
有一天放学回家，在火车上，看见斜对面一位短头发、
yuányuán liǎn de nǚháir yī shēn sùjing de bái yī hēi qún Wǒ xiǎng tā yīdìng bù
圆圆脸的女孩儿，一身素净的白衣黑裙。我想她一定不

rènshi wǒ le Huǒchē hěn kuài dào zhàn le wǒ suízhe rénqún jǐ xiàng ménkǒu tā yě
认识我了。火车很快到站了，我随着人群挤向门口，她也

zǒujìn le jiào wǒ de míngzi Zhè shì tā dì-yī cì hé wǒ shuōhuà
走近了，叫我的名字。这是她第一次和我说话。

Tā xiàomīmī de hé wǒ yīqǐ zǒuguò yuètái Yǐhòu jiù méi·yǒu zài jiànguo
她笑眯眯的，和我一起走过月台。以后就没有再见过//
她了。

这篇文章收在我出版的《少年心事》这本书里。

书出版后半年，有一天我忽然收到出版社转来的一封信，信封上是陌生的字迹，但清楚地写着我的本名。

信里面说她看到了这篇文章心里非常激动，没想到在离开家乡，漂泊异地这么久之后，会看见自己仍然在一个人的记忆里，她自己也深深记得这其中的每一幕，只是没想到越过遥远的时空，竟然另一个人也深深记得。

节选自苦伶《永远的记忆》

Zuòpǐn Hào
作品53号

Zài fánhuá de Bālí dàjiē de lùpáng zhànzhe yī gè yīshān lánlǚ tóufa
在繁华的巴黎大街的路旁，站着一个衣衫褴褛、头发

bānbái shuāngmù shīmíng de lǎorén Tā bù xiàng qítā qǐgài nàyàng shēnshǒu xiàng
斑白、双目失明的老人。他不像其他乞丐那样伸手向

guòlù xíngrén qǐtǎo ér shì zài shēnpáng lì yī kuài mùpái shàng·miàn xiězhe Wǒ
过路行人乞讨，而是在身旁立一块木牌，上面写着：“我

shénme yě kàn·bùjiàn Jiē·shàng guòwǎng de xíngrén hěn duō kànle mùpái·shàng de
什么也看不见！”街上过往的行人很多，看了木牌上的

zì dōu wúdòngyúzhōng yǒude hái dàndàn yī xiào biàn shānshān ér qù le
字都无动于衷，有的还淡淡一笑，便姗姗而去了。

Zhè tiān zhōngwǔ Fǎguó zhùmíng shīrén Ràng Bǐhàolè yě jīngguò zhè·lǐ Tā
这天中午，法国著名诗人让·彼浩勒也经过这里。他

kànkan mùpái·shàng de zì wèn máng lǎorén Lǎo·rén·jiā jīntiān shàngwǔ yǒu rén
看看木牌上的字，问盲老人：“老人家，今天上午有人

gěi nǐ qián ma
给你钱吗？”

Máng lǎorén tànxīzhe huídá Wǒ wǒ shénme yě méi·yǒu dédào Shuōzhe
盲老人叹息着回答：“我，我什么也没有得到。”说着，

liǎn·shàng de shénqíng fēicháng bēishāng
脸上的神情非常悲伤。

Ràng Bǐhàolè tīng le ná qǐ bǐ qiāoqiāo de zài nà háng zì de qián•miàn
让·彼浩勒听了，拿起笔悄悄地在那行字的前面
tiān•shàngle chūntiān dào le kěshì jǐ gè zì jiù cōngcōng de líkāi le
添上了“春天到了，可是”几个字，就匆匆地离开了。

Wǎnshang Ràng Bǐhàolè yòu jīngguò zhè•lǐ wèn nàge máng lǎorén xiàwǔ
晚上，让·彼浩勒又经过这里，问那个盲老人下午
de qíngkuàng Máng lǎorén xiàozhe huídá shuō Xiānsheng bù zhī wèishénme
的情况。盲老人笑着回答说：“先生，不知为什么，
xiàwǔ gěi wǒ qián de rén duō jí le Ràng Bǐhàolè tīng le mōzhe húzi mǎnyì
下午给我钱的人多极了！”让·彼浩勒听了，摸着胡子满意
de xiào le
地笑了。

Chūntiān dào le kěshì wǒ shénme yě kàn•bùjiàn Zhè fùyǒu shīyì de
“春天到了，可是我什么也看不见！”这富有诗意的
yǔyán chǎnshēng zhème dà de zuòyòng jiù zàiyú tā yǒu fēicháng nónghòu de gǎnqíng
语言，产生这么大的作用，就在于它有非常浓厚的感情
sècǎi Shìde chūntiān shì měihǎo de nà lántiān báiyún nà lǜshù hónghuā nà
色彩。是的，春天是美好的，那蓝天白云，那绿树红花，那
yīnggē-yànwǔ nà liúshuǐ rénjiā zěnme bù jiào rén táozuì ne Dàn zhè liángchén
莺歌燕舞，那流水人家，怎么不叫人陶醉呢？但这良辰
měijǐng duìyú yī gè shuāngmù shīmíng de rén lái shuō zhǐshì yī piàn qīhēi Dāng
美景，对于一个双目失明的人来说，只是一片漆黑。当
rénmen xiǎngdào zhège máng lǎorén yī shēng zhōng jìng lián wànzǐ-qiānhóng de chūntiān
人们想到这个盲老人，一生中竟连万紫千红的春天//
都不曾看到，怎能不对他产生同情之心呢？

节选自小学《语文》第六册中《语言的魅力》

Zuòpǐn Hào
作品54号

Yǒu yī cì Sū Dōngpō de péngyou Zhāng È názhe yī zhāng xuānzhǐ lái qiú tā xiě
有一次，苏东坡的朋友张鹗拿着一张宣纸来求他写
yī fú zì érqiě xīwàng tā xiě yīdiǎnr guānyú yǎngshēng fāngmiàn de nèiróng Sū
一幅字，而且希望他写一点儿关于养生方面的内容。苏
Dōngpō sīsuǒle yīhuìr diǎndiǎn tóu shuō Wǒ dédàole yī gè yǎngshēng chángshòu
东坡思索了一会儿，点点头说：“我得到了一个养生长寿
gǔfāng yào zhǐyǒu sì wèi jīntiān jiù zènggěi nǐ ba Yúshì Dōngpō de lángháo
古方，药只有四味，今天就赠给你吧。”于是，东坡的狼毫

zài zhǐ•shàng huīsǎ qǐ•lái shàng•miàn xiězhe Yī yuē wú shì yǐ dàng guì èr yuē
在纸上挥洒起来，上面写着：“一曰无事以当贵，二曰
zǎo qǐn yǐ dàng fù sān yuē ān bù yǐ dàng chē sì yuē wǎn shí yǐ dàng ròu
早寝以当富，三曰安步以当车，四曰晚食以当肉。”

Zhè nǎ•lǐ yǒu yào Zhāng È yīliǎn mángrán de wèn Sū Dōngpō xiàozhe jiěshì
这哪里有药？张鹗一脸茫然地问。苏东坡笑着解释
shuō yǎngshēng chángshòu de yàojué quán zài zhè sì jù lǐ•miàn
说，养生长寿的要诀，全在这四句里面。

Suǒwèi wú shì yǐ dàng guì shì zhǐ rén bùyào bǎ gōngmínglìlù róngrǔ guòshī
所谓“无事以当贵”，是指人不要把功名利禄、荣辱过失
kǎolǜ de tài duō rú néng zài qíngzhì•shàng xiāosǎ dàdù suíyù'ér'ān wú shì yǐ
考虑得太多，如能在情志上潇洒大度，随遇而安，无事以
qiú zhè bǐ fùguì gèng néng shǐ rén zhōng qí tiānnián
求，这比富贵更能使人终其天年。

Zǎo qǐn yǐ dàng fù zhǐ chīhǎo chuānhǎo cáihuò chōngzú bìngfēi jiù néng
“早寝以当富”，指吃好穿好、财货充足，并非就能
shǐ nǐ chángshòu Duì lǎoniánrén lái shuō yǎngchéng liánghǎo de qǐjū xíguàn yóuqí
使你长寿。对老年人来说，养成良好的起居习惯，尤其
shì zǎo shuì zǎo qǐ bǐ huòdé rènhé cáifù gèngjiā bǎoguì
是早睡早起，比获得任何财富更加宝贵。

Ān bù yǐ dàng chē zhǐ rén bùyào guòyú jiǎngqiú ānyì zhītǐ bù láo ér
“安步以当车”，指人不要过于讲求安逸、肢体不劳，而
yīng duō yǐ bùxíng lái tìdài qímǎ chéngchē duō yùndòng cái kěyǐ qiángjiàn tǐpò
应多以步行来替代骑马乘车，多运动才可以强健体魄，
tōngchàng qìxuè
通畅气血。

Wǎn shí yǐ dàng ròu yìsi shì rén yīnggāi yòng yǐ jī fāng shí wèi bǎo xiān
“晚食以当肉”，意思是人应该用已饥方食、未饱先
zhǐ dàitì duì měiwèi jiāyáo de tānchī wú yàn Tā jìnyībù jiěshì è le yǐhòu cái
止代替对美味佳肴的贪吃无厌。他进一步解释，饿了以后才
jìn shí suīrán shì cūchá-dànfàn dàn qí xiāngtián kěkǒu huì shèngguò shānzhēn rúguǒ
进食，虽然是粗茶淡饭，但其香甜可口会胜过山珍；如果
bǎole háiyào miǎnqiǎng chī jíshǐ měiwèi jiāyáo bǎi zài yǎnqián yě nányǐ
饱了还要勉强吃，即使美味佳肴摆在眼前也难以//下咽。

苏东坡的四味“长寿药”，实际上是强调了情志、睡眠、运动、饮食四个方面对养生长寿的重要性，这种养生观点即使在今天仍然值得借鉴。

节选自蒲昭和《赠你四味长寿药》

Zuòpǐn Hào
作品55号

Rén huózhe zuì yàojǐn de shì xúnmì dào nà piàn dàibiǎo zhe shēngmìng lǜsè hé
人活着，最要紧的是寻觅到那片代表着生命绿色和
rénlèi xīwàng de cónglín ránhòu xuǎn yī gāogāo de zhītóu zhàn zài nà• lǐ guānlǎn
人类希望的丛林，然后选一高高的枝头站在那里观览
rénshēng xiāohuà tòngkǔ yùnyù gēshēng yúyuè shìjiè
人生，消化痛苦，孕育歌声，愉悦世界！

Zhè kě zhēn shì yī zhǒng xiāosǎ de rénshēng tài•dù zhè kě zhēn shì yī zhǒng
这可真是一种潇洒的人生态度，这可真是一种
xīnjìng shuǎnglǎng de qínggǎn fēngmào
心境爽朗的情感风貌。

Zhàn zài lìshǐ de zhītóu wēixiào kěyǐ jiǎnmiǎn xǔduō fánnǎo Zài nà• lǐ nǐ
站在历史的枝头微笑，可以减免许多烦恼。在那里，你
kěyǐ cóng zhòngshēngxiàng suǒ bāohán de tián-suān-kǔ-là bǎiwèi rénshēng zhōng xúnzhǎo
可以从众生相所包含的甜酸苦辣、百味人生中寻找
nǐ zìjǐ nǐ jìngyù zhōng de nà diǎnr kǔtòng yěxǔ xiāngbǐ zhīxià zài yě nányǐ
你自己；你境遇中的那点儿苦痛，也许相比之下，再也难以
zhànjù yī xí zhī dì nǐ huì jiào róng• yì de huòdé cóng bùyuè zhōng jiětuō línghún de
占据一席之地；你会较容易地获得从不悦中解脱灵魂的
lì •liàng shǐ zhī bùzhì biàn de huīsè
力量，使之不致变得灰色。

Rén zhàn de gāo xiē bùdàn néng yǒuxìng zǎo xiē lǐnglüè dào xīwàng de shǔguāng
人站得高些，不但能有幸早些领略到希望的曙光，
hái néng yǒuxìng fāxiàn shēngmìng de lìtǐ de shīpiān Měi yī gè rén de rénshēng dōu
还能有幸发现生命的立体的诗篇。每一个人的人生，都
shì zhè shīpiān zhōng de yī gè cí yī gè jùzi huòzhě yī gè biāodiǎn Nǐ kěnéng
是这诗篇中的一个词、一个句子或者一个标点。你可能
méi•yǒu chéngwéi yī gè měilì de cí yī gè yǐnrén-zhùmù de jùzi yī gè jīngtànhào
没有成为一个美丽的词，一个引人注目的句子，一个惊叹号，
dàn nǐ yīrán shì zhè shēngmìng de lìtǐ shīpiān zhōng de yī gè yīnjié yī gè tíngdùn
但你依然是这生命的立体诗篇中的一个音节、一个停顿、
yī gè bìbùkěshǎo de zǔchéng bùfen Zhè zú yǐ shǐ nǐ fàngqì qiánxián méngshēng wèi
一个必不可少的组成部分。这足以使你放弃前嫌，萌生为
rénlèi yùnyù xīn de gēshēng de xìngzhì wèi shìjiè dài• lái gèng duō de shīyì
人类孕育新的歌声的兴致，为世界带来更多的诗意。

Zuì kěpà de rénshēng jiànjiě shì bǎ duōwéi de shēngcún tújǐng kànchéng píngmiàn
最可怕的人生见解，是把多维的生存图景看成平面。
Yīn•wèi nà píngmiàn•shàng kèxià de dàduō shì nínggù le de lìshǐ guòqù de yíjì
因为那平面上刻下的大多是凝固了的历史——过去的遗迹；
dàn huózhe de rénmen huó de què shì chōngmǎnzhe xīnshēng zhìhuì de yóu
但活着的人们，活得却是充满着新生智慧的，由//不断逝去的“现在”组成的未来。人生不能像某些鱼类躺着游，人生也不能像某些兽类爬着走，而应该站着向前行，这才是人类应有的生存姿态。

节选自［美］本杰明·拉什《站在历史的枝头微笑》

Zuòpǐn Hào
作品 56 号

Zhōngguó de dì-yī dàdǎo Táiwān Shěng de zhǔdǎo Táiwān wèiyú Zhōngguó
中国的第一大岛、台湾省的主岛台湾，位于中国
dàlùjià de dōngnánfāng dìchǔ Dōng Hǎi hé Nán Hǎi zhījiān gézhe Táiwān Hǎixiá hé
大陆架的东南方，地处东海和南海之间，隔着台湾海峡和
Dàlù xiāngwàng Tiānqì qínglǎng de shíhou zhàn zài Fújiàn yánhǎi jiào gāo de dìfang
大陆相望。天气晴朗的时候，站在福建沿海较高的地方，
jiù kěyǐ yǐnyǐn-yuēyuē de wàng•jiàn dǎo•shàng de gāoshān hé yúnduǒ
就可以隐隐约约地望见岛上的高山和云朵。

Táiwān Dǎo xíngzhuàng xiácháng cóng dōng dào xī zuì kuān chù zhǐyǒu yībǎi sìshí
台湾岛形状狭长，从东到西，最宽处只有一百四十
duō gōnglǐ yóu nán zhì běi zuì cháng de dìfang yuē yǒu sānbǎi jiǔshí duō gōnglǐ
多公里；由南至北，最长的地方约有三百九十多公里。
Dìxíng xiàng yī gè fǎngzhī yòng de suōzi
地形像一个纺织用的梭子。

Táiwān Dǎo•shàng de shānmài zòngguàn nánběi zhōngjiān de Zhōngyāng Shānmài
台湾岛上的山脉纵贯南北，中间的中央山脉
yóurú quándǎo de jǐliang Xībù wéi hǎibá jìn sìqiān mǐ de Yù Shān shānmài shì
犹如全岛的脊梁。西部为海拔近四千米的玉山山脉，是
Zhōngguó dōngbù de zuì gāo fēng Quándǎo yuē yǒu sān fēn zhī yī de dìfang shì píngdì
中国东部的最高峰。全岛约有三分之一的地方是平地，
qíyú wéi shāndì Dǎonèi yǒu duàndài bān de pùbù lánbǎoshí shìde húpō sìjì
其余为山地。岛内有缎带般的瀑布，蓝宝石似的湖泊，四季
chángqīng de sēnlín hé guǒyuán zìrán jǐngsè shífēn yōuměi Xīnánbù de Ālǐ Shān hé
常青的森林和果园，自然景色十分优美。西南部的阿里山和
Rìyuè Tán Táiběi shìjiāo de Dàtúnshān fēngjǐngqū dōu shì wénmíng shìjiè de yóulǎn
日月潭，台北市郊的大屯山风景区，都是闻名世界的游览

shèngdì
胜 地 。

Táiwān Dǎo dìchǔ rèdài hé wēndài zhījiān sìmiàn huán hǎi yǔshuǐ chōngzú
台湾 岛 地处 热带 和 温带 之间 ，四面 环 海 ，雨水 充 足 ，
qìwēn shòudào hǎiyáng de tiáojì dōng nuǎn xià liáng sìjì rú chūn zhè gěi shuǐdào
气温 受 到 海 洋 的 调剂 ， 冬 暖 夏 凉 ，四季 如 春 ， 这 给 水 稻
hé guǒmù shēngzhǎng tígōngle yōuyuè de tiáojiàn Shuǐdào gānzhe zhāngnǎo shì
和 果木 生 长 提供了 优越 的 条件 。 水 稻 、 甘蔗 、 樟 脑 是
Táiwān de sānbǎo Dǎo•shàng hái shèngchǎn xiānguǒ hé yúxiā
台湾 的 “ 三宝 ”。 岛 上 还 盛 产 鲜果 和 鱼虾 。

Táiwān Dǎo háishì yī gè wénmíng shìjiè de húdié wángguó Dǎo•shàng de
台湾 岛 还是 一 个 闻 名 世界 的 “ 蝴蝶 王 国 ”。 岛 上 的
húdié gòng yǒu sìbǎi duō gè pǐnzhǒng qízhōng yǒu bùshǎo shì shìjiè xīyǒu de zhēnguì
蝴蝶 共 有 四百 多 个 品 种 ， 其 中 有 不 少 是 世界 稀有 的 珍 贵
pǐnzhǒng Dǎo•shàng háiyǒu bùshǎo niǎoyǔ-huāxiāng de hú
品 种 。 岛 上 还有 不少 鸟语 花 香 的 蝴 // 蝶谷，岛上居民利用蝴
蝶制作的标本和艺术品，远销许多国家。

节选自《中国的宝岛——台湾》

Zuòpǐn Hào
作品 57 号

Duìyú Zhōngguó de niú wǒ yǒuzhe yī zhǒng tèbié zūnjìng de gǎnqíng
对于 中 国 的 牛 ， 我 有着 一 种 特别 尊敬 的 感 情 。
Liúgěi wǒ yìnxiàng zuì shēn de yào suàn zài tiánlǒng•shàng de yī cì
留给 我 印 象 最 深 的， 要 算 在 田 垄 上 的 一 次
xiāngyù
“ 相 遇 ”。

Yī qún péngyou jiāoyóu wǒ lǐngtóu zài xiázhǎi de qiānmò•shàng zǒu zěnliào yíngmiàn
一 群 朋 友 郊 游 ， 我 领 头 在 狭 窄 的 阡 陌 上 走 ，怎料 迎 面
lái le jǐ tóu gēngniú xiádào róng•bùxià rén hé niú zhōng yǒu yīfāng yào rànglù Tāmen hái
来了几 头 耕 牛，狭道 容 不下 人 和 牛， 终 有 一方 要 让路。它们 还
méi•yǒu zǒujìn wǒmen yǐ•jīng yùjì dòu•bù•guò chùsheng kǒngpà nánmiǎn cǎidào tiándì
没 有 走近，我们 已 经 预计 斗 不 过 畜 牲 ， 恐 怕 难 免 踩到 田地
níshuǐ•lǐ nòngde xiéwà yòu ní yòushī le Zhèng chíchú de shíhou dàitóu de yī tóu niú zài
泥水 里， 弄 得 鞋袜 又泥 又湿了。 正 踟蹰 的时候，带头 的一头 牛， 在
lí wǒmen bùyuǎn de dìfang tíngxià•lái tái qǐ tóukànkan shāochíyí yīxià jiù zìdòngzǒu•xià
离我们 不 远 的 地方 停下 来，抬起 头 看 看， 稍 迟疑一下，就自 动 走 下

tiánqù Yī duì gēngniú quán gēnzhe tā líkāi qiānmò cóng wǒmen shēnbiān jīngguò
田去。一队耕牛，全跟着它离开阡陌，从我们身边经过。

Wǒmen dōu dāi le huíguo tóu•lái kànzhe shēnhèsè de niúduì zài lù de jìntóu
我们都呆了，回过头来，看着深褐色的牛队，在路的尽头

xiāoshī hūrán jué•dé zìjǐ shòule hěndà de ēnhuì
消失，忽然觉得自己受了很大的恩惠。

Zhōngguó de niú yǒngyuǎn chénmò de wèi rén zuòzhe chénzhòng de gōngzuò
中国的牛，永远沉默地为人做着沉重的工作。

Zài dàdì•shàng zài chénguāng huò liè rì •xià tā tuōzhe chénzhòng de lí dītóu
在大地上，在晨光或烈日下，它拖着沉重的犁，低头

yī bù yòu yī bù tuōchūle shēnhòu yī liè yòu yī liè sōngtǔ hǎo ràng rénmen xià
一步又一步，拖出了身后一列又一列松土，好让人们下

zhǒng Děngdào mǎndì jīnhuáng huò nóngxián shíhou tā kěnéng háiděi dāndāng
种。等到满地金黄或农闲时候，它可能还得担当

bānyùn fùzhòng de gōngzuò huò zhōngrì ràozhe shímò cháo tóng yī fāngxiàng
搬运负重的工作；或终日绕着石磨，朝同一方向，

zǒu bù jìchéng de lù
走不计程的路。

Zài tā chénmò de láodòng zhōng rén biàn dédào yīng dé de shōucheng
在它沉默的劳动中，人便得到应得的收成。

Nà shíhou yě xǔ tā kěyǐ sōng yī jiān zhòngdàn zhàn zài shù•xià chī jǐ
那时候，也许，它可以松一肩重担，站在树下，吃几

kǒu nèn cǎo Ǒu'ěr yáoyao wěiba bǎibai ěrduo gǎnzǒu fēifù shēn•shàng de
口嫩草。偶尔摇摇尾巴，摆摆耳朵，赶走飞附身上的

cāngying yǐ•jīng suàn shì tā zuì xiánshì de shēnghuó le
苍蝇，已经算是它最闲适的生活了。

Zhōngguó de niú méi•yǒu chéngqún bēnpǎo de xí
中国的牛，没有成群奔跑的习//惯，永远沉沉实实的，默默地工作，平心静气。这就是中国的牛！

节选自小思《中国的牛》

Zuòpǐn Hào
作品 58 号

Bùguǎn wǒ de mèngxiǎng néngfǒu chéngwéi shìshí shuō chū•lái zǒngshì hǎowánr de
不管我的梦想能否成为事实，说出来总是好玩儿的：

Chūntiān wǒ jiāng yào zhù zài Hángzhōu Èrshí nián qián jiùlì de èryuè chū
春天，我将要住在杭州。二十年前，旧历的二月初，

zài Xī hú wǒ kàn•jiànle nènliǔ yǔ càihuā bìlàng yǔ cuìzhú Yóu wǒ kàndào de nà diǎnr
在西湖我看见了嫩柳与菜花，碧浪与翠竹。由我看到的那点儿
chūnguāng yǐ•jīng kěyǐ duàndìng Hángzhōu de chūntiān bìdìng huì jiào rén zhěngtiān
春光，已经可以断定，杭州的春天必定会教人整天
shēnghuó zài shī yǔ túhuà zhīzhōng Suǒyǐ chūntiān wǒ de jiā yīngdāng shì zài
生活在诗与图画之中。所以，春天我的家应当是在
Hángzhōu
杭州。

Xiàtiān wǒ xiǎng Qīngchéng Shān yīngdāng suànzuò zuì lǐxiǎng de dìfang Zài
夏天，我想青城山应当算作最理想的地方。在
nà•lǐ wǒ suīrán zhǐ zhùguo shí tiān kěshì tā de yōujìng yǐ shuānzhùle wǒ de xīnlíng
那里，我虽然只住过十天，可是它的幽静已拴住了我的心灵。
Zài wǒ suǒ kàn•jiànguo de shānshuǐ zhōng zhǐyǒu zhè•lǐ méi•yǒu shǐ wǒ shīwàng Dàochù
在我所看见过的山水中，只有这里没有使我失望。到处
dōu shì lǜ mù zhī suǒ jí nà piàn dàn ér guāngrùn de lǜsè dōu zài qīngqīng de
都是绿，目之所及，那片淡而光润的绿色都在轻轻地
chàndòng fǎngfú yào liú rù kōngzhōng yǔ xīnzhōng shìde Zhège lǜsè huì xiàng yīnyuè
颤动，仿佛要流入空中与心中似的。这个绿色会像音乐，
díqīngle xīnzhōng de wàn lǜ
涤清了心中的万虑。

Qiūtiān yīdìng yào zhù Běipíng Tiāntáng shì shénme yàngzi wǒ bù zhī•dào
秋天一定要住北平。天堂是什么样子，我不知道，
dànshì cóng wǒ de shēnghuó jīngyàn qù pànduàn Běipíng zhī qiū biàn shì tiāntáng Lùn
但是从我的生活经验去判断，北平之秋便是天堂。论
tiānqì bù lěng bù rè Lùn chīde píngguǒ lí shìzi zǎor pú•táo měi
天气，不冷不热。论吃的，苹果、梨、柿子、枣儿、葡萄，每
yàng dōu yǒu ruògān zhǒng Lùn huācǎo júhuā zhǒnglèi zhī duō huā shì zhī qí
样都有若干种。论花草，菊花种类之多，花式之奇，
kěyǐ jiǎ tiānxià Xīshān yǒu hóngyè kě jiàn Běihǎi kěyǐ huáchuán suīrán héhuā
可以甲天下。西山有红叶可见，北海可以划船——虽然荷花
yǐ cán héyè kě háiyǒu yī piàn qīngxiāng Yī-shí-zhù-xíng zài Běipíng de qiūtiān
已残，荷叶可还有一片清香。衣食住行，在北平的秋天，
shì méi•yǒu yī xiàng bù shǐ rén mǎnyì de
是没有一项不使人满意的。

Dōngtiān wǒ hái méi•yǒu dǎhǎo zhǔyi Chéngdū huòzhě xiāngdāng de héshì
冬天，我还没有打好主意，成都或者相当得合适，
suīrán bìng bù zěnyàng hénuǎn kěshì wèile shuǐxiān sù xīn làméi gè sè de
虽然并不怎样和暖，可是为了水仙，素心腊梅，各色的

cháhuā fǎngfú jiù shòu yīdiǎnr hán
茶花，仿佛就受一点儿寒//冷，也颇值得去了。昆明的花也多，而且天气比成都好，可是旧书铺与精美而便宜的小吃远不及成都那么多。好吧，就暂这么规定：冬天不住成都便住昆明吧。

在抗战中，我没能发国难财。我想，抗战结束以后，我必能阔起来。那时候，假若飞机减价，一二百元就能买一架的话，我就自备一架，择黄道吉日慢慢地飞行。

节选自老舍《住的梦》

Zuòpǐn Hào
作品59号

Wǒ bùyóude tíngzhùle jiǎobù
我不由得停住了脚步。

Cóngwèi jiànguo kāide zhèyàng shèng de téngluó zhǐ jiàn yī piàn huīhuáng de dàn zǐsè xiàng yī tiáo pùbù cóng kōngzhōng chuíxià bù jiàn qí fāduān yě bù jiàn qí zhōngjí zhǐshì shēnshēn-qiǎnqiǎn de zǐ fǎngfú zài liúdòng zài huānxiào zài bùtíng de shēngzhǎng Zǐsè de dà tiáofú·shàng fànzhe diǎndiǎn yínguāng jiù xiàng bèngjiàn de shuǐhuā Zǐ xì kàn shí cái zhī nà shì měi yī duǒ zǐhuā zhōng de zuì qiǎndàn de bùfen zài hé yángguāng hùxiāng tiǎodòu
从未见过开得这样盛的藤萝，只见一片辉煌的淡紫色，像一条瀑布，从空中垂下，不见其发端，也不见其终极，只是深深浅浅的紫，仿佛在流动，在欢笑，在不停地生长。紫色的大条幅上，泛着点点银光，就像迸溅的水花。仔细看时，才知那是每一朵紫花中的最浅淡的部分，在和阳光互相挑逗。

Zhè·lǐ chúle guāngcǎi háiyǒu dàndàn de fāngxiāng Xiāngqì sìhū yě shì qiǎn zǐsè de mènghuàn yībān qīngqīng de lǒngzhàozhe wǒ Hūrán jìqǐ shí duō nián qián jiā mén wài yě céng yǒuguo yī dà zhū zǐténgluó tā yībàng yī zhū kū huái pá de hěn gāo dàn huāduǒ cónglái dōu xīluò dōng yī suì xī yī chuàn língdīng de guà zài shùshāo hǎoxiàng zài cháyán-guānsè shìtàn shénme Hòulái suǒxìng lián nà xīlíng de huāchuàn yě méi·yǒu le Yuán zhōng biéde zǐténg huājià yě dōu chāidiào gǎizhòngle
这里除了光彩，还有淡淡的芳香。香气似乎也是浅紫色的，梦幻一般轻轻地笼罩着我。忽然记起十多年前，家门外也曾有过一大株紫藤萝，它依傍一株枯槐爬得很高，但花朵从来都稀落，东一穗西一串伶仃地挂在树梢，好像在察颜观色，试探什么。后来索性连那稀零的花串也没有了。园中别的紫藤花架也都拆掉，改种了

guǒshù　Nàshí de shuōfǎ shì　huā hé shēnghuó fǔhuà yǒu shénme bìrán guānxi　Wǒ
果树。那时的说法是，花和生活腐化有什么必然关系。我

céng yíhàn de xiǎng　Zhè• lǐ　zài kàn•bùjiàn téngluóhuā le
曾遗憾地想：这里再看不见藤萝花了。

Guòle zhème duō nián　téngluó yòu kāihuā le　érqiě kāi de zhèyàng shèng
过了这么多年，藤萝又开花了，而且开得这样盛，

zhèyàng mì　zǐsè de pùbù zhēzhùle cūzhuàng de pánqiú wòlóng bān de zhīgàn　bùduàn
这样密，紫色的瀑布遮住了粗壮的盘虬卧龙般的枝干，不断

de liúzhe　liúzhe　liúxiàng rén de xīndǐ
地流着，流着，流向人的心底。

Huā hé rén dōu huì yùdào gèzhǒng-gèyàng de bùxìng　dànshì shēngmìng de chánghé
花和人都会遇到各种各样的不幸，但是生命的长河

shì wú zhǐjìng de　Wǒ fǔmōle yīxià nà xiǎoxiǎo de zǐsè de huācāng　nà• lǐ mǎn
是无止境的。我抚摸了一下那小小的紫色的花舱，那里满

zhuāngle shēngmìng de jiǔniàng　tā zhāngmǎnle fān　zài zhè
装了生命的酒酿，它张满了帆，在这//闪光的花的河流上航行。它是万花中的一朵，也正是由每一个一朵，组成了万花灿烂的流动的瀑布。

在这浅紫色的光辉和浅紫色的芳香中，我不觉加快了脚步。

节选自宗璞《紫藤萝瀑布》

Zuòpǐn Hào
作品60号

Zài yī cì míngrén fǎngwèn zhōng　bèi wèn jí shàng gè shìjì zuì zhòngyào de
在一次名人访问中，被问及上个世纪最重要的

fāmíng shì shénme shí　yǒu rén shuō shì diànnǎo　yǒu rén shuō shì qìchē　děngděng
发明是什么时，有人说是电脑，有人说是汽车，等等。

Dàn Xīnjiāpō de yī wèi zhīmíng rénshì què shuō shì lěngqìjī　Tā jiěshì　rúguǒ méi•yǒu
但新加坡的一位知名人士却说是冷气机。他解释，如果没有

lěngqì　rèdài dìqū rú Dōngnányà guójiā　jiù bù kěnéng yǒu hěn gāo de shēngchǎnlì
冷气，热带地区如东南亚国家，就不可能有很高的生产力，

jiù bù kěnéng dádào jīntiān de shēnghuó shuǐzhǔn　Tā de huídá shíshì-qiúshì
就不可能达到今天的生活水准。他的回答实事求是，

yǒu lǐ yǒu jù
有理有据。

Kàn le shàngshù bàodào wǒ tūfā qí xiǎng Wèishénme méi•yǒu jìzhě wèn
看了上述报道，我突发奇想：为什么没有记者问：
Èrshí shìjì zuì zāogāo de fāmíng shì shénme Qíshí èrlíng língèr nián shíyuè
“二十世纪最糟糕的发明是什么？”其实二〇〇二年十月
zhōngxún Yīngguó de yī jiā bàozhǐ jiù píngchū le rénlèi zuì zāogāo de fāmíng Huò
中旬，英国的一家报纸就评出了“人类最糟糕的发明”。获
cǐ shūróng de jiù shì rénmen měitiān dàliàng shǐyòng de sùliàodài
此“殊荣”的，就是人们每天大量使用的塑料袋。

Dànshēng yú shàng gè shìjì sānshí niándài de sùliàodài qí jiāzú bāokuò yòng
诞生于上个世纪三十年代的塑料袋，其家庭包括用
sùliào zhìchéng de kuàicān fànhé bāozhuāngzhǐ cān yòng bēi pán yǐnliàopíng
塑料制成的快餐饭盒、包装纸、餐用杯盘、饮料瓶、
suānnǎibēi xuěgāobēi děngděng Zhèxiē fèiqìwù xíngchéng de lājī shùliàng duō
酸奶杯、雪糕杯，等等。这些废弃物形成的垃圾，数量多、
tǐjī dà zhòngliàng qīng bù jiàngjiě gěi zhìlǐ gōngzuò dàilái hěn duō jìshù nántí
体积大、重量轻、不降解，给治理工作带来很多技术难题
hé shèhuì wèntí
和社会问题。

Bǐrú sànluò zài tiánjiān lùbiān jí cǎocóng zhōng de sùliào cānhé yīdàn bèi
比如，散落在田间、路边及草丛中的塑料餐盒，一旦被
shēngchù tūnshí jiù huì wēi jí jiànkāng shènzhì dǎozhì sǐwáng Tiánmái fèiqì sùliào
牲畜吞食，就会危及健康甚至导致死亡。填埋废弃塑料
dài sùliào cānhé de tǔdì bùnéng shēngzhǎng zhuāngjia hé shùmù zàochéng tǔdì
袋、塑料餐盒的土地，不能生长庄稼和树木，造成土地
bǎnjié ér fénshāo chǔlǐ zhèxiē sùliào lājī zé huì shìfàng chū duō zhǒng huàxué yǒudú
板结，而焚烧处理这些塑料垃圾，则会释放出多种化学有毒
qìtǐ qízhōng yī zhǒng chēngwéi èr’è yīng de huàhéwù dúxìng jí dà
气体，其中一种称为二噁英的化合物，毒性极大。

Cǐwài zài shēngchǎn sùliàodài sùliào cānhé de
此外，在生产塑料袋、塑料餐盒的//过程中使用的氟利昂，对人体免疫系统和生态环境造成的破坏也极为严重。

节选自林光如《最糟糕的发明》